Ontdek
Fuerteventura

Inhoud

Fuerteventura –
veelgestelde vragen ... 7
Favorieten ... 12
In vogelvlucht ... 14

Reisinformatie, adressen websites

Informatie	18
Weer en reisperiode	20
Reizen naar Fuerteventura	22
Overnachten	25
Eten en drinken	27
Actieve vakantie, sport en wellness	31
Feesten en evenementen	36
Praktische informatie van A tot Z	39

Kennismaking – Feiten en cijfers, achtergronden

Fuerteventura in het kort	48
Geschiedenis	50
De woestijn leeft – eilandnatuur en bescherming	54
Wat er zoal in zee ronddartelt	60
Vijandige rijken – een gespleten eiland	64
Jean de Béthencourt – het veelbewogen leven van een veroveraar	68
Slavenvangers, piraten en corsaren	70
Landbouwers tussen gisteren en vandaag	73
Kant en rozetten	76
Toeristen en mensen die langer blijven	79
Praktisch en mooi – de traditionele architectuur	82
Muziek en dans van vroeger	86
Volgens de laatste trend – kunst en spiritualiteit	89

Onderweg op Fuerteventura

Het noorden — 94
Blootgesteld aan de passaatwind — 96
Corralejo — 97
El Jable — 104
Islote de Lobos — 105
Lajares — 109
Majanicho — 115
El Cotillo — 115
Villaverde — 122
La Oliva — 123
Parque Holandés — 128
Tindaya — 129
Tefía — 133
Los Molinos en omgeving — 136

Puerto del Rosario en het binnenland — 138
Het ware Fuerteventura — 140
Puerto del Rosario — 141
Puerto Lajas — 154
Guisguey — 154
Tetir — 155
Casillas del Ángel — 157
Ampuyenta — 160
Antigua — 161
Triquivijate — 168
Valles de Ortega — 169
Agua de Bueyes — 169
Tiscamanita — 170
Tuineje — 173

Het westelijke berggebied — 174
Het groene gedeelte van het eiland — 176
Valle de Santa Inés — 176
Playa de Santa Inés — 178
Mirador de Morro Velosa — 179
Betancuria — 183
Vega de Río Palmas — 187
Pájara — 196
Playa de Garcey — 201
Ajuy — 201
El Cardón — 204

Inhoud

De oost- en zuidoostkust	**206**
Donkere stranden en meer	208
Caleta de Fuste	209
Salinas del Carmen	215
Pozo Negro	219
Las Playitas	223
Gran Tarajal	228
Giniginámar	230
Tarajalejo	231
La Lajita / Oasis Park	233
Het schiereiland Jandía	**238**
De 'zandbak' van het eiland	240
Costa Calma	241
Istmo de la Pared	247
La Pared	251
Playa Barca / Los Gorriones	253
Esquinzo / Butihondo	254
Jandía	258
Morro Jable	266
El Puertito (de la Cruz)	272
Cofete	278
Toeristische woordenlijst	282
Culinaire woordenlijst	284
Register	286
Fotoverantwoording en colofon	296

Op ontdekkingsreis

Vulkaanroute – langs kraters en door grotten	110
Ecomuseo La Alcogida	134
Parque Escultórico – straatkunst in Puerto del Rosario	148
Molenroute – door de voormalige graanschuur	164
Stille getuigen van de veroveraars – in Betancuria	180
Palmoasen – door de ravijnen van het berggebied	188
Het witte goud – Museumsaline El Carmen	216
Prehistorische vindplaatsen – in de lavastromen van het oosten	220
Lagunes en zoutmoerassen als vogelparadijs	248
Natuurpark Jandía – terreinrit door de wildernis	274

Duingebied El Jable
bij Corralejo

Kaarten en plattegronden

Stadsplattegronden

Corralejo	99
Puerto del Rosario	143
Caleta de Fuste	211
Costa Calma	242
Jandía	260
Morro Jable	268

Detail- en routekaartjes

Lobos, wandeling rond het eilandje	107
Vulkaanroute / Bayuyo, wandeling	112
Ecomuseo La Alcogida	135
Puerto del Rosario, straatkunst	149
Antigua – Tiscamanita, Molenroute	165
Antigua – Betancuria, wandeling	167
Betancuria, stille getuigen van de veroveraars	181
Vega de Río Palmas – Ajuy, wandeling	190
Peña Horadada, wandeling	204
Ermita Virgen de El Tanquito, wandeling	205
Caleta de Fuste, wandeling / fietstocht	213
Museumssaline El Carmen	217
La Atalayita – Los Toneles, terreinrit	221
Istmo de La Pared – Agua Liques, wandeling	247
Costa Calma – Jandía, wandeling	250
Natuurpark Jandía, terreinrit	277

▶ Dit symbool verwijst naar de uitneembare kaart

Een van de vele pittoreske stranden van Fuerteventura: Playa de Cofete

Fuerteventura – veelgestelde vragen

Wat mag ik niet missen op Fuerteventura?

Op de eerste plaats staan de stranden van Fuerteventura, die zeker niet alleen een attractie vormen voor zonaanbidders en watersporters, maar ook uitnodigen tot kijken, fotograferen en wandelen. Bovenaan staan de **Grandes Playas** bij Corralejo met hun sneeuwwitte zandstroken, die landinwaarts overgaan in het enorme duingebied **El Jable**. De door golven geteisterde **Playa de Cofete** en de naburige **Playa de Barlovento** op het schiereiland Jandía doen hier nauwelijks voor onder. Het is een bijzondere ervaring om de reusachtige duinen van **Risco del Paso** te beklimmen. Terwijl men in **Puerto del Rosario**, de hoofdstad van het eiland, het hedendaagse leven van de lokale bevolking kan opsnuiven, bieden de historische kleine stadjes **La Oliva**, **Betancuria** en **Pájara** een museale sfeer en interessante monumenten uit het verleden.

Voor veel plezier voor jong en oud staan het **Oasis Park** met zijn dierentuin, en ook het fokstation voor dromedarissen

De belangrijkste bezienswaardigheden

Fuerteventura – veelgestelde vragen

en de botanische tuinen garant. Culturele hoogtepunten zijn het Museo de la Sal, de musale zoutpannen van **Salinas del Carmen**, en het **windmolenlandschap** bij Antigua en Tiscamanita. Wie van vissersplaatsjes met veel flair houdt, is in **Ajuy** of **Pozo Negro** op de juiste plek.

Hoe bereik ik Fuerteventura?

Elke dag vertrekken er vakantievluchten vanaf diverse West-Europese luchthavens naar Fuerteventura. De nonstopvlucht duurt ongeveer vier uur. Veel vliegmaatschappijen maken een tussenstop op de heen- of terugweg op een ander Canarisch Eiland, wat een tijdverlies van zo'n twee uur betekent. Deze vluchten zijn niet per se goedkoper, het is dus interessant om naar de exacte vluchtroute te informeren. Er wordt geland op de **Aeropuerto de Fuerteventura**, ten zuiden van de hoofdstad Puerto del Rosario. Als u de heenreis liever per schip maakt, bijvoorbeeld omdat u uw eigen auto wilt meenemen, kunt u eenmaal per week vanaf Cádiz op het Spaanse vasteland met een autoveerboot naar Lanzarote toe. De overtocht duurt 30 uur. Vanaf daar zijn er regelmatige veerdiensten naar Fuerteventura.

Wat zijn de aantrekkelijkste verblijfplaatsen?

Wie een voordelige pakketreis zoekt, intensief watersport wil beoefenen of een goed hotel met veelzijdige faciliteiten zoekt, kan deze wensen met name in een van de grote vakantieoorden vervullen. Op het **schiereiland Jandía** hebben veel Duitstalige overwinteraars en vakantiegangers hun droomplekje gevonden. De populaire strandbestemmingen **Caleta de Fuste** en **Corralejo** zijn populair onder de Britse vakantiegangers. Ook Nederlandse organisaties bieden reizen aan naar deze plaatsen.

Het vinden van individuele accommodatie in de minder drukke, overwegend door de lokale bevolking gedomineerde delen van het eiland is nog niet zo gemakkelijk. Maar ze bestaan. Zo treft men bijvoorbeeld in **Puerto del Rosario** stadshotels aan in diverse categorieën, in **Tarajalejo** liggen twee vakantiehotels buiten de drukte en in **El Cotillo** liggen kleine bungalowcomplexen direct aan het strand dicht bij een pittoresk vissersdorp. Familiair gerunde surfer-hostels zijn te vinden in **Corralejo** en **Morro Jable.** En tot slot bieden enkele landelijk gelegen, over het algemeen comfortable accomodaties een alternatieve verblijfplaats.

Met welke vervoersmiddelen kan ik mij verplaatsen?

Het busnetwerk op Fuerteventura is in handen van de maatschappij Tiadhe en is redelijk goed ontwikkeld. Op het belangrijkste traject van en naar Puerto del Rosario rijden de bussen zeer

De aantrekkelijkste verblijfplaatsen

vaak. De badplaatsen en de luchthaven zijn goed op het net aangesloten. Lastiger wordt het wanneer u het binnenland van het eiland of de meer afgelegen kustplaatsen wilt bezoeken. Daar rijden zelden bussen naartoe en bovendien op tijden die op de behoeften van de plaatselijke bevolking zijn afgestemd. De meeste reizigers op Fuerteventura kiezen daarom voor een huurauto, die vaak verbazingwekkend voordelig beschikbaar zijn. Autoverhuurbedrijven zijn er op de luchthaven en in alle vakantieoorden. Wie de auto al vanaf thuis reserveert, is vaak voordeliger uit dan bij huur ter plaatse. U kunt de auto meteen al op de luchthaven ophalen of bij het hotel laten afleveren. In ieder geval is het aan te bevelen om terreinwagens (jeeps) van tevoren te reserveren, want het aantal beschikbare auto's van dit type is beperkt. Een terreinwagen is vooral aanbevolen als u van plan bent over ruw terrein te rijden of van de gebaande wegen af te wijken, zoals op het schiereiland Jandía.

De mooiste wandel- en fietstochten

Wat zijn de meest bijzondere wandel- en fietstochten?

Hoewel Fuerteventura zelden wordt geassocieerd met een wandelvakan-

Aan het einde van een oude pelgrimsroute lonkt het historische stadje Betancuria

Fuerteventura – veelgestelde vragen

tie, is er inmiddels een goed ontwikkeld en bewegwijzerd netwerk aan paden aanwezig. Ga eens wandelen over het kleine buureiland **Lobos** of doe de Vulkaanroute bij **Corralejo**. U kunt ook de raadselachtige rotsgravures verkennen op de **Montaña Tindaya**. Een oude pelgrimsroute verbindt de traditionele plaatsen **Antigua** en **Betancuria**. U wandelt langs de bizarre westkust op het pad vanaf **Ajuy** naar de rotsboog **Peña Horadada**. Onder de palmbomen loopt men in de oase van **Vega de Río Palmas**, en over de van mensen verlaten stuifzandgebieden loopt u over de door de wind geteisterde **Istmo de La Pared**. Bij Jandía lonkt de beklimming van de **Pico de La Zarza**, de hoogste bergtop van Fuerteventura.

Ook mountainbikers hebben een behoorlijk aantal mogelijkheden op het eiland. Populaire trajecten gaan over de zandweg langs de noordkust tussen **Corralejo** en **El Cotillo**, aan de oostkust gaat het van **Caleta de Fuste** naar **Pozo Negro** en op het schiereiland **Jandía**

Ook een windsurfershart gaat sneller kloppen op Fuerteventura

voert een populaire mountainbikeroute naar **Cofete**.

Welke stranden zijn geschikt om te zwemmen of surfen?

Een goed tegen de Atlantische golven beschermd strand is de **Playa del Castillo** bij Caleta de Fuste. Relatief rustig, maar met beperkingen, is het water aan de donker gekleurde stranden van **Las Playitas** en **Tarajalejo**, evenals bij het witte zandstrand van **Costa Calma**. De **Playa de Esquinzo, Playa de Butihondo** en – bij Jandía – de **Playa del Matorral** zijn alleen aan te bevelen voor geoefende zwemmers. Hetzelfde geldt ook voor de droomachtige **Grandes Playas** bij Corralejo. Grote delen van de west- en noordkust van Fuerteventura zijn vanwege de sterke branding en onberekenbare stromingen ongeschikt om er te gaan zwemmen. Onder de enkele uitzonderingen bevinden zich de Playa del Viejo Rey bij La Pared, de Playa de los Muertos bij Ajuy en de Caletillas bij El Cotillo. Ook hier is echter voorzichtigheid geboden.

Windsurfers scheren voornamelijk door het water aan de **Flag Beach** bij Corralejo en aan de **Playa Barca** ten zuiden van Costa Calma. Golfsurfers geven de voorkeur aan de **Playa del Castillo**

Zon-, zwem en surfstranden

bij El Cotillo (niet te verwarren met het strand met dezelfde naam bij Caleta de Fuste) met zijn metershoge golven en aan de stranden van **La Pared** en **Las Salinas** op het schiereiland Jandía.

Hoe kan ik van hieruit de andere Canarische Eilanden bezoeken?

Een dagtocht naar Lanzarote is zeker interessant wanneer u in Corralejo verblijft. Vanaf daar vertrekken vele autoveerboten naar Playa Blanca aan de zuidkust van Lanzarote en de vaartijd is kort. Huurauto's mogen meestal niet worden meegnomen. U kunt dit het beste even navragen bij het verhuurbedrijf. Vanaf Morro Jable in het zuiden van Fuerteventura zijn er meerdere dagelijkse veerverbindingen naar Las Palmas, de hoofdstad van Gran Canaria. Als u de expressdienst neemt, is het mogelijk een dagtochtje daar naartoe te maken. Vanaf Las Palmas gaan veerboten naar alle andere eilanden, maar de vaarten zijn vrij tijdrovend. Als u zonder eigen auto rondreist, dan is het vliegtuig het prettigste vervoersmiddel. De regionale luchtvaartmaatschappij Binter Canarias vliegt nonstop naar Gran Canaria en Tenerife, voor alle andere eilanden moet u overstappen.

Wat is de beste reisperiode?

Fuerteventura biedt het gehele jaar door strand- en zwemweer. Zelfs in de warmste zomermaanden, augustus en september, wordt het nooit echt heet, want de omringende Atlantische wateren matigen de temperaturen. In de wintermaanden, tussen oktober en april, valt er af en toe regen en de hemel kan een soms voor enkele uren bewolkt zijn. Afgezien daarvan schijnt bijna altijd de zon. Van half mei tot eind juli, als de zon bijna loodrecht aan de hemel staat, is een goede bescherming door crème, kleding of parasol zeer belangrijk.

Relaxen bij een Chiringuito

Wat kost een vakantie op Fuerteventura?

De prijzen voor accommodatie variëren hier per seizoen minder dan in andere vakantieoorden. Toch dalen ze natuurlijk in het laagseizoen in vergelijking tot de vakantieperiodes in de zomer, rond Kerstmis / Nieuwjaar en rond Pasen. Pakketreizen inclusief vlucht en accommodatie zijn vaak beduidend goedkoper dan een zelf samengestelde reis. Wie de aanbiedingen op internet en in de reisbureaus nauwkeurig vergelijkt, kan relatief voordelig vakantie vieren op Fuerteventura.

Tot slot nog een persoonlijke tip!

Ideale plaatsen om te relaxen zijn de *chiringuitos*, de eenvoudige strandtentjes, die op veel plaatsen op Fuerteventura zijn te vinden. Aan de Playa del Matorral in Jandía rijgen ze zich zelfs op een zekere afstand achter elkaar aaneen als parels aan een snoer. Strijk ergens gedurende de dag even neer op het terras van zo'n kiosk, om er een *café con leche* te drinken en even ontspannen de gedachten te laten gaan.

Vergezichten vanaf de Punta de la Entallada. Zie blz. 227.

Zonnebaden en picknicken aan de Playa de Jarugo. Zie blz. 130.

Favorieten

Relaxen bij de oude haven van El Cotillo, de eenzaamheid van de Playa de Jarugo op u laten inwerken en naar het spel van de golven kijken, of de authentieke sfeer proeven op een plaza in de rustige hoofdstad van Fuerteventura, Puerto del Rosario, onder het genot van een *café con leche*. Fijnproevers kopen hun geitenkaas daar waar de lokale inwoners het ook doen: direct van de Finca Pepe bij Betancuria. Van het uitzicht genieten over het bergpanorama bij de Degollada de Los Granadillos of het

Fotosessie in de duinen van Risco del Paso. Zie blz. 256.

Vanaf de Degollada de Los Granadillos genieten van het uitzicht. Zie blz. 194.

Geitenkaas proeven in de Finca Pepe bij Betancuria. Zie blz. 185.

Relaxen aan de oude haven van El Cotillo. Zie blz. 120.

rotskustdecor bij de vuurtoren van Entallada. De kamelenkudde in het Oasis Park observeren is een bijzondere ervaring, evenals het gouden foto-uurtje bij zonsondergang in de duinen van Risco del Paso.

Prachtig uitzicht vanaf de Plaza de España in Puerto del Rosario. Zie blz. 144.

Kamelen kijken in het fokcentrum van La Lajita. Zie blz. 237.

In vogelvlucht

Atlantische

Puerto del Rosario en het binnenland
Een hoofdstad buiten de toeristische drukte, omringd door ongerepte bergdorpen en het pittoreske vissersdorp Puerto Lajas. Op het centrale plateau liggen de oude stad Antigua en voormalige belangrijke agrarische nederzettingen op rode aarde, met witte ermitas, gerestaureerde windmolens en herenboerderijen. In Tiscamanita teelt en verwerkt men aloë vera. Zie blz. 138.

Het westelijke berggebied
Betancuria valt als eerste hoofdstad van het eiland nu met gebouwen uit de tijd van de ontdekkingsreizigers onder monumentenzorg, schilderachtig gelegen. Uitzichten en bergflora bij winderige miradores. Eenzame bedevaartskapellen, palmoases, stadspaleizen in Pájara en een raadselachtige kerk, geweldige kustbeleving bij het vissersdorp Ajuy. Zie blz. 174.

Het schiereiland Jandía
Droomstrandvakantie met zwemmen en surfen is gegarandeerd aan de schier eindeloze zandstranden van de zuidkust. In het noorden is het met de woeste branding vooral kijken en wandelen. Een reeks van grote badplaatsen: Costa Calma, Esquinzo, Jandía, onderbroken door lagunes en duinen. De zanderige landengte van La Pared, de havenplaats Morro Jable met kleine visrestaurants, verder naar het westen alleen zandwegen met wilderniskarakter, kleine nederzettingen, steppeachtig landschap. Zie blz. 238.

Het noorden
Bruisend toerisme en havenflair in de badplaats Corralejo. Wit glinsterende natuurlijke stranden en het duingebied El Jable. Zoutmoerassen en minivulkanen op het onbewoonde eiland Lobos. Ruige noordwestkust met surfstranden en rotsbaaien in de hippe plaatsjes Lajares en El Cotillo, boerendorpen op dorre vlakten en tussen vulkanische bergen. Historische bezienswaardigheden in La Oliva. Zie blz. 94.

De oost- en zuidoostkust
Donkerkleurige stranden kenmerken het beeld van de regio. Caleta de Fuste met twee golfbanen, jachthaven en beschut strand. Traditionele zoutwinning in de Saline El Carmen, donkere zandbaaien en ruïnendorpen van de oorspronkelijke bewoners. Andalusische sferen en ontkiemend toerisme in Las Playitas, het levensritme van de lokale bevolking in Gran Tarajal, vissersstranden en in La Lajita een oase midden in de woestijn. Zie blz. 206.

Atlantische Oceaan

Reisinformatie, adressen, websites

Op het Festival Internacional de Cometas in Corralejo is plezier gegarandeerd

Informatie

Internetadressen

www.visitfuerteventura.es
Officiële website van de eilandregering met veelzijdige informatie over praktische zaken en bezienswaardigheden, ook in het Nederlands.

www.landenportal.nl/ fuerteventura.htm
Particuliere website met veel praktische reizigersinformatie. Op de site vindt men ook een lijst met touroperators en links naar hotelboekingssites.

www.fuerteventura-reisgids.nl
Particuliere website met informatie over de belangrijkste plaatsen en met tips over accommodatie, autohuur, uitgaan, winkelen en sport.

www.allesoverfuerteventura.nl
Particuliere website gebaseerd op persoonlijke reiservaringen met het eiland. Informatie over de verschillende plaatsen met tips en aanbevelingen.

www.fuertenews.com
Engelse website met nieuwsberichten over het eiland en de mensen. Verder biedt de site veel nuttige informatie en interessante tips voor vakantiegangers en residenten.

www.fuerteventurazeitung.de
Online-versie van een gratis Duitse eilandkrant met actuele nieuwtjes over het eiland, interessante achtergrondartikelen en restaurantrecensies.

Verkeersbureaus

... in Nederland

Turespaña (Spaans Verkeersbureau)
Laan van Meerdervoort 8a
2517 AJ Den Haag
tel. 070 364 98 59
infolahaya@tourspain.es

... in België

Turespaña (Spaans Verkeersbureau)
Rue Royale 97 - 5º
1000 Brussel
tel. 02 280 19 29 / 26
bruselas.crm@tourspain.es
Alle toeristenbureaus zijn ook te vinden via de centrale website van het Spaanse Verkeersbureau Turespaña, www.spain.info.

... op Fuerteventura

Patronato de Turismo de Fuerteventura
Calle Almirante Lallermand 1
35600 Puerto del Rosario
tel. 928 53 08 44
fax 928 85 16 95
www.visitfuerteventura.es
info@visitfuerteventura.es

Kantoor op de luchthaven
tel. 928 86 06 04

Daarnaast onderhouden de zes gemeenten op Fuerteventura hun eigen

---

Internettoegang

Wifi: Met uw eigen laptop of tablet kunt u op Fuerteventura in veel hotels, cafés en bars draadloos surfen. Hotels vragen soms een vergoeding.
Internet Points: De meeste hotels bieden hun gasten de service van een internethoek tegen een vergoeding van ca. € 2 per kwartier. Vaak bevinden zich hiervoor een of twee computers in de lobby.

toeristenbureaus (Oficina de Turismo Municipal), die elk voor hun eigen gebied verantwoordelijk zijn. Informatieposten bevinden zich in Corralejo, El Cotillo (beide gemeente La Oliva), Puerto del Rosario, Betancuria, Caleta de Fuste (gemeente Antigua), Gran Tarajal (gemeente Tuineje, ook verantwoordelijk voor Las Playitas en Tarajalejo) en Jandía (gemeente Pájara, ook verantwoordelijk voor Costa Calma, Esquinzo/Butihondo en Morro Jable). De adressen van deze informatiebureaus treft u aan in het hoofdstuk 'Onderweg op Fuerteventura' bij de respectievelijke plaatsbeschrijvingen onder het kopje 'Info'.

Leestips

José Luis Concepción: The Guanches, survivors and their descendants. La Laguna 1992. Onderhoudend geschreven, geïllustreerde verhandeling over de Canarische oerbewoners. In de plaatselijke boekhandel of via internet.
Tony Clarke: Birds of the Atlantic Islands, Canary Islands, Madeira, Azores, Cape Verde. Londen 2006. Een veldgids voor het herkennen van de trekvogels, standvogels en broedvogels die in dit gebied voorkomen.
Gregor Gumpert (red.): Kanarische Inseln. Ein Reisebegleiter. Frankfurt am Main/Leipzig 2004. Verkenning van het litaraire landschap met 26 verschillende auteurs, zoals Agatha Christie, Olivia Stone en Miguel de Unamuno.
Helmut Debelius: Mediterranean And Atlantic Fish Guide. Stuttgart 2007. Een zeer nuttige identificatiegids voor duikers met veel informatie over leefomgeving en gedrag.
Peter und Ingrid Schönfelder: Die Kosmos-Kanarenflora. Stuttgart 2012. Uitgebreide veldgids over de flora van de archipel met over 1000 plantensoorten en royaal voorzien van illustraties.
Miguel de Unamuno: Nevel. Leiden 2010. Het belangrijkste werk van de dichter-filosoof, die in 1924 vier maanden in ballingschap doorbracht op Fuerteventura. Rechtstreeks verkrijgbaar bij de uitgeverij, evenals drie andere titels (www.mkw-uitgevers.nl).
Miguel de Unamuno: Tante Tula. Leiden 2011. In deze 'nevelle' houdt Unamo zich bezig met het mysterie van een vrouw, die worstelt met de tegenstrijdige gevoelens van moeder willen zijn, maar toch zuiver willen blijven – een typisch Spaans-katholiek thema.
Alberto Vázquez-Figueroa: Ikarus. Berlin 2004. Roman van de Canarische bestsellerauteur over een onverschrokken luchtvaartpionier in Zuid-Amerika, gebaseerd op het ware verhaal van piloot Jimmie Angel.
Jean Le Verrier en Pierre Bontier: The Canarian, Or, Book of the Conquest and Conversion of the Canarians in the Year 1402, by Messire Jean De Bethencourt, KT. Cabridge Libarary Collection, 2010. Originele verslaglegging van de verovering van de Canarische Eilanden door twee expeditieleden.
Peter Wirtz und Helmut Debelius: Mediterranean and Atlantic Invertebrate Guide. ConchBooks 2003. Een uitgebreide gids waarin 820 ongewervelde dieren (inktvissen, schelpdieren, kreeftachtigen, etc.) worden beschreven die langs de Atlantische kust voorkomen. Met ruim 1000 foto's.

Van A naar B

Wandel-, fiets-, vrijetijds- en wegenkaart in een is de GPS-nauwkeurige Kompass-Karte Fuerteventura (Innsbruck 2010). Het bijbehorende boekje bevat interessante informatie over fietstochten, wandelpaden en bezienswaardigheden. Ook als cd-rom.

Weer en reisperiode

Bijna altijd zomer

De luchttemperaturen op Fuerteventura zijn het gehele jaar door gematigd. In de koudste maanden januari en februari wordt overdag zo'n 19°C bereikt, 's nachts zakt de thermometer dan tot op ongeveer 14°C. In augustus en september, de warmste maanden, schommelen de temperaturen tussen 26°C overdag en 21°C 's nachts. Extreme temperaturen, zoals die karakteristiek zijn voor de nabijgelegen sahara, worden afgezwakt door de Canarische stroom, een relatief koude uitloper van de Golfstroom. Hierdoor zijn zomerse piekwaarden van boven de 30°C een uitzondering op het eiland.

Op Fuerteventura lacht het zonnetje u bijna altijd toe. De relatief geringe neerslag valt meestal in de wintermaanden tussen oktober en april. De hoeveelheid regen varieert aanzienlijk van jaar tot jaar. Ook schijnt het in de afgelopen jaren vaker te hebben geregend dan vroeger het geval was. Inderdaad werd de hoeveelheid neerslag voor het langetermijngemiddelde (gemeten over 30 jaar) in de jaren negentig van de vorige eeuw vastgesteld op 147 mm. Tegenwoordig wordt 245 mm vermeld. De eilandbewoners zijn daar zeer bezorgd over. Alleen de paar overgebleven landbouwers zijn blij met meer regen, want dan is de oogst goed. Alle andere mensen vrezen een afname van het aantal toeristen door het veranderende klimaat.

Windkunde in het kort

Zoals op de meeste eilanden bepalen de verschillende winden mede het weer op Fuerteventura. De noordoostenwind (passaatwind) brengt stabiel weer met een krachtige, maar gelijkmatig waaiende wind. Voor ervaren wind- en kitesurfers is deze wind ideaal, speciaal in de zeestraat El Río bij Corralejo en in het zuiden van het schiereiland Jandía, waar luchtdrukeffecten ontstaan. Rond de bergtoppen vormen zich vaak wolken, vooral aan de noordzijde van het schiereiland Jandía. Aan leizijde, dus op de zuidelijke hellingen van de bergen, ontstaat een föhneffect.

De zuidoostenwind (saharawind) zorgt voor warm, zonnig weer op het hele eiland. De wind voert fijn, roodachtig stof met zich mee uit Afrika. In extreme gevallen vormt zich dan een dichte mist, die de hemel verduistert. Bij uitzondering slaan bij zuidoostenwind hoge golven op de anders zo rustige stranden aan de oost- en zuidkust.

Met de westenwinden trekken afwisselend warme en koude luchtfronten over het eiland. Ze zorgen voor on-

Het klimaat in Puerto del Rosario

bestendig weer met regenbuien. Bij de aan de wind blootgestelde westzijde van het eiland is de zee dan vaak ruw. Zwemmen is daar dan zeer gevaarlijk.

Strandvakantie

Op Fuerteventura heerst het hele jaar door zwemweer, afgezien van de zeldzame koelere, regenachtige dagen in de winter. Het is bijna altijd mogelijk, om in de warmere uren van de dag op een beschutte plek in bikini of zwembroek in de zon te liggen of om licht gekleed een strandwandeling te maken. Aan de andere kant blijft het klimaat op het eiland 's zomers mild, zodat het aan het strand zelfs rond het middaguur in juli en augustus niet onaangenaam heet wordt. Een parasol, die evenals een strandbed op alle vakantiestranden wordt verhuurd, bewijst dan zeker goede diensten.

De zeewatertemperaturen wisselen tussen 17°C (februari-april) en 22°C (september). In de winter duiken de meeste waterratten daarom liever in het (meestal verwarmde) hotelzwembad dan in de Atlantische Oceaan. Ook maken ze in de luxehotels dan graag gebruik van de wellnessvoorzieningen.

Wie reist wanneer?

Op Fuerteventura duurt het seizoen het hele jaar door. Spanjaarden van het vasteland en van de dichter bevolkte eilanden Gran Canaria en Tenerife komen in de zomervakantie graag hier naartoe. Dan is er in de vakantieoorden op Fuerteventura het meeste vertier. Vakantiegangers uit West- en Centraal-Europa geven de voorkeur aan de overige maanden, wanneer het in de thuislanden geen zwembad- of strandweer is. Senioren profiteren in de winter van de mogelijkheden om langer te blijven. Een paradijs voor gepensioneerden is Fuerteventura in die maanden echter bij lange na niet. Veel gezinnen met schoolplichtige kinderen komen in de kerst- of paasvakantie naar het eiland, en de families met kleinere kinderen reizen in het goedkopere laagseizoen buiten de schoolvakanties. Een jong surferspubliek verlevendigt de stranden bijna het gehele jaar door, maar vooral in het voorjaar en de herfst.

Kleding en uitrusting

Het hele jaar door is zomerkleding op de meeste dagen voldoende. Van oktober tot juni kan het soms een beetje koeler worden, vooral 's avonds en tijdens uitstapjes in de bergen. Daarom is het verstandig om in deze maanden een lange broek, trui en winddicht jack, dat ook de af en toe voorkomende regen kan tegenhouden, in de bagage mee te nemen. Voor wandelingen zijn bovendien trekkingschoenen handig, maar bij kortere uitstapjes te voet zijn sportschoenen meestal voldoende. Speciale wandeluitrusting is vanwege de korte afstanden en de niet echt hoge moeilijkheidsgraad van de op Fuerteventura aanwezige routes niet nodig.

Weerbericht

www.weeronline.nl/Europa/Spanje/Regio-Fuerteventura/93: Nederlandstalige site, doorklikken naar de grote badplaatsen, voorspellingen voor vijf of veertien dagen. www.fuerteventura.ws: Website van het Fuerteventura Weather Station. Actuele metingen bij de luchthaven van Fuerteventura, voorspellingen voor vijf dagen, satellietbeelden, historie.

Reizen naar Fuerteventura

Douane

Reisdocumenten
Als u vanuit Nederland of België reist vindt op de luchthaven geen controle plaats. Het tonen van een identiteitskaart of paspoort wordt echter vereist door de luchtvaartmaatschappijen, hotels en autoverhuurbedrijven. Bij een verblijf vanaf drie maanden moeten EU-ingezetenen zich persoonlijk bij de immigratiedienst van de betrokken provincie in het Registro Central de Extranjeros (register van buitenlandse inwoners) laten opnemen (info en aanvraagformulieren onder http://extranjeros.empleo.gob.es).

Sinds 26 juni 2012 moet ieder kind dat naar het buitenland reist, ongeacht de leeftijd, in het bezit zijn van een eigen reisdocument.

Invoerbepalingen
De Canarische Eilanden vormen een belastingvrije zone en zijn een uitzonderingsgebied voor de EU. Daarom gelden bij de invoer voor Nederland en België de internationale vrijstellingen zoals bij een niet-EU-land: 200 sigaretten of 50 sigaren of 250 g tabak, 1 l wijn en 0,75 l sterkedrank en geschenken met een waarde van maximaal € 175.

Huisdieren meenemen
Voor honden, katten en fretten is het EU-dierenpaspoort (bij de dierenarts), met daarin de inentingsdatum tegen hondsdolheid (ten minste 30 dagen voorafgaand aan de reis) en het type vaccin, verplicht. Ter identificatie is een in de nek geïmplanteerde microchip vereist. Een tatoeage is sinds 2011 niet meer voldoende. Dieren tot een gewicht van 6 kg (incl. draagbox) vliegen meestal in de cabine mee (ca. € 30 enkele reis), grotere dieren in het vrachtruim (ca. € 75 enkele reis). Zorg voor een tijdige aanmelding! De meeste hotels op Fuerteventura accepteren geen huisdieren.

Heenreis

... met het vliegtuig
Fuerteventura is met diverse luchtvaartmaatschappijen (Arkefly, Transavia, Ryanair, Vueling) vanaf verschillende luchthavens in Nederland en België te bereiken. De vliegtijd bedraagt bij non-stopvluchten 4 uur. Vluchten zijn met of zonder accommodatie te boeken en kosten € 250-1100 voor een retourvlucht. Fuerteventura is met de andere Canarische Eilanden verbonden door de propellervliegtuigen van de vliegmaatschappij Binter Canarias (tel. 902 39 13 92, www.bintercanarias.com). er zijn non-stopvluchten naar Gran Canaria (ca. 7-11 maal daags, enkele reis € 35-90, vliegtijd 30 min.) en naar Tenerife-Norte (1-2 maal daags, enkele reis € 50-125, vliegtijd 50 min.). Andere eilanden bereikbaar met overstap.

Aeropuerto de Fuerteventura: De luchthaven van Fuerteventura ligt in het oosten van het eiland tussen de hoofdstad Puerto del Rosario en Caleta de Fuste. In de aankomsthal zijn kantoren van autoverhuurbedrijven.

Taxi: Vanaf de luchthaven naar Corralejo ca. € 44-49, naar Jandía € 93-105. Prijscalculator op www.taxisfuerteventura.es. Bij online-reservering 10% korting.

Bussen: Vanaf de luchthaven rijdt lijn 3 naar Caleta de Fuste (elke 30-60 min., ritprijs € 1,10), lijn 10 naar Morro Jable (2-4 maal daags, ritprijs € 8,50) en lijn 16 naar Gran Tarajal (2-4 maal daags, ritprijs € 4,50). Naar Corralejo en El Cotillo kan men alleen met een overstap in Puerto del Rosario (daarheen rijden lijn 3, 10 of 16).

... met de boot

Vanuit de zuid-Spaanse havenstad Cádiz vertrek 1 maal per week een autoveer van Acciona Trasmediterránea (tel. 902 45 46 45, www.trasmediterranea.es) naar de Canarische Eilanden, met een tussenstop in Arrecife (Lanzarote). Doorreis mogelijk naar Gran Canaria, Tenerife en La Palma. De overvaart van Cádiz naar Arrecife duurt 30 uur. Vanaf Playa Blanca (Lanzarote) wordt vaak op Fuerteventura gevaren (zie blz. 24).

Vervoer op Fuerteventura

Bussen

Bijna alle plaatsen op het eiland zijn aangesloten op het lijndienstnetwerk van de busmaatschappij Tiadhe (tel. 928 85 57 26, dienstregeling op www.tiadhe.com, reisplanner op www.fuerteventuratransportes.com). Vanaf Puerto del Rosario zijn er goede verbindingen met de badplaatsen Corralejo, El Cotillo, Caleta de Fuste en ook naar Morro Jable (via Gran Tarajal, Costa Calma, Esquinzo, Jandía). Las Playitas is te bereiken met een overstap in Gran Tarajal.

Op plaatsen buiten de hoofdroutes wordt minder vaak gereden. De meeste trajecten worden slechts tot ongeveer 21 uur bediend, Corralejo en Caleta de Fuste vanaf Puerto del Rosario tot tegen middernacht. Op zondag is het busvervoer beperkt. In Puerto del Rosario rijden verder nog stadsbussen. Daarentegen rijden er vooralsnog geen stads-/streekbussen meer op het schiereiland Jandía. Let op: lijndienstbussen nemen geen fietsen mee! Bushaltes bevinden zich in kleinere plaatsen meestal aan de hoofdweg vlak bij de kerk. Ze zijn te herkennen aan een wachthuisje met dienstregeling. Reguliere tickets bij de chauffeur. Met de bonuskaart Bono BtF bespaart men ca. 30% op de prijs, de ritten worden van een saldo (min. € 15) afgeboekt. De kaart is direct bij de chauffeur te koop.

Taxi

Op langere afstanden is de prijs per kilometer iets goedkoper dan op kortere ritten. Gemiddeld wordt ma.-vr. overdag rond € 1,10 per km berekend,

Op de fiets over het eiland – men wordt bruin en blijft tegelijkertijd fit

Reisinformatie

's nachts (22-6 uur) en gedurende het gehele weekend ca. € 1,25. Een vijf uur durend uitstapje kost ca. € 150

Huurauto en motor

Om een auto te huren, moet men minstens een jaar in het bezit zijn van een rijbewijs (minimumleeftijd 21 jaar). In het algemeen wordt een creditcard gevraagd. Een kleine auto (incl. volledige verzekering en belasting) kost € 20-40 per dag of € 100-160 per week. Duurder is de huur van een terreinwagen (vanaf € 60 per dag) voor een tocht naar het westen van het schiereiland Jandía of door de woeste gebieden in het noorden en oosten van Fuerteventura. Autoverhuurbedrijven verbieden het rijden met personenauto's over zandsporen, omdat de verzekering in zo'n geval de schade (ook aan voertuigen van de tegenpartij of aan personen) niet dekt. Auto's kunnen voor de reis via het reisbureau of internet (bijv. www.sunnycars.nl of www.cicar.com) voor de hele periode worden geboekt en bij aankomst op het vliegveld afgehaald. Ook boeking voor een huur van enkele dagen met aflevering bij het hotel is mogelijk. De verhuurbedrijven hebben hun kantoren in de omgeving van de grotere hotels. Ook hotelrecepties en de reisleiding van de touroperator bemiddelen bij de huur van een auto.

Dankzij belastingvrijstellingen is het **tanken** op de Canarische Eilanden erg voordelig. De benzineprijs ligt rond de € 0,60 lager dan bij ons. Eurosuper (95 octaan) kostte bij het sluiten van de redactie € 1,10 per liter.

Motor: Xtreme Car Rental in Costa Calma (zie blz. 31) verhuurt scooters en motoren van verschillende klassen.

In het verkeer

De verkeersregels zijn vergelijkbaar met die in west-Europa. Het toegestane maximum alcoholpromillage is 0,5. De maximum toegestane snelheden zijn binnen de bebouwde kom 40 km/u, op landwegen 90 km/u. Er worden vaak radarcontroles gehouden, de bekeuringen worden ook naar Nederland, België en andere EU-landen gestuurd. De opgelegde boetes zijn vrij hoog.

Wie links met zijn licht knippert, wil niet altijd afslaan. Vaak geeft de voorganger daarmee aan, dat er een obstakel nadert en er niet moet worden ingehaald. Op druk bereden landwegen slaat men meestal niet direct linksaf, maar wordt men rechts een afslag op geleid, om zo de weg haaks over te steken. Bij het afslaan naar links op een landweg treft men vaak een middenlijn aan, waar men wacht tot het verkeer op de tegenovergestelde rijrichting weg is. Het verkeer op een rotonde heeft voorrang, tenzij borden anders aangeven. De lokale bevolking rijdt vaak erg snel de rotonde op. Stoppen op een plaats waar een parkeerverbod geldt, is toegestaan voor maximaal 2 minuten. Hierbij mag de bestuurder echter niet uitstappen.

Veerboot naar de buureilanden

Vanaf Corralejo varen dag. 5-6 maal autoveren van Naviera Armas en 5-7 maal snel-autoveren van Fred. Olsen (tel. 902 10 01 07, www.fredolsen.es) naar Playa Blanca op Lanzarote (vaartijd: 30 resp. 15 min.). Daarnaast is er vanaf Corralejo dankzij passagiersveren van de Grupo Lobos 5-7 maal daags een verbinding met het kleine, onbewoonde eiland Islote de Lobos. Naar Las Palmas (Gran Canaria) kan men met Naviera Armas vanaf Morro Jable (1 maal daags) en Puerto del Rosario (5 maal per week). Vanaf Morro Jable kan men 3 maal per week naar Santa Cruz de Tenerife.

Er vaart ook een express-autoveer van Fred. Olsen naar Las Palmas vanaf Morro Jable (1-3 maal daags) en Puerto del Rosario (3 maal per week).

Overnachten

Reserveren

Wie bij een **touroperator** boekt, doet dat over het algemeen via een reisbureau. Of u daarbij de voorkeur geeft aan een internet-reisbureau (bijv. www.expedia.nl, www.sunweb.nl) of liever persoonlijk contact hebt, is een kwestie van individuele smaak. Prijs en kwaliteit zijn vergelijkbaar. Touroperators bieden accommodatie aan binnen een totaalpakket (met vlucht en transfer of huurauto) of ook los en per dag.

Omdat de touroperators meestal **betere voorwaarden kunnen** bedingen dan individuele gasten en dit prijsvoordeel deels aan hun klanten doorberekenen, zijn veel – vooral luxere – accommodaties op deze manier voordeliger te boeken dan rechtstreeks per telefoon, fax of internet. Dit geldt vooral voor die hotels en resorts, waarbij in deze gids bij de plaatsbeschrijvingen geen adressen, maar enkel de websites staan vermeld. Over het algemeen gaat het dan om hotels, die een vier- of zelfs vijfsterrenclassificatie hebben. Veel hotels kunnen uitsluitend met een arrangement voor halfpension worden geboekt, of soms zelfs alleen als all-inclusive. Hierbij zijn alle maaltijden, en afhankelijk van het hotel, soms ook alle of de meeste drankjes, bij de prijs inbegrepen. Schaarser is het aanbod van zelfstandige **appartementen**

Bijzonder op Fuerteventura zijn de internationale **clubhotels** met een uitgebreid sport- en animatieprogramma, die voornamelijk op het schiereiland Jandía zijn gevestigd. Er worden veel gezamenlijke activiteiten georganiseerd, waarbij men de andere hotelgasten leert kennen, en de maaltijden worden vaak samen met andere gasten aan grote tafels genuttigd.

De in deze gids onder de plaatsbeschrijvingen vermelde prijzen voor tweepersoonskamers (2 pk) zijn inclusief ontbijt – in hotels meestal in buffetvorm, in pensions een continentaal ontbijt – voor twee personen. De prijzen voor appartementen of vakantiehuisjes zijn per dag en exclusief maaltijden.

Eenvoudigere hotels en **pensions** (*hostal*) – op Fuerteventura overigens een uitzondering – worden slechts in enkele gevallen door touroperators aangeboden. Hun publiek bestaat vooral uit lokale gasten en wereldreizigers. Ze zijn te vinden in de steden Corralejo, Puerto del Rosario, Antigua, Gran Tarajal en Morro Jable. Vanwege het beperkte aantal van deze onderkomens is een telefonische reservering essentieel.

Ook in de **vakantiehotels**, waarvan de beddencapaciteit in handen van de touroperators is, kan men slechts in uitzonderlijke gevallen spontaan een kamer krijgen. Dit geldt zeker voor het

Welke badplaats kiezen?

Strandleven, watersport en ontspanning worden in alle vakantiebolwerken met hoofdletters geschreven. In Corralejo en Caleta de Fuste gaat het er internationaal aan toe: in de eerste komen veel Nederlandse toeristen en ook de Britten zijn er goed vertegenwoordigd. Het uitgaansleven van Corralejo – gekenmerkt door jonge surfers – staat bekend als het meest gevarieerde van het eiland. Vrijheidslievenden verblijven graag in de kleinere bungalowparken van El Cotillo. Duitse vakantiegangers treft men veel aan in de wat rustiger vakantieplaatsen van het schiereiland Jandía: Costa Calma, Esquinzo/Butihondo, Jandía.

hoogseizoen (zomervakantie, Kerstmis, Pasen). In de vissersdorpen El Cotillo, Ajuy, Pozo Negro, Las Playitas, Giniginámar en Tarajalejo, waar de lokale bevolking vakantie viert, is het de moeite waard om buiten de zomervakantie te vragen naar **particuliere acommodatie** (appartementen, soms kamers). Ook veel **vakantieappartementen** en **vakantiebungalows** in de badplaatsen worden door de particuliere eigenaars verhuurd. Men vindt ze op internet.

Landelijk gelegen accommodatie

Een trend onder de zelfstandige, individuele vakantiegangers is het plattelandstoerisme (*turismo rural*). Vroegtijdig reserveren is hier aanbevolen, want deze accommodaties – meestal midden- tot hogere klasse – zijn dun gezaaid. Boerderijen (*fincas*), waar gedeeltelijk nog landbouw wordt bedreven, werden hier en daar tot kleine, comfortable hotels met slechts een paar kamers omgebouwd (bijv. in Villaverde, Triquivijate).

Smaakvol gerenoveerde boerenhuisjes, die vaak in grotere aantallen op het terrein van de finca staan, worden vaak verhuurd als vakantiehuisje. Enkele van deze onderkomens zijn door de duurdere touroperators in hun catalogus opgenomen. Andere zijn te boeken via speciale boekingssites op internet, zoals www.toprural.com.

Jeugdherbergen

Jeugdherbergen zijn er niet op Fuerteventura, maar er is wel een **berghut** (*refugio de montaña*) bij Betancuria, die speciaal voor wandelaars een eenvoudige overnachtingsmogelijkheid biedt (zie blz. 184). Georganiseerde groepen jongeren van 20 tot 80 personen kunnen verblijven in de **Albergue de Tefía**. Informatie over beide herbergen is te vinden op www.cabildofuer.es. In Pozo Negro runt de gemeente Antigua de **Albergue Pozo Negro** (tel. 928 17 46 66, fax 928 87 82 00), een landelijke herberg met acht slaapzalen, waar in totaal 65 bedden beschikbaar zijn (halfpension mogelijk). Deze is in de zomer vooral vol met jonge Canarios.

Campings

Wildkamperen is op Fuerteventura niet toegestaan. Er staan hoge straffen op. Ook de officiële mogelijkheden zijn erg beperkt. De eilandregering (Cabildo) stelt drie plaatsen zonder sanitaire voorzieningen beschikbaar: op het eiland Lobos mogen tegelijkertijd maximaal 40 personen kamperen (max. verblijfsduur drie dagen). Maximaal 100 personen (ook caravans) mogen op de twee locaties op het schiereiland Jandía (Las Salinas, Cofete) staan (max. zeven dagen). Deze locaties mogen alledrie echter alleen tijdens de Spaanse zomervakantie (half juni-eind sept.) worden gebruikt. Toestemmingspapieren kan men alleen persoonlijk verkrijgen bij de milieu-instantie Consejería de Medio Ambiente del Cabildo in Puerto del Rosario (Calle Lucha Canaria 112, tel. 928 86 11 15, fax 928 85 60 73).

In de zomer kan men aan de noordkust van Fuerteventura bij El Cotillo verschillende groepen van caravans zien staan. Het gaat hierbij om lokale seizoenskampeerders, die op bepaalde plaatsen gedurende een vakantieseizoen mogen staan met goedkeuring van het gemeentehuis van La Oliva.

Eten en drinken

De keuken

De inheemse keuken van Fuerteventura is stevig. In de meeste gezinnen werd vroeger bijna dagelijks **stoofpot** gegeten, waarin alles werd gecombineerd wat op dat moment maar voorhanden was. Naast granen (tarwe, maïs), aardappelen, peulvruchten en diverse groenten speelden **vleesgerechten** een aanzienlijk grotere rol in de voedingsgewoonten van de bevolking dan vis. Met het vlees van geiten, schapen en konijnen toverden de huisvrouwen smaakvolle stoofgerechten op tafel. Tot op heden koken veel toeristische dagrestaurants, waar in het weekend meestal de plaatselijke bevolking eet, naar traditionele, vaak zeer uitgebreide recepten. Andere vleessoorten zoals rund of varken waren er tot een paar decennia geleden niet op Fuerteventura. Ze worden meestal op een 'internationale' manier bereid, oftewel kort gebakken in de pan of op de grill.

Bij de stoofvleesgerechten en ook bij de meestal simpelweg in de pan gebakken verse **vis** serveren de restaurants meestal de haast onvermijdelijke schrompelaardappelen (*papas arrugadas*). Het is zeker de moeite waard om eens een van de kruidige visstoofpotten of een *paella* te proeven. Die laatste komt weliswaar uit Valencia en heeft op de Canarische Eilanden nog geen lange traditie, maar wordt tegenwoordig ook veel door de Majoreros gegeten. De eveneens zeer geliefde **zeevruchten** worden meestal geïmporteerd uit de Noord-Spaanse Atlantische zeehavens. Schelpdieren en zeeslakken zijn op de Canarische Eilanden zeer bedreigd, het verzamelen hiervan is momenteel verboden. Garnalen en kreeften waren altijd al schaars op de eilanden. Een uitzondering vormen de veelvoorkomende inktvissen, die vaak met allerlei verschillende bereidingswijzen op de menukaart staan.

Wie denkt dat men als toerist, naast de inheemse keuken, alleen nog maar de keuze heeft uit hamburgers en pizza, zit er helemaal naast. In tegenstelling tot de verwachting zijn de toprestaurants helemaal 'in'. Ambitieuze koks creëren overal verspreid over het eiland gerechten die gebaseerd zijn op traditionele eilandrecepten maar aangepast naar volledig nieuwe ideeën – liefst met gebruik van lokale ingrediënten. Natuurlijk ligt het prijsniveau in deze culinaire restaurants wel hoger. Er is echter ook een degelijke middenklasse, waarin men restaurants met een keuken uit diverse Spaanse regio's of met een mediterrane keuken aantreft.

Gebraden geitenvlees

Het seizoen hiervoor is het voorjaar en de herfst, wanneer de jonge geiten worden geboren. Voor de melkproductie behoudt men alleen de vrouwelijke dieren, en nog een paar zeer sterke *machos* voor het nageslacht. Alle andere jonge mannelijke dieren (*baifos*) worden geslacht zodra ze ongeveer drie tot vier kilo wegen. De Majoreros eten het vlees graag stevig gekruid en in de pan gebakken (*asado*) of met kruiden ingewreven en vervolgens in de oven gebraden (*al horno*). Het vlees van de iets oudere jonge dieren (*cabrito*) en ook dat van volwassen vrouwelijke geiten (*cabra*) moet een of twee dagen in een marinade met kruiden en knoflook worden gelegd (*en adobo*), om de sterke smaak weg te nemen. Daarna wordt het vlees langzaam in de oven gegaard.

Echt goedkope restaurants zijn daarentegen schaars, afgezien van de fastfoodbedrijven.

Voor vegetariërs en veganisten blijft het nog altijd moeilijk op Fuerteventura. Slechts een paar toprestaurants hebben vegetarische gerechten op de menukaart en ook bij de Italiaan vindt men soms iets vegetarisch.

Regionale specialiteiten

Caldo de papas: Aardappelsoep, waarin meestal een rauw ei wordt verwerkt.
Caldo de millo: Voedzame maïssoep.
Potaje villero: Traditionele stoofpot van tuinbonen en gezouten vis.
Puchero canario: Stevige stoofpot van diverse seizoensgroenten, meestal met pompoen, bonen en kikkererwten en tot wel zeven soorten vlees.
Sancocho: Visstoofpot van gezouten wrakbaars (*cherne*) of brasem (*sama*), aardappelen, zoete aardappel en uien.
Zarzuela: Canarische bouillabaisse met verschillende soorten vis, aardappelen, tomaten en uien.
Vieja: Een van de meest gewilde vissoorten, papegaaivis, gegrild (*a la parilla*) of op de hete plaat gebakken (*a la plancha*). Andere vaak op het menu staande vissoorten zijn tonijn (*atún*), tandbaars (*mero*) en schriftbaars (*cabrilla*).
Conejo en salmorejo: Konijn is een populair wildgerecht, de restaurants gebruiken meestal tamme konijnen. Het vlees wordt in een sterke, met tuinkruiden, knoflook, safraan en chili gekruide bouillon gestoofd.
Papas arrugadas: De beroemde Canarische schrompelaardappelen worden in sterk gezouten water (oorspronkelijk zeewater) gekookt tot het water volledig is verdampt en de aardappelen een zoutkorst hebben. Ze worden met schil gegeten, waarbij men ze met de handen openbreekt en er saus of jus mee opdipt.

Mojo rojo: Deze hartige rode saus bestaat uit knoflook, paprika, olijfolie en azijn. Er is ook een scherpe variant (*mojo picón*). Beide worden vaak samen met *papas arrugadas* bij de vis geserveerd.
Mojo verde: De mildere, groene variant van de saus bevat paprika en tuinkruiden (o.a. peterselie, koriander).
Gofio: Mengsel van geroosterd en dan gemalen graan, dat al bekend was bij de oerbewoners. *Gofio* wordt door de koffie geroerd voor het ontbijt of door de soep, wordt vermengd met bouillon gegeten, tot balletjes gevormd als bijgerecht of verwerkt tot zoetwaren.
Queso de cabra / Queso majorero: De eilandbewoners eten de geitenkaas graag als verse witte kaas (*queso blanco*) op *bocadillos* of gewoon met olijven. Er zijn verschillende rijpheidsgraden: *tierno* (zacht), *semicurado* (halfrijp), *curado* (rijp) en *viejo* (oud). Bij de langer rijpende kazen wordt tot 15% schapenmelk toegevoegd en de ronde vormen worden door olie, paprikapoeder of *gofio* gerold.
Bienmesabe: 'Smaakt me goed' – vrij vertaald – is een populair Canarisch dessert van eieren, amandelen en honing.
Bombón gigante: Eiervla met chocolade en in wijn gedrenkte biscuit, een zeer overvloedig nagerecht.

Culinair dagritme

De Majoreros eten hun lunch gewoonlijk tussen 13-14 uur, op zondag kan het ook 16 uur worden. Dan eten hele families in toeristische dagrestaurants, vaak zeer uitgebreid tot in de late namiddag. Op werkdagen bieden veel restaurants een voordelig driegangen-lunchmenu (*menu del día*) aan.

's Avonds vullen de door de lokale bevolking gefrequenteerde restaurants zich zelden voor 21 uur, en dan ook al-

Eten en drinken

leen op vrijdag en zaterdag. De meeste restaurants op Fuerteventura zijn echter op toeristen ingesteld en serveren de maaltijden ook op de in West-Europa gebruikelijke tijden. In de vakantiehotels openen de eetzalen meestal om 18 uur en sluiten ze uiterlijk om 22 uur. In het hoogseizoen wordt in de hotels vanwege ruimtegebrek vaak in twee ronden gegeten, men eet dan om 18 of om 20 uur.

Menukaarten zijn bijna overal in meerdere talen opgesteld. In eenvoudige restaurants in de vissersplaatsen heeft men vaak helemaal geen menukaart. Daar kan men dan alleen kiezen tussen visstoofpot of *paella* en verse gegrilde vis, persoonlijk door de gastheer aanbevolen.

Op de rekening is altijd een service charge (bedieningsgeld) vermeld. Deze is in de fijnere restaurants vaak niet in de prijzen op de menukaart inbegrepen, maar wordt op het einde als een toeslag berekend, wat wel op de menukaart vermeld moet staan. In elk geval verwacht de bediening bij goede service nog een extra fooi (5-10%).

Het ontbijt

In de vier- en vijfsterrenhotels laten de ontbijtbuffets vrijwel niets te wensen over. Ze bieden een breed scala aan verschillende soorten brood (ook volkoren), ontbijtgranen, fruit en salades, eiervariaties en een selectie van worst, ham en kaas.

Daarentegen valt het vroege ontbijt bij de lokale bevolking – zoals in Spanje algemeen gebruikelijk – zeer bescheiden uit. Bij een kop koffie wordt voor het werk een droog stuk beschuit of een *churro* (zoete beignet) gegeten. In de loop van de ochtend bezoekt de

In de Fuerte Action Bar in Costa Calma genieten niet alleen surfers van hun drankje

beroepsbevolking bij voorkeur een bar in de omgeving van hun werk, waar ze hun kleine honger stillen met een tweede kop koffie zonder er veel tijd aan te besteden, vaak staand of op een kruk aan de bar. In gelegenheden op het platteland heeft men daarbij vaak slechts de keuze tussen *bocadillos* (belegde broodjes) en *tortilla* (aardappelomelet). In de steden beschikken veel bars over een gekoelde toonbank met *enyesques*, de Canarische variant van de welbekende Spaanse **tapas**. Aangezien dit begrip bij de meeste toeristen bekender is, werven inmiddels ook veel restaurants op Fuerteventura daarmee. In tegenstelling tot op het vasteland, waar de *tapas* kleine hapjes zijn, hebben ze op de Canarische Eilanden doorgaans een meer verzadigend karakter. Ze worden ofwel koud geserveerd, zoals Russische salade, inktvissalade, *boquerones* (met knoflook en peterselie zuur ingelegde ansjovis), ofwel de al vooraf bereide gerechten worden kort verwarmd, waarbij men kan kiezen tussen verschillende eenpansgerechten en stoofschotels. De Majoreros bestellen een *media ración* (halve portie) of een *ración* (portie op een groot bord, dat de lunch kan vervangen). Men hoeft de *enyesques* niet per se – zoals de Majoreros – als een soort tweede ontbijt te nuttigen; ze worden de hele dag door tot laat in de avond geserveerd.

Dranken

Bij het eten drinken de Majoreros meestal **wijn**. Aangezien op Fuerteventura slechts enkele boeren alleen voor eigen gebruik een paar wijnranken in hun tuin hebben staan, wordt alle in de winkels en restaurants verkrijgbare wijn geïmporteerd. De meeste wijnen zijn afkomstig van het Spaanse vasteland, een paar van de andere Canarische Eilanden zoals Lanzarote, Tenerife en El Hierro. Deze laatste wijnen zijn over het algemeen wat duurder.

Bij de wijn bestelt de inheemse bevolking tafelwater zonder koolzuur (*agua sin gas*). Wie in plaats daarvan mineraalwater met koolzuur (*agua mineral con gas*) wil, moet dit uitdrukkelijk vragen. Jongere Majoreros drinken soms ook wel **bier** (*cerveza*) bij het eten, terwijl de oudere bevolking dat voornamelijk tussendoor in een bar drinkt. Wie bier van de tap wil, vraagt om een *caña*. Gangbare merken zijn Dorada (afkomstig van Tenerife) en Tropical (van Gran Canaria).

Als besluit van een maaltijd wordt er **koffie** gedronken, een *café solo* (espresso) of *cortado* (espresso met veel zoete gecondenseerde melk). Vooral voor tussendoor bedoeld is de *café con leche* (koffie verkeerd). Wie liever een grote kop zwarte koffie heeft, bestelt een *café americano* (met heet water aangevulde espresso). Zwarte thee (*té*) en kruidenthee (*infusión*) komen minder vaak voor.

De keuze in **sterkedrank** is groot. Natuurlijk zijn de brandy's van het Spaanse vasteland, zoals het merk Osborne, goed vertegenwoordigd. Uit Gran Canaria komt een goede rum (*ron*), die ook vaak met honing wordt gedronken (*ron con miel*). Steeds populairder worden hier – ook bij de lokale bevolking – de **alcoholvrije dranken**. Behalve de gebruikelijke internationale frisdranken en het alcoholvrije bier zijn hier vooral Appletiser (een fruitige appellimonade) en Bitter Kas geliefd. Het laatste is en mixdrankje van tonic en sinas, dat qua smaak iets wegheeft van campari. Zeer trendy zijn verder de **cocktails**, waarvan men in de hotelbars en lounges ook altijd een kleine selectie zonder alcohol heeft.

Actieve vakantie, sport en wellness

Creative activiteiten

Enkele clubs en clubhotels op het schiereiland Jandía beschikken over eigen kunstateliers, zoals Robinson Club Esquinzo Playa. Wie niet in een clubhotel logeert, kan deelnemen aan de gastronomische kookcursussen van de Duitse chefkok Rainer Feuchter in zijn restaurant in Lajares (zie blz. 114). Wie samen met de lokale bevolking de plaatselijke kunstnijverheidstechnieken wil leren, kan dit bij een langer verblijf op Fuerteventura in Puerto del Rosario doen (zie blz. 152).

Fietsen

Fuerteventura is hard op weg om zich tot een fietsersparadijs te ontwikkelen. Van de 34 geplande routes zijn er inmiddels 14 bewegwijzerd. Informatiepanelen aan het startpunt geven vaak een overzicht. De routes volgen over de kortere trajecten goed aangelegde fietspaden, meestal gaat de route echter over ruige zandsporen. Deze laatste vereisen over het algemeen een zekere vaardigheid en conditie en zijn eigelijk alleen geschikt voor mountainbikes. Routebeschrijvingen (Spaans) met hoogreprofiel zijn te downloaden van www.fuerteventuractiva.com. Een paar GPS-ondersteunde beschrijvingen van veeleisende tochten zijn te vinden op www.senderosbtt.com. Veel autoverhuurbedrijven bieden in de vakantieoorden niet alleen auto's of terreinwagens aan, maar ook fietsen. Bovendien hebben veel hotels huurfietsen beschikbaar voor hun gasten. Het lekkerste rijdt men natuurlijk met zijn eigen stalen ros. De meeste luchtvaartmaatschappijen nemen fietsen mee tegen bijbetaling. Let op: de lijndienstbussen op Fuerteventura vervoeren geen fietsen, de autoveerboten echter wel. In Spanje is een helm verplicht.

Golf

Fuerteventura heeft zich tot een gewilde golfbestemming ontwikkeld. Er zijn twee prachtige golfbanen bij Caleta de Fuste en een in Las Playitas. Optimale accommodaties voor golfers zijn de deels zeer luxueuze hotels in de omgeving van de terreinen. Details bij de respectievelijke plaatsbeschrijvingen, meer informatie is te vinden op www.golfinspain.com en (minder actueel) op www.golffuerteventura.com. Het terrein Jandía Golf is na een halfslachtige heropening in 2012 momenteel opnieuw gesloten. Twee kleinere banen bij Corralejo zijn net in opkomst. Daar beginnen de zaken net te lopen.

Quads, trikes en jeeps

Excursies en begeleide dagtours met quads, trikes of buggy's worden uitgevoerd door Xtreme Car Rental in Costa Calma (zie blz. 246) en X-Quad Fuerteventura in Corralejo (Calle la Acacia 1, tel. 671 11 69 38, www.quadsafarifuerteventura.com). Ook via plaatselijke reisleiding zijn quadtochten te boeken. Quads en trikes worden op Fuerteventura niet individueel verhuurd, in tegenstelling tot terreinwagens. Wie met een dergelijke auto niet alleen op stap wil, kan zich ook aansluiten bij een **jeepsafari** over de zandsporen in het verlaten noorden van het eiland of op het schiereiland Jandía (te boeken via de reisleiding).

Reisinformatie

Paardrijden

De eenzame, woestijnachtige landschappen, die Fuerteventura voor grote delen kenmerken, zijn perfect voor buitenritten. De manege in La Pared is gespecialiseerd in het Spaans rijden, dat op het westernrijden lijkt. Ook vanaf El Roque (bij El Cotillo) en Triquivijate worden rijtochten georganiseerd. Voor de eerste pogingen in het zadel kan men naar de manege in Tarajalejo. Details bij de respectievelijke plaatsbeschrijvingen. Een bijzondere ervaring is het kameelrijden – van dit pleziertje kan iedereen ook zonder rijvaardigheden genieten. Het wordt aangeboden op het strand van Caleta de Fuste en in het Oasis Park bij La Lajita.

Tennis

Veel hotels beschikken over tennisbanen voor hun gasten. Het vermelden waard is het sportbedrijf Matchpoint Sports (zie blz. 258), dat in verschillende hotels in Costa Calma, Esquinzo/Butihondo en Jandía tennislessen geeft en banen verhuurt.

Wandelen

Fuerteventura is in de afgelopen jaren uitgegroeid tot een serieuze wandelbestemming. Een netwerk van in totaal 255 km aan wandelpaden werd inmiddels bewegwijzerd en gemarkeerd. Veel prachtige en interessante gebieden op het eiland kunnen alleen te voet worden ontdekt, zowel op korte ommetjes als op langere wandelingen. Tot vreugde van de rustzoekers blijft de drukte over het algemeen beperkt. Het beste seizoen is de koelere periode (nov.-april).

Wie op eigen houtje wil wandelen, vindt bij de plaatsbeschrijvingen in deze gids enkele voorstellen voor zowel strand- en kustwandelingen als voor tochten door de landschappelijk zeer attractieve berggebieden. Hoogtepunten zijn de rondwandeling over het eiland Lobos en de Vulkaanroute in het noorden, de wandeltocht dwars door de Barranco de Las Peñitas en de kustroute naar de rotsboog Peña Horadada in het westelijke berggebied, en ten slotte de beklimming van de Pico de La Zarza en de bergpasroute naar Cofete op het schiereiland Jandía.

Het wordt nergens alpien, zodat ook ongeoefenden geen problemen zullen ondervinden met de routes. Tredzekerheid is in de bergen en op jongvulkanisch gesteente een voordeel. Van een reeks van gemarkeerde paden staan de (Spaanse) beschrijvingen en kaarten op www.magrama.gob.es/es/desarrollo-rural/temas/caminos-naturales/caminos-naturales/sector-canario/.

Gegidste wandelingen over het gehele eiland (Duitstalig) bij Living Atlantis in Villaverde (La Berlina 11, tel. 928 86 86 90, www.living-atlantis.com) en Time for Nature in Tarajalejo (zie blz. 233). Ook via de plaatselijke reisleiding kunnen begeleide tochten worden geboekt.

Watersport

Boottochten

Vanuit de havens van Corralejo, Caleta de Fuste (Puerto del Castillo) en Morro Jable vertrekken bootexcursies. Het aanbod varieert van zeiltochten met een catamaran en tochten met een glasbodemboot of onderzeeboot om de onderwaterwereld te bekijken tot zeer originele piratentochten met de Pedra Sartaña vanaf Morro Jable (zie blz. 272). Vanaf Corralejo kan men ook uitstapjes maken naar Lanzarote, zoals naar de bekende Papegaaienstranden of om

Actieve vakantie, sport en wellness

te gaan winkelen in Puerto del Carmen. Bijzonderheden bij de respectievelijke plaatsbeschrijvingen en bij de reisleiding in de hotels, waar veel van deze tochten zijn te boeken.

Catamaranzeilen

Deze supersnelle zeilsport is een favoriet aan de winderige kust van Fuerteventura. Tussen Esquinzo/Butihondo en Jandía scheren de catamarans over het water. Gespecialiseerd in catamaranzeilen is de Cat Company in Las Playitas (zie blz. 225) aan de oostkust. Ook Watersports Fuerteventura in Tarajalejo heeft tochten (zie blz. 232).

Duiken

In de zeer schone wateren rondom het eiland ontsluit zich een soortenrijke mariene fauna met veel tropische elementen. De zeestraat El Río tussen Fuerteventura en Lobos wordt beschouwd als het meest interessante duikgebied van de Canarische archipel. De zuidkust bij Morro Jable staat bekend om zijn overvloed aan vis. Ook de oostkust heeft mooie duikplekken.

Duikscholen, die cursussen geven voor beginners en gevorderden, duikexcursies organiseren en uitrusting verhuren, zijn te vinden in Corralejo, Caleta de Fuste, Las Playitas, Tarajalejo en de vakantieplaatsen op het schiereiland Jandía. Breng een medische verklaring mee die nog zeker zes maanden geldig is.

Golfsurfen

De golfrijke kustdelen bij El Cotillo en La Pared, maar ook de punt van het schiereiland Jandía, zijn een paradijs voor golfsurfers. Surfscholen in Corralejo en op het schiereiland Jandía geven les in de beste manier om met het funboard om te gaan. Er heeft zich een eigen, zeer jonge scene rond deze trendy sport gevormd. Wie ouder is dan 25 jaar, vindt in El Cotillo een surfkamp, dat golfsurfen en yoga met elkaar combineert. Adressen bij de respectievelijke plaatsbeschrijvingen.

Wind- en kitesurfen

Voor gevorderde windsurfers zijn de stranden bij Corralejo en aan de zuidkust van het schiereiland Jandía de ideale gebieden, vooral in de zomermaanden, wanneer de passaatwind heel gelijkmatig waait met een sterkte tussen 3 en 5. Beginners kunnen terecht in de beschutte baai van Caleta de Fuste of op de spiegelgladde lagune van de Playa Barca. Zij verkiezen de windarmere maanden oktober tot februari, waarin het echter bij uitzondering ook behoorlijk stormachtig kan zijn.

De kleur van de strandvlag

Deze gebruikelijke veiligheidsmaatregel voor het zwemmen is op alle stranden van het eiland ingesteld. Op bewaakte stukken strand (meestal pas vanaf 11 uur) wordt een zwemverbod door een rode vlag aangegeven. Geel betekent 'pas op', bij groen is het veilig om te zwemmen. Bij zwart is er geen strandwacht aanwezig. In de praktijk kwam het er op neer dat de bewaking van de stranden deels was weggevallen, omdat er vanwege de Spaanse crisis te weinig geld voor personeel was. Voorzichtigheid is daarom in alle gevallen geboden! Over het algemeen wordt het getijdenverschil onderschat, dat ca. 2 m bedraagt en dus veel groter is dan in de Middellandse Zee. Bij eb is het moeilijk om tegen de stroom in te zwemmen. Op onbewaakte stranden kan men daarom het beste alleen bij opkomend tij zwemmen (getijdentabellen op internet, in de lokale vakantiekrant en bij de hotelreceptie).

Reisinformatie

Bij hoge golven op open zee voor de kust van Fuerteventura

Aan de Playa Barca bevindt zich het wereldwijd misschien wel grootste windsurfcentrum van de Zwitser René Egli (zie blz. 254). Sinds 1986 worden hier jaarlijks in juli en augustus, wanneer de windzekerheid een fabelachtige 98% bedraagt, wind- en kitesurfwedstrijden gehouden in het kader van de wereldkampioenschappen.

Andere surfcentra met cursussen en verhuur, vaak ook met kitesurfen en het trendy SUP'en, zijn er in Corralejo (o.a. een Nederlandse surfschool), Caleta de Fuste, Las Playitas, Tarajalejo en de grote vakantieplaatsen op het schiereiland Jandía. Kijk ook eens op www.surfcampfuerteventura.nl voor surflessen met de Nederlandse bemiddeling van het Bloemendaalse surfcollectief Surfana. Het benodigde materiaal kan men in Lajares aanschaffen of zelfs op maat laten maken bij de surfshops van de merken Witchcraft (Nederlands) en Northshore met eigen ateliers. Adressen bij de plaatsbeschrijvingen.

Zwemmen

Fuerteventura is een eiland van droomstranden. Kilometerslange, witte zandstranden strekken zich in het noordoosten uit bij Corralejo en in het zuiden van het schiereiland Jandía bij de badplaatsen Costa Calma, Esquinzo/Butihondo en Jandía. Lange stukken hiervan zijn nog volledig ongerept en bieden veel rustige plekken, waar ook naturisme mogelijk is.

Echt druk zijn deze stranden, ook in de directe nabijheid van de toeristenhotels, eigenlijk nooit. Een kleiner, maar door een havenpier goed beschut zandstrand ligt bij Caleta de Fuste. Het is vanwege zijn locatie zeer geschikt voor kleine kinderen. In de vakantieoorden zijn overal goede voorzieningen met sanitaire faciliteiten, verhuur van ligbedden en parasols en – voor een verfrissend drankje tussendoor – *chiringuitos* (standtentjes).

Bij de inheemse bevolking zijn de kleinere, donkerzandige tot grofkieze-

Actieve vakantie, sport en wellness

lige stranden bij de vissersdorpen aan de oost- en westkust populair. Daar komen de toeristen in de zomervakantie en de weekenden niet alleen om te zwemmen, maar ook om te vissen bij de omliggende rotsen. Aan de oostkust zijn de donkere playas erg geschikt om te zwemmen, daar ontstonden in Las Playitas en Tarajalejo de eerste hotels.

Aan de westkust van Fuerteventura is zwemmen zeer gevaarlijk vanwege de onberekenbare stroming en vaak sterke branding. Dit geldt ook voor de landschappelijk zeer fraaie, goudgele zandstranden aan de noordkust van het schiereiland Jandía (Playa de Cofete, Playa de Barlovento).

Bijzonder zijn de **Caletillas**, rustige getijdenpoelen aan de noordwestkust bij El Cotillo, waarin men bij eb ondanks hoge deining op zee zonder gevaar kan zwemmen. Op de drukke stukken strand worden ligbedden en parasols verhuurd (voor twee pers. € 9-12 per dag). (Voor veiligheid bij het zwemmen zie ook kader blz. 33.)

Wellness en fitness

In navolging van de trend van de afgelopen jaren hebben veel hotels in de vier- en vijfsterrenklasse uitgebreide spa-faciliteiten ingericht. Gerenommeerd zijn bijvoorbeeld de wellnesscentra van de hotels Atlantis Bahía Real in Corralejo (zie blz. 98), Sheraton Fuerteventura in Caleta de Fuste (zie blz. 213), Sunrise Costa Calma Palace in Costa Calma (zie blz. 244) en Iberostar Playa Gaviotas Park in Jandía (zie blz. 262). Veel van deze inpandige spa's zijn op verzoek ook voor externe gasten toegankelijk, meestal tegen een stevige vergoeding.

Wie zich liever buiten de grote hotels aan het welbevinden overgeeft, kan naar het Parque Holandés in het Centro Mirak of – direct ernaast – bij Inselspirit zich oefenen in het loslaten van spanningen en stress (zie blz. 129). Een combinatie van yoga en golfsurfen vindt men bij Rootstyle Camp in El Cotillo (zie blz. 119).

De meeste hotels beschikken over een eigen fitnesscentrum. Geheel aan dit thema gewijd is het Playitas Resort (zie blz. 225), dat hard op weg is om een van de toonaangevendste sportresorts ter wereld te worden. Naast indoor-fitnessfaciliteiten is er ook een outdoor-fitnesspark en er zijn cursussen en workshops om aan de fysieke balans of de spieropbouw te werken.

Zeekajakregatta

Sinds 1999 gaan elk jaar in augustus/september 40 zeekajaks van start in Puerto del Rosario, om Fuerteventura in acht dagetappes te ronden. De deelnemers leggen daarbij in totaal ongeveer 330 km af, de race is de zwaarste in zijn soort op de Canarische Eilanden. De **Vuelta a Fuerteventura en Kayak** staat open voor iedereen die zich tijdig in juni/juli heeft aangemeld en aan een aantal eisen voldoet: men moet minstens 18 jaar oud zijn, 16-jarigen hebben toestemming van hun ouders of voogd nodig. Men moet zijn eigen kajak meenemen, die voorafgaand aan het begin van de wedstrijd door deskundigen wordt beoordeeld op geschiktheid. Informatie en inschrijving bij de Consejería de Deportes del Cabildo (sportafdeling van de eilandregering), Calle Doctor Fleming 1, Puerto del Rosario, tel. 928 53 20 96 of 928 85 20 13, www.cabildofuerteventura.org/portal.

Feesten en evenementen

Traditionele feesten

Reyes Magos

Traditioneel krijgen de kinderen op Fuerteventura hun cadeautjes niet met Kerstmis, maar op 5 januari, de vooravond van Driekoningen. In de grotere plaatsen wordt een optocht gehouden, waarbij de drie heilige koningen op muilezels rijden en snoepjes tussen de blije kleine toeschouwertjes gooien.

Carnaval

De Majoreros vieren hun straatcarnaval op Zuid-Amerikaans levendige wijze. De optocht in Puerto del Rosario is een bijzondere belevenis. 's Avonds danst de menigte op het Recinto Ferial (jaarmarktterrein) op oorverdovend harde muziek onder de sterrenhemel. Voor middernacht is het niet de moeite om er te gaan kijken, maar daarna gaat het los. Op het 'Bal van de Lakens' (Verbena de las Sábanas) komen veel mannen verkleed als vrouw. Een met tranen overgoten onderdeel is de 'Begrafenis van de Sardine' op aswoensdag. Bij deze gelegenheid is donkere kleding gepast. Daarna is het carnaval nog lang niet voorbij. Nu vieren – vertraagd – de andere plaatsen feest. Daarbij gaat het er in Corralejo uitzonderlijk felgekleurd aan toe.

Semana Santa

De Heilige Week van Pasen wordt in Puerto del Rosario zeer plechtig beleden. Somber hoogtepunt is de processie op Goede Vrijdag, waarbij de Passion Christi wordt nagespeeld in de straten van de stad. Gehuld in mantels met capuchon trekken de leden van de verschillende broederschappen met brandende fakkels achter de Christusfiguur met het kruis aan.

Día del Corpus (Corpus Cristi)

De mooiste viering van Corpus Cristi vindt plaats in Puerto del Rosario, namelijk met 'tapijten' van gekleurd zout, dat door de vrouwen van de parochie in de straten en op pleinen tot kunstzinnige schilderingen en ornamenten wordt gearrangeerd. Zout vervangt op Fuerteventura traditioneel – bij gebrek aan bloemen – de op andere plaatsen bij Corpus Cristi gebruikelijke bloementapijten. Al na enkele uren vernietigt de 's avonds gehouden processie alle pracht.

Fiestas de San Juan

Het St.-Jansfeest (24 juni) is, zoals in heel Spanje, een groot evenement. Saluutschoten leiden aan de vooravond de feestelijkheden in verschillende plaatsen in, vervolgens ontvlammen om middernacht de St.-Jansvuren. Bijzonder indrukwekkend zijn de feesten in Vallebrón, Tiscamanita en Ajuy. Er vindt ook een bedevaart (*romería*) naar Cofete plaats.

Fiestas del Carmen

Rond 16 juli vereren de vissers hun patroonheilige, Nuestra Señora del Carmen. De meest uitgebreide feesten ter ere van de Maagd van de Karmelberg, die ook de bijnaam Stella Maris (ster van de zee) draagt, worden gevierd in Corralejo en Morro Jable met botenprocessies met kleurrijke vlaggen. Ook in Salinas del Carmen en Giniginámar varen feestelijk versierde vissersboten de zee op.

Fiestas Parroquiales

Elke parochie viert tijdens de zomermaanden haar feestdag, die normaalgesproken – ongeacht de eigenlijke feestdag van de patroonheilige – in augustus wordt gepland. Haast nog belangrijker dan de plechtige processie met het beeld van de heilige is het uitbundige volksfeest aan de vooravond, dat zich ook over meerdere dagen kan uitstrekken. De data worden op plakkaten en de websites van de gemeente aangekondigd. Ook de toeristeninformatiebureaus beschikken over infomatie.

Navidad (Kerstmis)

In de voorafgaande feestelijke periode, die op 8 december begint met Maria Onbevlekte Ontvangenis, zijn in de kerken van het eiland liefdevol gearrangeerde kerststallen te zien. Muziekgroepen trekken van huis naar huis en dragen oude liederen (*villancicos*) voor. De contemplatieve viering van weleer is Kerstmis echter allang niet meer. Overal klinken uit de luidsprekers Spaanse versies van de bekende kerstliedjes. Er wordt overdadig versierd met kleurrijke slingers en op de ruiten zijn sterren gespoten. Het gebruik om dennenbomen te versieren was vroeger niet verbreid op Fuerteventura. Inmiddels hebben de plastic kerstbomen hun intrede gedaan. Op kerstavond bezoeken families gezamenlijk de nachtmis, waarbij in Tiscamanita nog een traditioneel kerstspel wordt opgevoerd. Vervolgens vindt een vaak tot het ochtendgloren durende levendige *fiesta* plaats, waarbij gedanst wordt op het dorpsplein.

Noche Vieja

Voor oudjaarsavond doffen de Majoreros zich op en vieren chic gekleed feest in de vele feestzalen van de dorpen en steden. Nieuwjaar (*Año Nuevo*) wordt door de lokale bevolking – zoals algemeen gebruikelijk in Spanje – begroet met het eten van druiven. De feestvierders verzamelen zich op het kerkplein en eten bij iedere klokslag een druif. Daarna wordt er op veel plaatsen vuurwerk afgestoken.

Uitgaan

Een behoorlijk nachtleven buiten de hotels om, met trendy lounges, cocktailbars en muziekcafés, speelt zich voornamelijk af in Corralejo. Op een meer bescheiden schaal is het ook in Costa Calma en Jandía mogelijk om een avondje uit te gaan. Bovendien bieden de grote hotels en vakantieclubs gevarieerd avondentertainment met flamenco, optredens uit beroemde musicals, Zuid-Amerikaanse ritmes, Afrikaanse trommelaars en live dansmuziek. Vaak beschikken zij ook over een eigen discotheek. Wie zich liever onder de lokale bevolking begeeft, kan zich in het weekend in het uitgaansleven van Puerto del Rosario storten.

Worstelen, maar dan anders

Lucha Canaria, het van de oerbewoners afstammende Canarische worstelen, mag zich op Fuerteventura tot op de dag van vandaag verheugen in een niet-aflatende populariteit. Bijna elke zaterdag vinden er wel ergens op het eiland in een arena gevechten plaats. Ook op volksfeesten mag de Lucha niet ontbreken. De worstelaars van Fuerteventura worden beschouwd als de beste van de archipel en genieten, zodra ze alle 43 toegestane handgrepen beheersen en dus de 'blauwe band' mogen dragen, een verbazingwekkende populariteit. Twee teams met elk elf worstelaars nemen het tegen elkaar op. Bij de man-tegen-man-gevechten komt het erop aan de tegenstander op de grond te gooien, zonder daarbij gebruik te maken van de voeten. Hiervoor is niet alleen kracht nodig, maar ook behendigheid en reactiesnelheid. In niet meer dan drie ronden van drie minuten wordt een gevecht beslist.

Feestagenda

Januari
Festival de Música de Canarias:
3 weken in jan., klassieke concerten in verschillende plaatsen op het eiland (zie blz. 153).

Februari
Carnaval: zie blz. 36.
Fiesta del Agua: 28 feb. Feest van de Regenmadonna, Agua de Bueyes.

April
Semana Santa: zie blz. 36.
Lebrancho Rock: in de paasvakantie. Festival met jonge rockgroepen, Puerto del Rosario.
FEAGA: eind april of begin mei. Landbouwbeurs, Pozo Negro.

Mei
Romería de El Tanquito: laatste za. van mei. Pelgrimstocht naar de Montaña Cardón.
Feria Insular de Artesanía: mei of begin juni. Kunstnijverheidsbeurs, Antigua.

Juni
Día del Corpus: Corpus Cristi, zie blz. 36.
Fiestas San Pedro El Pescador: 29 juni. Feest van St.-Pieter, Las Playitas.

Juli
Fiestas de Nuestra Señora de Regla: 2 juli. Feest van de patroonheiligen, Pájara.
La Apañada de Cofete: ergens begin juli. Veedrijven, schiereiland Jandía.
Fuerteventura en Música: een weekend in begin juli. Festival met Canarische, Afrikaanse en Latijns-Amerikaanse muziekgroepen, El Cotillo.
Fiesta de San Buenaventura: 14 juli. Feest van de beschermheilige van het eiland, Betancuria.
Windsurf & Kiteboard Worldcup: half juli-begin aug. Playa Barca.

Augustus
Semana de la Juventud: 2 aug.-half aug. Week van de jeugd, Gran Tarajal.
Fiesta de Nuestra Señora del Buen Viaje: hele week rond 3 aug. Havenfeest, El Cotillo.

September
Fiesta Nuestra Señora de la Antigua: 8 sept. Kermis, Antigua.
Open Internacional de Pesca de Altura de Gran Tarajal: begin of half sept. Wedstrijden zeevissen.
Fiesta del Pulpito: begin-half sept. Inktvisfeest, El Puertito (de la Cruz).
Vuelta a Fuerteventura en Kayak: Achtdaagse regatta voor zeekajaks rondom het eiland.
Fiesta Nuestra Señora de la Peña: 3e za. van sept. Pelgrimstocht naar Vega de Río Palmas.

Oktober
Fiesta de la Virgen del Rosario: Tweeweken durende kermis ter ere van de patroonheilige van de stad, de Rozenkransmadonna, rond 7 okt., Puerto del Rosario.
Fiesta de San Miguel: in de dagen voor 13 okt. Historisch spektakel in Tuineje, Gran Tarajal en Tarajalejo.

November
Festival Internacional de Cometas: 2e weekend van nov. Vliegerfestival bij Corralejo.
Fiesta de San Andrés: 30 nov. Regenafsmeekprocessie, Tetir.

Praktische informatie van A tot Z

Ambassades en consulaten

Nederlands Consulaat

... op Tenerife
Calle Villalba Hervás, 5-3º
38002 Santa Cruz (Tenerife)
tel. 922 27 17 21
fax 922 24 02 87
nlconsulaattfe@live.com
ma.-vr. 10-14 uur
alleen op afspraak

Belgisch Consulaat

Edificio Ahlers Y Rahn
Calle Villalba Hervas, 4-2º
38002 Santa Cruz (Tenerife)
tel. 922 241 387 / 193
noodnummer 620 201 769
fax 922 241 194
tenerife@diplobel.fed.be
www.diplomatie.be/tenerifenl
ma.-vr 9-14 uur

... op Gran Canaria
Calle Gordillo 13 (planta 3)
35008 Las Palmas (Gran Canaria)
tel./fax 928 46 17 18
consubelglpa@hotmail.com
ma.-vr. 10-13 uur

Elektriciteit

De netspanning is 220 volt op Fuerteventura. Adapters zijn over het algemeen niet nodig.

Feestdagen

1 januari: Nieuwjaarsdag (*Año Nuevo*)
6 januari: Driekoningen (*Reyes*)
1 mei: Dag van de Arbeid (*Día Internacional del Trabajo*)
15 augustus: Maria Hemelvaart (*La Asunción*)
12 oktober: Dag van de ontdekking van Amerika (*Día de la Hispanidad*)
1 november: Allerheiligen (*Todos los Santos*)
6 december: Dag van de Grondwet (*Día de la Constitución*)
8 december: Maria Onbevlekte Ontvangenis (*Inmaculada Concepción*)
25 december: Kerstmis (*Navidad*)

Feestdagen met **variabele data** zijn **Goede Vrijdag** (*Viernes Santo*) en **paaszondag** (*Domingo de Resurrección*). Een regionale feestdag is **30 mei** (*Día de las Canarias*). Daarbovenop heeft iedere gemeente **twee plaatselijke feestdagen** ingesteld. Tweede paasdag, Hemelvaartsdag, tweede pinksterdag, Corpus Christi en tweede kerstdag zijn geen feestdagen. Als een feestdag op een zondag valt, wordt de maandag daarop niet gewerkt. Ook overbruggingsdagen tussen zon- en feestdagen kunnen vrije dagen zijn. Vastenavond (dinsdag na carnaval) is in de gemeenten La Oliva, Puerto del Rosario en Antigua normaalgesproken de plaatselijke feestdag, dit kan echter van jaar tot jaar veranderen.

Fooien

Kamermeisjes krijgen ca. € 1 per dag, porters € 0,50 per stuk bagage. Ander hotelpersoneel hoopt aan het eind van de vakantie ook op een passend bedrag. Taxichauffeurs verwachten geen fooi, maar men kan de ritprijs afronden.

In restaurants wordt door de bediening een fooi ter hoogte van 5-10% van het bedrag van de rekening verwacht, in eenvoudige bars of cafeteria's is daarentegen een fooi niet gebruikelijk.

Reisinformatie

Geld

De valuta in heel Spanje en dus ook op de Canarische Eilanden is de euro. Alle bankkantoren, luchthavens, winkelcentra en veel grote hotels hebben **geldautomaten** waar men tot een maximum van € 200 per dag met EC-pinpas (Maestro of Cirrus) kan opnemen (ca. € 5 kosten). Wie meer wil opnemen, moet het spreiden over meerdere geldopnamepunten. De geldautomaten kunnen in meerdere talen worden bediend. Directe betaling met een **EC-pinpas** is niet overal mogelijk.

Creditcards worden door de grotere hotels, benzinestations, restaurants en winkels geaccepteerd. Bij autohuur wordt meestal vooraf een creditcardbetaling gevraagd in plaats van een borgsom.

Media

Tv & radio

In hotels en appartementsgebouwen beschikken de gasten meestal over een tv in de kamer. In vakantiehotels heeft men over het algemeen keuze uit meerdere internationale zenders.

Nederlandse tv- en radioprogramma's en -zendfrequenties zijn op te zoeken – en ook te bekijken en beluisteren – via www.npo.nl. Op Gran Canaria verzorgt Holland FM Spanje (www.hollandfm.es) een Nederlandstalig programma. Via een app is deze zender op de tablet of mobiele telefoon ook elders te beluisteren.

Kranten

De bekende Nederlandse kranten en tijdschriften zijn hier en daar te vinden in hotelwinkels en kiosken van de grotere badplaatsen.

In veel supermarkten, tankstations, hotels, bars en restaurants liggen gratis internationale toeristische krantjes. Door de crisis zijn het er wel minder geworden. Twee bekende uitgaven zijn de Fuerteventura Zeitung (gedrukte editie elke 14 dagen, online op www.fuerteventurazeitung.de) en het drietalige maandblad Fuerteventura Magazine Hoy (Spaans/Engels/Duits, online www.fuerteventuramagazinehoy.com). Beide geven veelzijdige informatie over het eiland.

Medische verzorging

Ziekenhuis

Hospital General de Fuerteventura
Ctra. General Aeropuerto, km 1
35600 Puerto del Rosario
tel. 928 86 20 00

Artsen en gezondheidscentra

In de hotelwijken van Corralejo, Caleta de Fuste, Costa Calma en Jandía zijn meerdere internationale medische centra gevestigd, te herkennen aan grote borden met het symbool van het rode kruis. Hier hebben – vaak 24 uur per dag – Engels- of Duitssprekende artsen dienst. In de eenvoudig uitgeruste gezondheidscentra (*Centro de Salud*) wordt eerste hulp verleend, ongecompliceerde gevallen worden met medicijnen verzorgd. Gezondheidscentra treft men aan in o. a. Corralejo (Av. Juan Carlos I. 26, tel. 928 53 54 80) en Morro Jable (Barranco del Ciervo, tel. 928 54 50 70).

Apotheken

In elke grotere plaats is een goed gesorteerde apotheek (*farmacia*) aanwezig, te herkennen aan een wit kruis op een groene ondergrond. Openingstijden zijn: ma.-vr. 9-13 en 17-19 uur. Een bordje op de deur geeft aan welke apotheek nooddienst heeft.

Behandelkosten

EU-burgers die verplicht verzekerd zijn bij een wettelijke ziektekostenverzekering, worden op vertoon van de Europese Health Insurance Card (EHIC), gratis aan te vragen bij de zorgverzekeraar, kosteloos behandeld tot een bedrag naar Nederlandse normen. Echter, in privéklinieken en particuliere artsencentra wordt de EHIC niet geaccepteerd. Ook in openbare ziekenhuizen en gemeentelijke gezondheidscentra zijn niet alle diensten door de verzekering gedekt. In dergelijke gevallen moeten de behandelkosten eerst door uzelf worden betaald. Thuis wordt de rekening vervolgens vergoed door de ziektekostenverzekering (factuur zo gedetailleerd mogelijk laten uitschrijven). Echter, het volledige bedrag wordt niet altijd vergoed. Deze kosten kunnen aardig oplopen. Daarom is het verstandig om een ziektekostenmodule bij uw reisverzekering af te sluiten. Let er daarbij op dat u dan niet dubbel verzekerd bent via uw aanvullende ziektekostenverzekering. Vraag dit zonodig na bij uw verzekeraar.

Naturisme en topless

Het eiland wordt als een paradijs voor naturisten beschouwd. Zelf als de wetgeving niet geheel duidelijk is, wordt naturisme nog steeds veel gedoogd op Fuerteventura. In Esquinzo/Butihondo is er zelfs een heus naturistenappartementengebouw (zie blz. 258).

Direct voor de hotels en plaatsen of in de buurt van gezinnen met kinderen is geheel ontkleed zonnebaden echter niet wenselijk. Topless ziet men daarentegen ook bij hotelzwembaden en op drukbezochte gedeeltes van de stranden.

Noodgevallen

Noodnummer 112 (politie, brandweer, ambulance), ook in het Engels en Duits.

Voor het **blokkeren van bankpassen en creditcards** zie www.veiligbankieren.nl voor een lijst met internationale telefoonnummers van alle Nederlandse banken.

Neem voor het **blokkeren van de simkaart** na diefstal van uw mobiele telefoon contact op met uw provider

Omgangsvormen

Levensritme

De Majoreros zijn vrij gereserveerd en afstandelijk. Het personeel in hotels en restaurants is meestal afkomstig van het Spaanse vasteland en is professioneel in de omgang met toeristen. Een lange lunchpauze (siësta) is bij bedrijven die zich op vakantiegangers richten niet meer gebruikelijk. Zo hebben de souvenirwinkels en musea zich verreweg aan de West-Europese dagindeling aangepast.

In de steden en dorpen, waar de lokale bevolking nog grotendeels onder elkaar leeft, sluiten daarentegen de winkels 's middags een aantal uren. Het leven speelt zich daar af in de ochtend en in de vroege avonduren, in het weekend vaak tot diep in de nacht.

Kleding

Het voorheen duidelijke onderscheid tussen de formeel geklede Canarios en de licht geklede toeristen zijn dankzij de grote sociale veranderingen in Spanje inmiddels vervaagd. Korte broek ziet men bij de Majoreros echter nog steeds alleen in de zomer. De lokale bewoners kleden zich opvallend chic voor het uitgaan in het weekend en voor bijzondere gelegenheden. Hotels en restaurants in de betere categorieën verwachten dat de heren voor het diner in een lange broek verschijnen.

Openingstijden

Winkels: Meestal ma.-vr. 10-13/14 en 16/17-20, za. 10-13/14 uur. In landelijke gebieden blijven de winkels in juli en augustus vaak 's middags gesloten. Hotelshops en andere winkels in de badplaatsen zijn daarentegen vaak het gehele jaar door ook 's middags en in het weekend open. In grote supermarkten en winkelcentra kan men zonder middagpauze ma.-za. 9-21/22 uur winkelen.
Banken: Ma.-vr. 9-14, tussen sept. en juni ook za. 9-13 uur.
Post: De openingstijden van de postkantoren (*correos*) zijn over het algemeen ma.-vr. 8.30-14.30 en za. 9.30-13 uur. Het kantoor in Puerto del Rosario sluit ma.-vr. pas om 20.30 uur.

Post

Postzegels (*sellos*) zijn verkrijgbaar op het postkantoor, bij de hotelreceptie en in elke tabakswinkel (*estanco*). Brieven en ansichtkaarten kan men in de gele brievenbus met het posthoornteken gooien of afgeven bij de hotelreceptie.
Porto: Verzending van brieven tot 20 g en ansichtkaarten naar Nederland of België kost € 0,75.

Reizen met een handicap

Op Fuerteventura is een behoorlijk aantal hotels met toegankelijkheid voor mensen met een beperking beschikbaar. Vraag naar de details bij uw reisbureau.

Roken

Sinds 2011 is in Spanje het roken in openbare gebouwen (bijv. veerterminal,

Reiskosten en budgettips

Fuerteventura is geen goedkope reisbestemming. In de grotere supermarkten is het prijsniveau vergelijkbaar met dat in Nederland of België. Kleinere supermarkten binnen hotelcomplexen of in de omgeving daarvan voeren hun eigen prijsbeleid. Over het algemeen iets lager dan bij ons zijn de prijzen van hotels, restaurants en taxi's.
Hotels: Het boeken van een hotelkamer bij een reisbureau thuis of via een internetreisburau of touroperator is meestal goedkoper dan op eigen houtje een kamer zoeken of direct via internet bij het hotel te boeken.
Restaurants: 's Middags dagmenu € 8-12, tapas (*media ración*) € 3-8; 's avonds hoofdgerecht € 10-15, in gastronomische restaurants tot € 30.

De in deze gids vermelde prijzen hebben betrekking op een hoofdgerecht zonder drankjes, tenzij anders aangegeven.
Dranken: Fles wijn in het restaurant € 12-18, halve liter huiswijn ca. € 10, klein bier € 2-3, kop koffie € 1,50-2.
Vervoer: Taxi € 0,53-0,60 per km; busrit Puerto del Rosario – Corralejo € 3,30, naar Morro Jable € 9,80; huurauto € 20-40 per dag; georganiseerde eilandtour ca. € 50.
Toegangsprijzen: Gemeentelijke of rijksmusea € 2-5, kind tot 12 jaar gratis; particuliere musea, dierentuinen, pretparken € 5-25, kinderkorting 30-50%.

luchthaven), restaurants, cafés, bars en de algemeen toegankelijke gedeelten van de hotels verboden. Horecabedrijven mogen ook geen rokerszones meer aanwijzen. Hotels kunnen echter wel rokerskamers aanbieden. Ook in veel buitengedeeltes (voor ziekenhuizen, op speelplaatsen, enz.) is roken niet toegestaan. Aan het strand is het over het algemeen nog toegestaan, een scheiding in rokers- en niet-rokerszones is echter in voorbereiding.

Souvenirs

Kunstnijverheid

Door het toerisme beleefde de kunstnijverheid op Fuerteventura de afgelopen jaren een opleving. Op cursussen kunnen eilandbewoners de door hun voorouders overgeleverde oude of zelfs ook nieuwe, moderne technieken leren. Velen bouwden er de afgelopen jaren een bestaan mee op.

Hun producten worden verkocht in de kunstnijverheidswinkels (*Tienda de Artesanía*), die de eilandregering in Antigua, Betancuria, Puerto del Rosario, Tefía en op de luchthaven runt. Op Fuerteventura vervaardigde kunstnijverheid krijgt een certificaat, waarop de naam en het adres van de betreffende ambachtsman is vermeld. Die bepaalt de prijs, de winst gaat uitsluitend naar hem toe.

Typisch voor het eiland is het **vlechtwerk**: tassen, hoeden en matten van palmriet en manden gemaakt van wilgentenen. Op houten weefgetouwen ontstaat kleurrijk **weefwerk** zoals lopers of tapijten. Het klassieke souvenir bij uitstek is het **borduurwerk**, dat met name in Lajares (zie blz. 109) is te verkrijgen. Een andere goede gelegenheid om kunstnijverheid te kopen is de Mercado Artesanal en la Vega de Tetir (zie blz. 157).

Keramiek wordt door de pottenbakkers traditioneel gemaakt op de wijze waarop de oerbewoners dit deden, zonder draaischijf, en discreet versierd met ingekerfde ornamenten. **Blikken vaatjes**, waaronder oliekannetjes, worden nog met de hand gesoldeerd.

Culinaire specialiteiten

Op nummer een staat wel de **geitenkaas** met het keurmerk 'Denominación de Origen Queso Majorero'. Hij mag geen kleur- of conserveermiddelen bevatten en ook geen andere chemische toevoegingen. Het voordeligste en met de grootste keuze aan verschillende rijpingsgraden kan men de kaas direct bij de producent kopen, zoals in de kaasmakerijen van Tindaya en Tuineje of op de geitenfarm bij Betancuria (zie blz. 185). Daar worden hele kazen en ook parten in plasticfolie geseald, geschikt voor de terugreis.

Op markten, in souvenirwinkels en supermarkten is **mojo**, de beroemde pittige Canarische saus, verkrijgbaar in verschillende varianten in kleine flesjes. Daar kan men ook **marmelade** van de Canarische Eilanden vinden in bijzondere smaken, zoals cactusvruchten, tomaten of moerbeien.

In de schappen van de staatsmuseumwinkels, natuurlijk bovenal in het Museo de la Sal, ligt ambachtelijk

---

Het Cabrito-logo

Het meest bekende logo van Fuerteventura siert T-shirts voor volwassenen en kinderen, en allerlei accessoires van petjes en rugzakken tot sleutelhangers, portemonnees en andere cadeau-artikelen. De artikelen met het geitenbokje zijn verkrijgbaar in zes eigen winkels en bij veel andere verkooppunten, of via www.cabrito-fuerteventura.com.

geproduceerd **zeezout** uit de museumsaline van El Carmen. Het zou de door fijnprovers hoog gewaardeerde zoutbloem (*fleur de sel, flor de sal*) evenaren en wordt recentelijk ook in het buitenland, vooral in Frankrijk, verkocht. Geliefd is de **wijn** van het buureiland Lanzarote, die het voordeligst (vanaf ca. € 6 per fles) kan worden aangeschaft in goed gesorteerde supermarkten. **Rum** (*ron*) is afkomstig van Gran Canaria. Een specialiteit, die op de Canarische Eilanden graag als aperitief wordt gedronken, is *ron con miel* (rum met honing). Deze is al kant en klaar gemixt in flessen verkrijgbaar. Zeer intens van smaak is de **bananenlikeur** van Tenerife

Sinds enkele jaren is de biologisch geteelde olijfolie van het merk 'Flor de Fuerteventura' uitgegroeid tot een bestseller. Ook pikant ingemaakte olijven van het eiland zijn steeds vaker in de winkels en op markten te vinden.

Cosmetica

De lelie van de woestijn, **aloë vera**, wordt in Tiscamanita geteeld en ter plekke verwerkt tot gel en extract, die direct bij de fabriek worden verkocht (zie blz. 172). Natuurlijke cosmetica uit aloë vera afkomstig van de andere Canarische Eilanden of uit Mexico is overal op het eiland verkrijgbaar in parfumerieën en op markten.

Een nog vrij nieuw, honderd procent natuurlijk product van het eiland is de **geitenmelkzeep** uit koud met olijfolie gemengde melk. De zeep is er in diverse geuren, zoals kaneel of lavendel, en staat bekend als zeer geschikt voor de gevoelige en droge huid. Daarnaast is er nog een **peeling-zeep** van geitenmelk met lavazand. De zepen zijn verkrijgbaar in veel kunstnijverheids- en souvenirwinkels en in drogisterijen.

Duty-free

De Canarische Eilanden zijn een belastingvrij gebied. Vooral in Jandía, maar ook in Corralejo en andere plaatsen, adverteren parfumeriën, juweliers en mode- en sportboetieks met merkartikelen. Niet alles is echter goedkoper dan thuis. Bij de aanschaf van elektronische apparaten is het belangrijk om op de EU-voorwaarden te letten in verband met te betalen invoerbelasting.

Mercadillos

Kleurrijke weekmarkten voor toeristen worden gehouden in Corralejo, Caleta de Fuste, Costa Calma en Jandía. Daar zijn geïmporteerd borduurwerk en lederwaren, Afrikaanse en Canarische kunstnijverheid, vakantiekleding en culinaire specialiteiten van de Canarische Eilanden te koop. Vaak is onderhandelen nodig, want de eerstgenoemde vraagprijs is vaak het dubbele van de waarde.

Telefoneren

Internationale toegangscodes:
0031 voor Nederland
0032 voor België

Telefoneren naar Spanje: landcode 0034 plus het negencijferig abonneenummer. In Spanje kent men geen netnummers.

Vast telefoneren

Telefoneren met munten bij openbare telefoons is relatief duur. Voordeliger is het bellen met een telefoonkaart (*teletarjeta*), die men bijvoorbeeld in tabakswinkels (*estancos*) koopt (vanaf € 6).

Bij een aantal telefooncellen kan men ook met een creditcard bellen. Het gebruiken van de hoteltelefoon kan in de papieren lopen. Veel hotels zijn echter inmiddels overgegaan op het alleen doorberekenen van de voor vaste telefonie gebruikelijke kosten.

Mobiel telefoneren

Providers: het mobiele netwerk is zeer goed ontwikkeld op Fuerteventura. Buitenlandse mobiele telefoons bellen zonder problemen via het Spaanse netwerk. Voorafgaand aan de reis kan men bij zijn eigen provider informeren welke Spaanse provider – de belangrijkste zijn Vodafone, Movistar-Telefónica en Orange – het goedkoopste is en deze vervolgens ter plaatse instellen.

Tarieven: per minuut betaalt men de klok rond voor gesprekken binnen de EU maximaal € 0,35, voor binnenkomende gesprekken maximaal € 0,10. Voor een SMS wordt € 0,11 in rekening gebracht. Voor telefoongesprekken binnen Spanje (altijd landcode 0034 intoetsen) wordt 25% toeslag bovenop de nationale kosten gerekend.

Veiligheid

Onderweg

Fuerteventura staat bekend als relatief veilig. Toch is het verstandig om waardevolle spullen in de hotelsafe (€ 2-4 per dag) te bewaren. Een enkele maal komen in de vakantieplaatsen zakkenrollerij, afleidingstrucs of diefstal voor. Op afgelegen stranden en op parkeerplaatsen bij landelijk gelegen musea vindt soms autodiefstal plaats. Kortom, het is aan te bevelen niets van waarde in de auto te laten liggen, ook niet in het handschoenenvakje of de kofferbak.

De plaatselijke reisleiding raadt aan om alleen geldautomaten te gebruiken die bij banken of in hotels en winkelcentra staan, en niet de automaten in stille straten. Ook waarschuwen zij voor het betalen per creditcard in dubieuze bars of winkels. Het kan namelijk voorkomen dat de kaartgegevens in het geheim worden gekopieërd op een blanco kaart (skimming), waarna het mogelijk is geld af te boeken.

Diefstallen geeft men aan bij de Guardia Civil, die een verklaring voor de reisverzekering opstelt. De Guardia Civil heeft bureaus in alle grotere plaatsen (na te vragen bij de receptie van het hotel).

Gevaarlijke dieren

Op Fuerteventura komen er geen in het wild levenden slangen of giftige schorpioenen voor. Er worden wel haaien voor de kust gevangen, maar er zijn geen gevallen bekend van incidenten tussen zwemmers en haaien.

Water

Het leidingwater wordt als hygiënisch en goed beschouwd. Voor het tandenpoetsen is het zonder meer geschikt. Vanwege de vaak sterke chemische behandeling is het aan te raden om drinkwater in de supermarkt te kopen.

Kennismaking – Feiten en cijfers, achtergronden

Tot 6 meter hoge golven beuken soms op de Playa del Castillo bij El Cotillo

Fuerteventura in het kort

Feiten en cijfers

Oppervlakte: 1731 km²
Hoofdstad: Puerto del Rosario
Officiële taal: Spaans
Inwoneraantal: 104.000
Valuta: euro
Landcode: 0034
Tijdzone: Greenwich Mean Time (GMT). De klok moet zowel 's zomers als 's winters een uur worden teruggezet vergeleken met Nederland en België.

Geografie en natuur

Fuerteventura, het op een na grootste van de Canarische Eilanden, ligt in het zuidoosten van de archipel op 14° westerlengte en 28° noorderbreedte. Lanzarote ligt op 11 km afstand, Gran Canaria op 81 km, Marokko op ongeveer 100 km. Ten noordoosten ligt het onbewoonde eiland Lobos (4,5 km²) voor de kust.

Een 4 km brede landengte, de Istmo de la Pared, scheidt het grote deel van het eiland van het langwerpige, door lange zandstranden omzoomde schiereiland Jandía in het zuidwesten. Daar bevindt zich met de Pico de la Zarza (807 m) het hoogste punt van Fuerteventura. Andere berggebieden zijn het bergland van Betancuria met zijn steile westkust en het gebergte van Vallebrón in het noorden. De oostkust wordt gekenmerkt door U-vormige valleien met tussengelegen bergruggen en donkerkleurige kiezelstranden. Het centrum van het eiland is vlak, evenals grote delen van het noorden, dat uitblinkt met vulkaankegels, lange duinenrijen, stranden en rotsachtige baaien.

Geschiedenis

Handelaren uit Normandië veroverden Fuerteventura in 1405, dat destijds werd bewoond door de oorspronkelijke *Majos*. Dit verbasterde later tot Majoreros, zoals de huidige eilandbewoners zich noemen. Al spoedig ging de heerschappij over op Castilië (later Spanje). Fuerteventura ontwikkelde zich tot de graanschuur van de archipel, maar leed tegelijkertijd onder een strikt feodaal regime. Sinds 1859 zijn de Canarische Eilanden een vrijhandelszone, de export van respectievelijk cochenille-kleurstof, gebrande kalk en tomaten bliezen de economie tijdelijk nieuw leven in. Het eerste vakantiehotel werd in 1966 geopend. Sinds de jaren zeventig van de vorige eeuw bloeit het toerisme.

Overheid en politiek

Sinds 1982 vormen de Canarische Eilanden een autonome gemeenschap binnen Spanje. Zij kiezen een eigen parlement met 60 leden, waarvan er zeven Fuerteventura vertegenwoordigen. De regeringszetel wisselt om de vier jaar tussen Gran Canaria en Tenerife. Op Fuerteventura is de eilandraad (*Cabildo Insular*) verantwoordelijk voor cultuur, gezondheid en wegenbouw.

Economie en toerisme

Wegens gebrek aan water liep de moeizame landbouw halverwege de 20e eeuw sterk terug. Tegenwoordig is er dankzij de steun van de EU een nieuwe opleving. Naast tomaten spelen aloë vera en voedergewassen (alfalfa, maïs) en recentelijk ook olijven, waaruit eco-olijfolie wordt gewonnen, een rol. Ongeveer vijftigduizend geiten leveren melk voor de ambachtelijke kaasproductie. Kaas wordt, evenals tomaten, geëxporteerd. De visserij is nauwelijks nog van belang.

Het leeuwendeel van de inkomsten van het eiland is tegenwoordig afkomstig van het toersime. Ongeveer twee miljoen vakantiegangers per jaar bezoeken Fuerteventura. Bovenaan staat Duitsland met ongeveer zeven honderdduizend bezoekers, gevolgd door de Britten en de Spanjaarden.

Milieu

Elektriciteit wordt voor het grootste gedeelte gegenereerd door een centrale op stookolie. Zonne-energie komt een stuk minder voor. De voorwaarden voor windturbines zijn hier zeer goed. In Costa Calma bevindt zich het grootste windmolenpark op de Canarische Eilanden, dat ongeveer 10% van de stroom voor het gezamenlijke netwerk van Fuerteventura en Lanzarote levert. De natuurbeschermers zijn echter gekant tegen verdere uitbreiding.

Vele ontziltingsinstallaties produceren met behulp van elektriciteit de op het eiland benodigde hoeveelheid zoet water. Daarentegen vloeit ongeveer 80% van het regenwater dat tijdens de wintermaanden valt onbenut in zee, omdat er geen vegetatie is die het vasthoudt. De nog in de 19e eeuw aanwezige bergbossen werden gekapt. Jonge aanwas valt echter ten prooi aan grazende geiten. Overigens verbruikt een toerist bijna twee keer zoveel water per dag als een eilandbewoner. Oorzaken hiervoor zijn het vullen van zwembaden, de bewatering van hoteltuinen en het frequente wassen van beddengoed en handdoeken.

Bevolking, taal en religie

Met ongeveer 60 inwoners per km² is Fuerteventura tamelijk dun bevolkt. De meeste mensen wonen in de hoofdstad Puerto del Rosario (28 500 inw.) en in de vakantieoorden Corralejo, Caleta de Fuste, Costa Calma en Jandía / Morro Jable. De Majoreros zijn vandaag de dag in de minderheid.

Bijna driekwart van de op het eiland wonende mensen zijn hier niet geboren. Ze trokken als arbeidskracht vanuit andere eilanden, het Spaanse vasteland en Marokko hier naartoe. Bovendien hebben zich duizenden Britten en Duitsers op het eiland gevestigd, permanent of om te overwinteren. Het aandeel buitenlanders onder de bevolking bedraagt ongeveer 25%.

Het door de lokale bevolking gesproken Spaans onderscheidt zich nauwelijks van dat op het vasteland. Alleen de c voorafgaand aan de e of i en de z, die in het Spaans als een Engelse 'th' wordt uitgesproken, wordt door de Majoreros vaak door een s vervangen. Bovendien slikken zij vaak, zoals gebruikelijk op de Canarische Eilanden, de s aan het einde van een woord in.

Meer dan 90% van de Majoreros en de Spanjaarden op het vasteland is rooms-katholiek. Door immigratie wonen er nu ook moslims, protestanten en anglicanen op het eiland.

Canarische Eilanden

Geschiedenis

Oudheid

ca. 1100 v.Chr.	Waarschijnlijk waren de Feniciërs reeds bekend met het bestaan van de Canarische Eilanden
8e eeuw v.Chr.	Homerus beschrijft in zijn odyssee met de 'Elyseïsche velden' mogelijk de Canarische Eilanden.
rond 500 v.Chr.	De Canarische Eilanden worden definitief bevolkt vanuit Noordwest-Afrika. Overblijfselen in de taal en archeologische vondsten doen vermoeden dat de oorspronkelijke bewoners afstamden van de Berbers.
1e eeuw	Plinius de Oudere vermeld een expeditie die koning Juba II van Mauritanië ongeveer 100 jaar daarvoor naar de Canarische Eilanden zou hebben ondernomen.
2e eeuw	Ptolemaeus tekent de Canarische Eilanden op zijn wereldkaart.

Veroveringsperiode

13e / 14e eeuw	Handelaren uit Zuid-Europa bezoeken de eilanden, op zoek naar natuurlijke kleurstoffen en om slaven te vangen.
1344	Paus Clemens VI in Avignon verleent Luis de la Cerda, een zoon van de Castiliaanse koning Alfonso, de titel 'koning van de Canarische Eilanden'.
1402	Jean de Béthencourt uit Normandië verovert Lanzarote. Een jaar later verleent koning Hendrik III van Castilië, erfgenaam van de titel 'koning van de Canarische Eilanden', hem de feodale heerschappij over de archipel.
1404	De Normandiërs bouwen twee – tegenwoordig niet meer bestaande – forten op Fuerteventura.
1405	De Béthencourt verovert heel Fuerteventura in twee dagen.
1412	De Béthencourt installeert zijn neef Maciot als gouverneur en keert terug naar Frankrijk. Zes jaar later moet Maciot de Canarische Eilanden afstaan aan de Castiliaanse graaf Niebla.
1425	De snel voortschrijdende kerstening van Fuerteventura is nagenoeg voltooid. Daarin speelt de orde der franciscanen een belangrijke rol. De oorspronkelijke Canariërs nemen de zeden en gewoonten van de veroveraars over en krijgen Spaanse namen.
1430	Juan de Las Casas verwerft de rechten over Fuerteventura door aankoop.

| 1456 | Juans erfgenaam, Diego García de Herrera, vestigt zich op Fuerteventura en ontsluit het eiland stelselmatig, omdat het een gunstige uitvalsbasis vormt voor slavenvangexpedities naar Noord-Afrika. |

| 1496 | Met de verovering van Tenerife voltooien de Spanjaarden de verovering van de archipel. Op de waterrijke eilanden Tenerife, Gran Canaria en La Palma beginnen ze op grote schaal met de op export gerichte verbouwing van suikerriet en later ook wijn. Hierdoor ontbreekt het er al snel aan akkerland om voedsel te produceren voor de eigen behoeften. Dit gat wordt opgevuld door Fuerteventura, dat graan, peulvruchten en vlees levert. Fuerteventura wordt de 'graanschuur van de Canarische Eilanden'. |

Feodale heerschappij en militair regiment

| 1514 | Een wet stelt de oorspronkelijke inwoners gerechtelijk gelijk aan de Spanjaarden. Van nu af aan trouwen immigranten uit Europa veelvuldig met inheemse vrouwen. Reeds aan het eind van de 16e eeuw is de pre-Spaanse taal op enkele restanten na verdwenen. |

| 1593 | Noord-Afrikaanse piraten onder leiding van Xabán Arráez plunderen en brandschatten Betancuria en voeren tal van inwoners weg in slavernij. |

| 17e eeuw | Het feodale stelsel blijkt een belemmering voor de verdere ontwikkeling van Fuerteventura. Exportgoederen worden door de leenheer belast met de quinto (vijfde). De eilanden Gran Canaria, Tenerife en La Palma, die rechtstreeks onder de Spaanse kroon vallen, zijn daarom veel aantrekkelijker voor kolonisten en ondernemers. De koning heft slechts een belasting van 3%, en later 6%. De bevolkingsaanwas op Fuerteventura stagneert, de handel komt niet echt op gang. Bovendien wordt het eiland meerdere keren geteisterd door sprinkhanenplagen uit de Sahara. Meerjarige periodes van droogte treden op en tegelijkertijd droogt het eiland uit als gevolg van ontbossing en overmatige begrazing. Veel bewoners zoeken hun heil in emigratie, eerst naar Gran Canaria of Tenerife, later naar Latijns-Amerika. |

| 1675 | Fernando Mathias Arias y Saavedra, die de leenrechten over het verwaarloosde eiland heeft geërfd, verliest de belangstelling en verhuist naar Tenerife. Hij laat Fuerteventura door een beheerder regeren. |

| 1708 | In La Oliva wordt een militair regiment gestationeerd. De kolonel (Coronel) eigent zich feitelijk ook de civiele soevereiniteit over het eiland toe. Het ambt van kolonel is erfelijk. Enorme landgoederen, die uiteindelijk ongeveer een derde van het eiland uitmaken, behoren tot de familie, die deze met behulp van pachters en lijfeigenen beheert. |

Geschiedenis

1740	Bij Tuineje worden twee Britse invasietroepen met succes afgeslagen.
1808	In Spanje begint de liberalisering van de politieke verhoudingen. Ook op Fuerteventura proberen agrarische ondernemers en grote boeren los te komen van het feodale systeem. Het komt daarbij tot gewapende conflicten, die worden beslecht door een militair commando uit Tenerife.
1815	Met de ontbinding van de burgerlijke *junta* (comité) in Antigua eindigt het liberale tijdperk. De familie van de kolonel van La Oliva profiteert van de geschillen. Onder haar leiding vormt zich een nieuwe sociale elite, bestaande uit burgers en agrarische ondernemers, die steeds meer land van kleine en middelgrote boeren opkoopt.
1834	Antigua wordt uitgeroepen tot de nieuwe hoofdstad van Fuerteventura. Een jaar later wordt de bestuurlijke macht echter alweer verplaatst naar Puerto de Cabras (het huidige Puerto del Rosario).
1836	Een Spaanse wet schaft het feodale systeem definitief af.

Economische opleving

1852	Om de Canarische economie nieuw leven in te blazen, verklaart koningin Isabella II de archipel tot vrijhandelszone. De export van kalk ontwikkelt zich tot een belangrijke bron van inkomsten voor Fuerteventura, evenals de verbouwing van opuntia. Op deze schijfcactussen kan men cochenille-schildluizen kweken, die een natuurlijke rode kleurstof leveren.
1859	Het militair regiment van La Oliva wordt opgeheven. De kolonel verliest elke bevoegdheid. Een jaar later verklaart de regering in Madrid Puerto de Cabras tot de enige hoofdstad van Fuerteventura.
rond 1880	Kunstmatige anilinekleurstof vervangt de cochenille op de wereldmarkt. Veel mensen raken in financiële nood en verlaten de eilanden.
rond 1910	Agrarische ondernemers importeren windmolens uit Chicago om de geïrrigeerde landbouw op Fuerteventura te intensiveren.
1912	Fuerteventura verkrijgt door de installatie van de eilandraad (*Cabildo Insular*) beperkt recht op zelfbestuur.
1924	Miguel de Unamuno brengt vier maanden in ballingschap door op Fuerteventura.
1927	Verdeling van de Canarische Eilanden in een oostelijke en een westelijke provincie. Fuerteventura behoort samen met Lanzarote tot de

provincie Gran Canaria. In hetzelfde jaar begint de verbouwing van tomaten, die zich later tot een belangrijk exportproduct van Fuerteventura ontwikkelen.

Burgeroorlog en dictatuur

1936   De fascistische staatsgreep tegen de republikeinse regering in Madrid begint vanuit Tenerife, waar generaal Franco zich in politieke ballingschap ophoudt. Op Fuerteventura nemen Franco-aanhangers onmiddellijk de controle over, tegenstand is er niet. Daarentegen woedt op het Spaanse vasteland tot 1939 een burgeroorlog.

vanaf 1940   Fuerteventura profiteert als gebied met een zwakke infrastructuur van speciale subsidiemaatregelen uit Madrid. De Franco-regering laat dammen bouwen, bevordert de droge landbouw (*enarenado*) en vordert de teelt van sisalagaven. Deze projecten blijken al snel mislukkingen te zijn.

1966   Op het schiereiland Jandía opent het eerste vakantiehotel. Al spoedig neemt het toerisme een grote vlucht. Fuerteventura wordt nu een bestemming voor immigranten, vooral vanuit het Spaanse vasteland.

Moderne ontwikkelingen

1975   Na de dood van Franco wordt de kolonie de Spaanse Sahara. Het daar gestationeerde Spaanse Legioen (het Spaanse vreemdelingenlegioen) wordt overgeplaatst naar Fuerteventura.

1982   Binnen Spanje krijgen de Canarische Eilanden een autonomiestatuut. De regeringszetel wisselt tussen Las Palmas (Gran Canaria) en Santa Cruz de Tenerife.

1986   Spanje treed toe tot de EU. De archipel blijft een vrijhandelszone.

1996   Het ministerie van Defensie in Madrid verplaatst het Legioen naar het Spaanse vasteland.

2003-2006   Jaarlijks landen duizenden illegale immigranten uit Afrika op de kust van Fuerteventura. Sinds 2007 loopt hun aantal sterk terug.

2009   Fuerteventura wordt door de UNESCO tot biosfeerreservaat verklaard en presenteert zich sindsdien als een eco-bestemming.

2013/2014   Met het oog op de Spaanse begrotingscrisis moet ook de eilandregering van Fuerteventura bezuinigen. Diverse musea en andere toeristische attracties zijn sinds april 2013 tot nader order gesloten. Deels wegens personeelsgebrek, deels ook vanwege verbouwings- en uitbreidingswerkzaamheden.

Kilometerslange, schitterende witte en goudgele zandstranden vormen de belangrijkste attractie van Fuerteventura. De duinen in het daarachter gelegen land, maar ook de stenige, woestijnachtige vlakten in grote delen van het eiland, herbergen een unieke flora en fauna. De vochtige valleibodems en groene bergtoppen zijn in het rijke bezit van een weelderiger dieren- en plantenleven.

bovengrondse delen in en overleven alleen door hun zaden of als knollen en wortelstokken. In El Jable verschijnen de witte, krokusachtige bloemen van de aan de herfsttijloos verwante *Androcymbium* al rond de kerst.

Op de stranden leven – afgezien van zeevogels – slechts weinig dieren. Hier voelt vooral de zeldzaam geworden skink (*Scincidae*) zich thuis, een hagedisachtige reptielensoort, die vaak

De woestijn leeft – eilandnatuur en bescherming

Stranden en duinen

In het noorden van Fuerteventura en op het schiereiland Jandía in het zuidwesten strekken lichtgekleurde zandstranden uit langs de kust. Het zand is niet vanuit Afrika overgewaaid, maar bestaat grotendeels uit miniscule stukjes kalkhoudende schelp, afkomstig van weekdieren en zeeslakken. Bij Corralejo is het zand zeer schoon en lijkt daarom bijna wit te glinsteren. Kleine, door het schelpengruis gemengde korrels basalt zorgen op andere plaatsen voor een meer goudgele kleur.

Op vlakke gebieden nam de wind het zand van de stranden over grote afstanden met zich mee, landinwaarts. Zo ontstonden de uitgestrekte duingebieden El Jable en Istmo de La Pared. Na de winterse regenval in februari en maart verandert het zand in een bloementapijt. In de overige maanden zien de duinen er kaal en woestijnachtig uit. De kleine bloeiende plantjes trekken hun

wordt verward met een slang. De skink is echter volledig ongevaarlijk. Ze behoren overigens tot een andere reptielenfamilie dan de in ons land bekende hazelworm (*Anguidae*). De in de duinen relatief vaak voorkomende Atlantische hagedis neemt hier een zandkleur aan en vertoont bijna geen tekening. Het ook verder op het eiland veelvoorkomende reptiel lijkt buiten de zandgebieden veel op de West-Europese zandhagedis, maar heeft turquoise vlekken aan de zijkant. 's Nachts gaat de Fuerteventura-muurgekko op jacht. Overdag brengt hij, beschermd voor zon en vijanden, zijn tijd door onder stenen. Bijna overal in de kustzone aanwezig, zelfs in de directe nabijheid van hotels, zijn de helemaal niet schuwe Noord-Afrikaanse grondeekhoorns. De eerste exemplaren kwamen in de jaren zestig van de vorige eeuw als huisdieren vanuit de toenmalige kolonie Spaanse Sahara naar Fuerteventura. Sindsdien hebben ze zich over het eiland verspreid. De grappige knaagdieren richten echter een niet onaanzienlijke schade aan de vegetatie aan.

Uitzicht vanaf de Mirador de Morro Velosa

In de steenwoestijn

De vlaktes en berghellingen beneden een hoogte van 400 m, waar de neerslag gering en de temperaturen mild zijn, waren oorspronkelijk bedekt met losse, struikachtige groepjes van succulenten. Deze planten houden water vast in hun bladeren of stengels. Twee van de voor deze plantenvorm typerende, cactusachtige wolfsmelksoorten groeien alleen nog op enkele plaatsen op het schiereiland Jandía (zie blz. 275). Veel vaker voorkomend zijn de bolvormige, sterk vertakte soorten van dezelfde plantenfamilie. Terwijl het bestand aan wolfsmelkstruiken in de droge gebieden vanwege het vroegere gebruik als brandhout in een erbarmelijke staat verkeerde en tot op heden nog lijdt onder de grazende geiten, onderscheiden de relatief vochtige lavaslakkenvelden (*malpaís*, zie blz. 111) zich door hun verhoudingsgewijs weelderige begroeiing. Dit geldt vooral voor de uitgestrekte Malpaís de La Arena tussen La Oliva en Lajares, waar talloze exemplaren van de statige Regis-juba wolfsmelk staan.

Zeer vaak voorkomend en op extreem droge en steenachtige grond praktisch de enige aanwezige plant is de stekelige, het grootste deel van het jaar bladloze *Launaea arborescens*. Hij wordt ook wel kameeldoorn genoemd, omdat hij de dromedarissen als voedsel dient, terwijl elk andere dier hem versmaadt. Uit Zuid-Amerika afkomstig is boomtabak, een taaie struik met lange dunne takken en kleine gele bloemen. Hij verspreidt zich langs de bermen, waar de grond dankzij de van het wegdek afstromende regen iets vochtiger is.

Steppevogels leven zowel op de steenachtige vlakten als in de duingebieden. Het meest opvallend is de kraagtrap (span. *avutarda hubara*), waarvan de Canarische ondersoort alleen voorkomt op Fuerteventura, Lanzarote en het kleine buureiland La Graciosa. Dankzij beschermingsmaatregelen zijn er vandaag de dag weer bijna 800 exemplaren van. Daarnaast komen hier nog als grotere vogelsoorten de renvogel en de griel voor. Ze zijn schuw en houden zich meestal verborgen tegen de grond. Hoogspanningsleidingen vormen een grote bedreiging voor deze dieren en bebouwing vernietigt hun habitat. De kraagtrap staat onder de bijzondere bescherming van het EU-project LIFE.

Ter bescherming van de kraagtrap

Op www.seo.org en www.canariasmedioambiente.com/life-avutarda-hubara (Spaans) kunt u uitgebreide informatie vinden over de kraagtrap en zijn leefgebieden. De natuur- en milieuorganisaties vragen u om de volgende regels in acht te nemen:
- met terreinwagens, quads en buggy's resp. mountainbikes niet buiten de zandsporen rijden.
- ogenschijnlijk verlaten nesten met eieren of jonge dieren niet aanraken, de ouders zijn waarschijnlijk opgeschrikt en keren terug zodra zij zich veilig voelen.
- afval (ook organisch!) altijd in officiële afvalbakken gooien of meenemen, zodat het geen ratten of ander ongedierte aantrekt die voor steppevogels een gevaar vormen.
- dood of gewond aangetroffen kraagtrappen melden via tel. 922 25 21 29.

Kloven en bergen

Op vochtige valleibodems, waar de wortels het grondwater kunnen bereiken, gedijen tamarisken en palmbomen. De laatste is vertegenwoordigd met twee soorten, de Canarische palm en de waarschijnlijk al door de oorspronkelijke bewoners uit Noord-Afrika ingevoerde dadelpalm. Grote palmenbossen strekken zich uit bij Vega de Río Palmas, Ajuy en Gran Tarajal.

De met de West-Europese roodborsttapuit verwante Canarische tapuit (Spaans *tarabilla*) leeft uitsluitend in de *barrancos* (kloven) van Fuerteventura. De kleine vogel is te herkennen aan zijn 'smakkende' gezang. Er zouden nog tussen de 1300 en 1700 volwassen exemplaren voorkomen. Ook is in de kloven de Canarische atalanta (*Vanessa vulcania*) vaak te zien, een vlindersoort, die op de Canarische Eilanden voorkomt als unieke soort, met een iets afwijkende rode tekening op de vleugels dan de gewone atalanta.

Vooral in de zomer ligt tijdens de heetste uren van de dag regelmatig een passaatwolk over het rond 800 m hoge bergmassief van het schiereiland Jandía. Deze wolk zorgt voor meer vochtigheid.

Ook rond de toppen van de berggebieden van Betancuria en Vallebrón, die ongeveer tot 700 m hoogte reiken, valt meer neerslag en zijn de temperaturen lager dan op de rest van het eiland. In deze bergen groeien van nature bosschages. Hieraan herinneren de verwaarloosde exemplaren van de Canarische olijfbomen op de bergkam tussen Betancuria en Antigua. Uit beschrijvingen van vroegere reizigers blijkt dat de bergen van Fuerteventura nog in de 19e eeuw waren bebost. De struiken en bomen werden echter als brandhout in de kalkovens opgestookt.

Desondanks kunnen we ook nu nog zien hoe de dichtheid van de begroeiing boven de 400 m duidelijk toeneemt. Daar groeit melkdistel, die met zijn gele bloemen en gevederde bladeren aan paardenbloem doet denken, evenals Lanzarote-rolklaver met oranjegele vlinderbloemen en de *Echium decaisnei*, een sterk vertakte struik met volle witte bloemaren. In de hoogste

Groene dalen onderbreken hier en daar het dorre berglandschap Vallebrón

regionen groeit de *Nauplius sericeus*. Vanwege zijn aantrekkelijke gele bloemen wordt deze bolvormige struik ook vaak in tuinen geplant.

Grote gebieden onder bescherming

Grote delen van Fuerteventura vallen vandaag de dag onder natuurbescherming. Bijzondere betekenis hebben de als Parque Natural (natuurpark) aangewezen zones. Het 2669 ha grote Parque Natural de Corralejo omvat het duingebied van El Jable met zijn unieke flora en fauna. Grote betekenis als vogelreservaat, maar ook vanwege zijn zoutmoerassen, heeft het Parque Natural Islote de Lobos (468 ha). Tot slot werden het westen en noorden van het schiereiland Jandía uitgeroepen tot Parque Natural de Jandía (14.318 ha). Hier leven enkele zeer bedreigde plantensoorten. De natuurparken Islote de Lobos en Jandía hebben beide een informatiecentrum (*centro de interpretación*).

Het Parque Rural de Betancuria is een landschapspark, dat in het westelijke berggebied een oppervlak van 16.544 ha omvat. De natuurbeschermingsbepalingen zijn hier minder streng dan in het natuurpark. In plaats daarvan worden hier traditionele vormen van huisvesting en landbouw bevorderd. In het landschapspark Betancuria groeit niet alleen bijzondere bergflora, het gebied is ook aangewezen als ZEPA (*Zonas de Especial Protección para las Aves*, speciale beschermingszone voor vogels). Bovendien herbergt het de oudste gesteenteafzettingen van de Canarische Eilanden: de dieptegesteenten gabbro en syeniet bij Vega de Río Palmas en de 120 miljoen jaar oude kalksedimenten van Ajuy. Als *Paisaje Protegido* (beschermd landschap) functioneren de relatief regenachtige en daardoor van een interessante flora voorziene gebergtereeks van Vallebrón (1679 ha) en het jonge lavaslakkenveld Malpaís Grande (3245 ha).

BirdLife International heeft op Fuerteventura 15 gebieden aangewezen als IBA (Important Bird Area), die in totaal ongeveer een oppervlakte van 50.000 ha beslaat (info: www.birdlife.org, www.seo.org). Een speciaal aangelegd vogelobservatiepad leidt door de IBA Barranco de Los Molinos – Llano de La Laguna (zie blz. 136). Niet alleen

Natuurmonumenten

Zes kleinere, maar zeer interessante gebieden dragen het predikaat Monumento Natural (natuurmonument):

Malpaís de La Arena: Lavaslakkenveld bij La Oliva met weelderige begroeiing. Een van de laatste standplaatsen van de *Apteranthes burchardii*, een eigenaardige cactusachtige plant (870 ha).
Montaña Tindaya: Voor Fuerteventura unieke trachietberg met prehistorische rotsgravures (186 ha).
Caldera de Gairía: Jonge vulkaankegel met interessante woestijnvegetatie, zoals de zeldzame zoete wolfsmelk (*Euphorbia balsamifera*; 241 ha).
Ajuy: Oudste sedimentgesteenten van de Canarische Eilanden (zie rechts) met marine fossielen (32 ha).
Montaña Cardón: Goed bewaard gebleven vegetatie met een aantal bedreigde soorten in het hoogstgelegen gedeelte (1266 ha).
Cuchillos de Vigán: Scherpe bergruggen in het oosten van het eiland, gescheiden door U-vormige valleien. Toevluchtsoord voor drie sterk bedreigde vogelsoorten: visarend, aasgier en slechtvalk (6090 ha).
Info: www.gobcan.es/cmayot/espacios naturales

Invasie van ongewenste bezoekers – zwerm van Afrikaanse treksprinkhanen

daar, maar op vele plaatsen op Fuerteventura loont het voor birdwatchers om een goede verrekijker mee te nemen.

Als de sprinkhanen komen

Met de warme zuidoostenwind uit de Sahara, de zogeheten *calima*, komen af en toe hele zwermen van Afrikaanse treksprinkhanen op de Canarische Eilanden terecht. Vooral in de 19e eeuw richtten zij op de oostelijke eilanden Fuerteventura en Lanzarote zulke grote schade aan, dat het tot een ernstige hongersnood leidde. De laatste grote invasie van enkele miljarden sprinkhanen vond plaats in 1954. Binnen de kortst mogelijke tijd vraten de dieren alle velden kaal. Gigantische zwermen van rond de 100 miljoen insecten streken nog in 2004 neer in het natuurpark bij Corralejo. Inmiddels is het risico voor Fuerteventura niet meer zo groot als vroeger. Het belangrijkste tuinbouwproduct, tomaten, wordt beschermd door plastic kassen en voor mensen zijn de sprinkhanen ongevaarlijk.

Alleen in natte jaren komt het in de hoge Marokkaanse steppen tot een massale vermeerdering. Als de bestrijding ter plaatse niet succesvol is geweest, dan worden de zwermen tegenwoordig door de Canarische autoriteiten vanuit een vliegtuig met insecticiden besproeid. Met het oog op milieubescherming worden er nu door de EU goedgekeurde middelen ingezet, die na enkele dagen volledig afgebroken zijn.

Wat er zoal in zee ronddartelt

Walvissen en dolfijnen doorploegen de Atlantische Oceaan rondom Fuerteventura. Zeeschildpadden, voor lange tijd van hun broedplaatsen aan de stranden van het eiland verdreven, krijgen een nieuwe kans. Zij worden wellicht nog gevolgd door de sinds de 19e eeuw verdwenen monniksrobben. Ook de bescherming van vissen en andere zeedieren wordt krachtig ter hand genomen.

De reuzen van de oceaan

Een megatrend – hoewel niet geheel onomstreden onder dierenbeschermers – zijn de boottochten om walvissen en dolfijnen te spotten, die in de haven van Caleta de Fuste worden aangeboden. Tot op heden telden mariene biologen 27 soorten zeezoogdieren in de Canarische wateren. Op open zee wordt de Atlantische vlekdolfijn vaak gezien, die voornamelijk in de winter en het vroege voorjaar in grote groepen aanwezig is. De tuimelaar is vaak in de omgeving van de kust te vinden. Om hem te beschermen heeft de EU drie GGB's (Gebieden van Gewestelijk Belang) op Fuerteventura ingesteld, namelijk voor de stranden van Corralejo en Islote de Lobos in het noorden, voor de stranden van de zuidkust en in het westen tussen La Pared en Ajuy. Walvissen – zoals de potvis of de Brydevinvis – vertonen zich minder vaak.

Babyschildpadden en oude zeerotten

De onechte karetschildpad (*Caretta caretta*), met een lengte van ongeveer 1,50 m en een gewicht van 150 kg een van de grootste zeeschildpadden, be-

trad tot in de 19e eeuw regelmatig de zandstranden van de Canarische Eilanden om er eieren te leggen. Door plundering van de legsels en andere verstoringen stierf hij uiteindelijk in de hele archipel uit. Een langetermijnproject moet nu voor de herintroductie op Fuerteventura zorgen. De vrouwelijke dieren leggen hun eieren altijd op het strand waar zij zelf geboren zijn. Daarna keren zij naar het water terug, zonder ooit te weten, wat er van hun nakomelingen is geworden. De natuurbeschermers maken gebruik van deze gewoonte. Ze importeren schildpadeieren uit Boavista, een van de Kaapverdische Eilanden, waar met meer dan 3000 exemplaren de op een na grootste populatie van onechte karetschildpadden leeft. Op de Playa de Cofete komen de jongen dan uit in kunstmatige nesten. Vervolgens worden ze in zoutwaterbassins in de haven van Morro Jable opgekweekt, tot ze na enkele maanden met relatief weinig risico kunnen worden vrijgelaten. Als alles goed gaat, keren de geslachtsrijpe vrouwtjes een paar jaar later na de bevruchting, die in open zee plaatsvindt, terug naar Fuerteventura. De kweekbassins bij Morro Jable zijn vrij toegankelijk (zie blz. 267).

Als 'Insula de Vecchi marini' (eiland van de oude zeerotten) verscheen het kleine eiland Lobos in 1339 voor het eerst op een Europese zeekaart. Met oude zeerot bedoelde men in Italië de Mediterrane monniksrob (*Monachus monachus*), die vroeger in het Middellandse Zeegebied en het aangrenzende oostelijke deel van de Atlantische Oceaan wijdverspreid was. In Spanje heet hij *lobo marino* (zeewolf), vandaar de huidige naam van het eiland.

Eeuwenlang werden de monniksrobben van Lobos intensief bejaagd, voornamelijk voor de productie van traan.

De beenderen verbrandde men samen met de snorharen als een remedie tegen dysenterie, om geboorten in te leiden en om van liefdesverdriet te genezen. De vissers zagen de zeerobben als voedselconcurrent en vervolgden ze genadeloos. Tegen het einde van de 19e eeuw was de monniksrob uitgeroeid op Lobos. Tegenwoordig zijn er naar schatting nog slechts 350 tot 450 mediterrane monniksrobben, waarvan er in de Atlantische Oceaan ongeveer 150 langs de Noordwest-Afrikaanse kust en zo'n 30 bij Madeira leven. Hoewel men zich sinds de jaren zeventig van de vorige eeuw internationaal voor hun bescherming inzette, nam hun aantal uiteindelijk steeds verder af als gevolg van een in 1997 geregistreerde massale uitsterving in het Middellandse Zeegebied. Verdringing uit hun oorspronkelijke leefgebieden was ook een oorzaak, want monniksrobben hebben een ongestoorde leefruimte nodig. Alleen jonge dieren ondernemen langere trektochten en worden sporadisch ook bij de Canarische Eilanden waargenomen. Pogingen om de monniksrob weer op Lobos en Fuerteventura te introduceren bevinden zich nog in de onderzoeksfase.

Leestip

Boehlke, Volker: Wale und Delfine bei den Kanarischen Inseln. La Laguna 2006. Alleen in de lokale boekwinkels.
Martijn de Jonge: Walvissen kijken in Europa. Zeist 2012. Met locaties en fototips. Beide boeken vormen een inleiding in de wereld van de grote zeezoogdieren, met foto's en veel achtergrondinformatie, zeer geschikt als gids voor tijdens de whalewatching.

Walvisskeletten

De eilandregering werkt aan een walvis- en dolfijnenleerpad (*Senda de los Cetáceos*). Voor wetenschappers een mooie gelegenheid om de grote zeezoogdieren diepgaand te bestuderen, voor de eilandbevolking en de toeristen leerzaam en spectaculair. Uiteindelijk moet er een dozijn skeletten van gestrande walvissen komen te staan. De volgende geprepareerde exemplaren zijn reeds te bezichtigen:
Museo de la Sal – Salinas del Carmen: Gewone vinvis (*Balaenoptera physalus*).
Playa del Matorral (Jandía): Potvis (*Physeter macrocephalus*).
Faro de la Punta de Jandía: Dolfijn van Cuvier (*Ziphius cavirostris*).
Puerto del Rosario, zeepromenade: Edens vinvis (*Balaenoptera edeni*).
Voor de gemeente **La Oliva** wordt gewerkt aan het skelet van een Indische griend (*Globicephala macrorhynchus*).

Vissen, slakken & co.

Ecologen waarschuwden al jarenlang voor het ontstaan van een 'onderwaterwoestijn' bij Fuerteventura, inmiddels konden zij enkele successen boeken. In de laatste decennia van de 20e eeuw liepen de vangsten aanzienlijk terug, hoewel in de wateren rondom het eiland praktisch uitsluitend kustvisserij met kleine bootjes werd bedreven. Tegelijkertijd steeg de vraag door de snel groeiende bevolking op het eiland en het toerisme. Steeds meer geavanceerde technieken werden gebruikt om de schaarste te compenseren. Het probleem werd daardoor echter alleen nog maar groter. Dit geldt in het bijzonder voor de dynamietvisserij, waarbij rondom de exploderende springstof al het leven wordt vernietigd. Deze uiterst milieuonvriendelijke praktijk is inmiddels verboden, evenals het vissen met te fijnmazige netten.

Andere problemen zijn het illegale harpoeneren en zoekgeraakte fuiken, die een dodelijke val voor de vissen zijn geworden. De in drie coöperaties (*cofradías*) – Corralejo, Gran Tarajal en Morro Jable – georganiseerde beroepsvissers vallen onder de controle van de overheid en hebben het werken met fuiken nu vrijwillig opgegeven. Bij de talloze recreatieve vissers ligt dat heel anders. Vissen met net of hengel is op de Canarische Eilanden als 'burgermans jacht' toegestaan zonder vergunning en voor velen is het vrijetijdsbesteding nummer één. Geen enkele politieke partij haalt het in zijn hoofd om deze kiezersstemmen op het spel te zetten.

Vanwege hun grote ecologische belang staat inmiddels een aantal gebieden voor de kust van Fuerteventura onder bescherming, vooral voor het schiereiland Jandía en Corralejo, evenals rondom het kleine eiland Lobos. Op beide plaatsen kunnen duikers nog de 'vlucht' van de mantaroggen en de iriserende kleuren van de papegaaivissen bewonderen of snelle barracuda's, rustige tandbaarzen en uit rotsspleten schietende murenen observeren. Ook bij tochtjes met de glasbodemboot of de panoramaonderzeeboot gaat er een weelderige, tropisch aandoende onderwaterwereld open. De beschermingsmaatregelen komen dus ook het toerisme ten goede en indirect de traditionele, commerciële kustvisserij.

Tijdelijk met uitsterven bedreigd waren vier soorten schaalhoornachtigen (*lapas*). De eilandregering kondigde daarom in 2004 een algemeen verzamelverbod af. Inmiddels hebben de bestanden zich hersteld. Twee van de bedreigde soorten mogen sinds enkele jaren – zij het met beperking – weer worden verzameld. Ook de Canarische mossel is zeldzaam geworden. Hopelijk werken de pogingen om mosselen en andere zeevruchten in aquacultuur op te kweken. Enkele vissoorten (dorade, zeebaars) worden op de Canarische Eilanden al zeer succesvol in marine kweekstations geproduceerd – een grote ontlasting van de natuurlijke visbestanden.

De onechte karetschildpad mag zijn habitat op de Canarische Eilanden heroveren

In de periode dat de Europeanen op het punt stonden om Fuerteventura te veroveren, verdeelde een verbitterde vijandschap de twee stammen van de oerinwoners. Een kilometerslange muur van stapelstenen zou hun gebieden destijds hebben gescheiden. Grootste deel van de stenen werd echter in de recente geschiedenis door bouwbedrijven weggehaald en voor andere doeleinden gebruikt. Keramiekvondsten bevestigen het prehistorische ontstaan van de muur. Of het daarbij echter werkelijk om een grensmuur tussen de twee 'koninkrijken' ging, zoals de Eu-

Vijandige rijken – een gespleten eiland

Muur van stapelstenen

De oorspronkelijke bewoners van Fuerteventura noemden zich *Majos*. Later veranderde dat in *Majoreros*, een naam die tot op de dag van vandaag gebruikt wordt voor de eilanders. Volgens de Normandische kroniek 'Le Canarien' (zie blz. 19) uit de veroveringstijd moet zich over de Istmo de La Pared (letterlijk 'landengte van de muur') van kust tot kust een enorme droogstenen muur over een afstand van een *legua* (ca. 6 km) hebben uitgestrekt om de territoria van de twee elkaar vijandig gezinde bevolkingsgroepen af te bakenen. Het stamgebied op het schiereiland Jandía zou veel kleiner zijn geweest dan de rest van het eiland, waardoor er een onbalans was ontstaan. Aan de andere kant hebben archeologen op Jandía zeer veel restanten van prehistorische nederzettingen gevonden. Het relatief waterrijke gebied bevatte de beste weidegebieden van Fuerteventura en had daarmee de draagkracht voor een getalsmatig grotere bevolking.

Dat er ooit een muur op de landengte heeft gestaan staat buiten kijf. Er bestaan zelfs oude foto's van. Enkele onbeduidende resten bleven bewaard, het ropese kroniekschrijvers de twee oud-Canarische stamgebieden noemden, blijft op zijn minst omstreden.

Ze leefden als herders

Een aantal onderzoekers gelooft dat de muur op de Istmo de la Pared het vee van de weidegebieden op het schiereiland Jandía moest weghouden, om deze voor de droge jaren als reserve te houden voor de hele eilandbevolking. Er zijn namelijk ook aanwijzingen voor een heel ander verloop van de muur. In 1602 schreef de franciscaner monnik Juan de Abreu Galindo in zijn 'Historia de la Conquista de las Siete Islas de Canaria' ('Veroveringsgeschiedenis van de zeven Canarische Eilanden'), de grens zou door het huidige Betancuria hebben gelopen en de stenen scheidingsmuur zou vier *leguas* (ca. 24 km) lang zijn geweest. Nog in de historische tijd was Fuerteventura aantoonbaar in de twee districten Ayose en Guise verdeeld, die elk een eigen jaarlijkse

Doet denken aan de prehistorische muur: veldafbakening in het Paisaje de La Oliva

veemarkt hielden. De scheidslijn liep ten zuiden van Betancuria en was precies 24 km lang. Ayose en Guise was de naam van – de historici zijn het hier niet over eens – ofwel de twee rijken ten tijde van de verovering ofwel van hun twee heersers. De districtsgrenzen kunnen ook van de prehispaanse eilandverdeling zijn afgeleid.

Veehouderij zorgde voor het levensonderhoud van de Majos. Ze hielden geiten en in mindere mate ook schapen. In de kroniek 'Le Canarien' is sprake van een veebestand van tussen de dertig- en zestigduizend stuks, wat gezien het toenmalige bevolkingsaantal van rond de drieduizend mensen enigszins overdreven lijkt. Weidegronden en waterplaatsen werden gezamenlijk gebruikt door de afzonderlijke clans waaruit de stammen waren samengesteld. De dieren liepen vrij rond en werden alleen voor de slacht bijeengedreven. De regelmatige *apañada* (veedrijving) voeren de herders van Fuerteventura tot op de dag van vandaag in vrijwel dezelfde vorm uit.

Om het vlees te conserveren werd het gedroogd in de zon. Van de geitenmelk maakten de Majos kaas en boter. Vis – gevangen in de getijdenpoelen (zie blz. 276) – en zeevruchten en dadels completeerden het dieet. Of de oerbewoners in bescheiden mate graan verbouwden, is omstreden. Misschien maakten zij hun *gofio* (zie blz. 166) wel uit de zaden van in het wild groeiende planten.

Mannenmaatschappij?

In elk van de twee rijken schijnt een raad, bestaande uit de clanoudsten, de beslissingen te hebben genomen. De toenmalige heersers hadden misschien alleen de taak om de verdediging van de stam te organiseren en werden voor dat doel in tijden van oorlog gekozen. De kronieken vertellen ook van wijze

Guise en Ayose – hier als 4,5 m hoge bronzen beelden bij de Mirador de Betancuria

vrouwen, die als priesteressen ceremonies hielden en rituelen uitvoerden. Zij speelden bovendien een bemiddelende rol tussen de rivaliserende raadsfracties. Verder is er weinig bekend over de sociale organisatie van de Majos.

Terwijl de mannen zich met het vee bezighielden, zorgden de vrouwen voor de opslag en bereiding van het voedsel en de vervaardiging van gebruiksvoorwerpen. Ten tijde van de Conquista bevonden de oorspronkelijke bewoners van de Canarische Eilanden zich op het niveau van de nieuwe steentijd. Ze woonden in grotten of eenvoudige stenen hutten, kleedden zich in dierenhuiden en gebruikten werktuigen van nauwelijks bewerkt natuursteen of hout. Naalden om mee te naaien vervaardigden ze van botten of visgraten, speerpunten en messen van obsidiaan (zie blz. 222). Aardewerk ontstond met behulp van de opbouwtechniek, dus zonder draaischijf, en werd gedecoreerd met ingekerfde of puntvormig gestoken ornamenten. Grote aardewerken kruiken met een kegelvormige bodem werden gebruikt om water op te slaan, terwijl de *tofio* of *tabajoste* geheten middelgrote kruiken met vlakke bodem en karakteristieke brede tuit de melk opvingen tijdens het melken.

De spirituele kant

De zon en de maan waren de goden van de Majos. Om hen te eren voerden zij op heilige bergtoppen rituelen uit en brachten melkoffers. De regencultus was van centraal belang, gezien de droge natuur op het eiland. Ook de voetvormige rotsgravures op de Montaña Tindaya worden door onderzoekers in een religieuze context geplaatst.

Bij de paar gevonden begraafplaatsen gaat het om grotten of door muurtjes ondersteunde uitstekende delen op berghellingen. Grafgiften zoals sieraden of aardewerk getuigen van de sociale positie van de overledene en hadden een magische beschermende functie. De oerbewoners vereerden hun voorouders zeer en hoopten in noodsituaties op hun hulp. Vermoedelijk werden in de grafholen ook rituelen voltrokken, zoals bijvoorbeeld om de vruchtbaarheid van vrouwen te verhogen.

Wat er van de Majos overbleef

Montaña Tindaya: Voetvormige rotskervingen op de top, alleen te bezichtigen met een vergunning.

El Puertito de Los Molinos: Vrij toegankelijk prehistorisch huttendorp met ruïnes van gebouwen.

Museo Arqueológico de Betancuria: Goed gedocumenteerde collectie oud-Canarische vondsten (keramiek, gereedschap, sieraden, beenderen), daaronder de beroemde vruchtbaarheidsbeeldjes uit de Cueva de los Idolos.

Cueva de Villaverde: Grafvondsten van de belangrijkste tot op heden gevonden prehistorische begraafplaatsen op Fuerteventura, binnenkort waarschijnlijk in het Museo Arqueológico de Betancuria.

Poblado de La Atalayita: Een van de belangrijkste oud-Canarische nederzettingen, gedeeltelijk gerestaureerd, met bezoekerscentrum.

Los Toneles: Vrij toegankelijke archeologische vindplaats met grotwoningen en geometrische kerftekeningen.

Jean de Béthencourt – het veelbewogen leven van een veroveraar

Een 'stevig avontuur' ('fuerte ventura') moet de verovering van het eiland in 1405 voor Béthencourt zijn geweest. 'Lans gebroken' ('lanza roto') zou hij zelfs hebben uitgeroepen bij de bezetting van Lanzarote drie jaar ervoor. Beide verklaringen voor de naamgeving van de oostelijke Canarische Eilanden behoren tot het rijk der fabelen.

Avonturier of zakenman?

In werkelijkheid toont een Mallorcaanse zeekaart uit 1339 al een eiland met de naam 'La forte Ventura' voor de Afrikaanse kust. Lanzarote dankt zijn naam waarschijnlijk aan de Genuese zeevaarder Lancilotto Malocello, die rond 1312 daar landde.

Béthencourt was geen avonturier. Achter zijn expeditie staken concrete economische belangen. Hij was leenheer van Grainville-la-Teinturière in Normandië, een belangrijke textielverfplaats. Halverwege de 14e eeuw hadden daar de Honderjarige Oorlog en de pest huisgehouden. Grote delen van de bevolking waren uit het leven weggerukt, arbeidskrachten waren schaars en duur. Béthencourt ging gebukt onder een enorme schuldenlast. Om aan de financiële ondergang te ontkomen, kwam hij op het idee om een handel op te zetten in kleurstoffen die nodig waren in de textielindustrie. Een belangrijke natuurlijke kleurstof was orseille (Spaans *orchilla*) om wollen en zijden stoffen in een violette kleur te verven. Deze werd uit korstmossen, die ook de kleurstof voor lakmoes leveren, gewonnen en komen op de Canarische Eilanden zeer veel voor. Fuerteventura en Lanzarote danken hieraan hun gemeenschappelijke aanduiding als 'purpereilanden'.

In de 14e eeuw, toen de Canarische Eilanden door de Europeanen werden 'herontdekt', verwierven kooplui de orseille-korstmossen (*Roccella tinctoria*) via ruilhandel met de oorspronkelijke bewoners. Toen Jean de Béthencourt zich op 1 mei 1402 in La Rochelle inscheepte met 280 man, was zijn doel om alle Canarische Eilanden te onderwerpen en het monopolie op de handel in orseille te verwerven. Om deze onderneming te financieren moest hij een aantal bezittingen verkopen. Voor de militaire uitvoering contracteerde hij Gadifer de La Salle, een verarmde ridder. Dankzij de door twee meereizende franciscaner monniken geschreven kroniek 'Le Canarien' (zie blz. 19) is het verloop van de expeditie zeer goed gedocumenteerd. In Cádiz huurde Béthencourt veertig Andalusische zeelieden in die bekend waren met de wateren rond de Canarische Eilanden. Reeds in juni 1402 bezette hij Lanzarote.

Om zijn onderneming gerechtelijk te verzekeren, voer Béthencourt terug naar het Spaanse vasteland en stelde zich in dienst van koning Hendrik III van Castilië. Deze had de door de paus toegekende leenrechten over de Canarische Eilanden geërfd en droeg deze over aan Béthencourt. Als 'Rey de Canarias' (koning van de Canarische Eilanden) keerde Béthencourt terug en veroverde in 1405 Fuerteventura.

De interim

Een vermakelijk verhaal speelt zich af rond het kleine, tussen Lanzarote en Fuerteventura gelegen eiland Lobos. terwijl Béthencourt in Castilië verbleef, nam Gadifer de La Salle het commando over. Op Lanzarote was er niet genoeg voedsel voor de bemanning. Dus ging La Salle op jacht op Lobos, waar talloze zeehonden leefden. Het vlees van de robben moest de Normandiërs voeden, bovendien konden ze het vet van de dieren gebruiken als lampolie en schoenen maken van de huiden. Ondertussen ontstond er op Lanzarote een muiterij. La Salle zat plotseling zonder boot vast op Lobos. Dankzij het overvloedig aanwezige zeehondenvlees lukte het hem om het een aantal weken uit te houden, tot een Andalusisch handelsschip hem bevrijdde en terug naar Lanzarote bracht, waar hij de orde weer kon herstellen.

Machtsverlies

Met Johan II besteeg in 1412 een nieuwe koning de Castiliaanse troon. Béthencourt bekrachtigde weliswaar zijn leeneed tegenover hem, maar ontving vanaf dit moment geen financiële middelen meer om de veroveringen voort te zetten. Teleurgesteld benoemde hij zijn neef Maciot tot gouverneur, zelf ging hij terug naar Normandie en leidde van daaruit de handel in de orseille-korstmossen.

In Parijs regeerde in die periode de zwakzinnige koning Karel VI. Deze was een speelbal in de handen van de hem omringende vorsten, die om de macht streden. Ten slotte riepen ze zelfs de hulp van Hendrik V van Engeland in om de conflicten te beslechten. Deze zag daarin een goede kans om invloed in Frankrijk te winnen. Vanaf 1415 veroverde hij systematisch Normandië. Béthencourt werd hierdoor onvrijwillig een vazal van de Engelse koning. Castilië was in oorlog met Engeland en vreesde nu de Canarische Eilanden te verliezen aan de Engelse kroon. Maciot de Béthencourt werd daarom op niet mis te verstane wijze door de Castiliaanse koning duidelijk gemaakt dat hij zijn leengoed af moest staan. Hiermee was de Normandische heerschappij over de Canarische Eilanden officieel beëindigd. Jean de Béthencourt stierf in 1425 in Grainville, zonder ooit nog voet op de eilanden te heben gezet.

Orseille

Verschillende korstmossen (familie Rocella) leveren de natuurlijke purperen kleurstof orseille. Misschien nam het gebruik vanaf de 4e eeuw af doordat de slechts langzaam weer teruggroeiende korstmossen te zwaar waren kaalgeplukt. In ieder geval raakte in de middeleeuwen het gebruik van orseille in Europa geheel in de vergetelheid. Pas toen in de 13e eeuw Europese handelaren zich voor de Canarische Eilanden begonnen te interesseren en daar op grote schaal voorkomende korstmossen aantroffen, leefde het gebruik ervan weer op. De van nature grijswitte korstmossen werden naar Europa verscheept. Om de kleurstof te laten vrijkomen, maalden de lokale lakenfabrikanten ze tot poeder en vermengden deze met bedorven en daardoor ammoniakhoudende urine. Dit mengsel moest vier tot zes weken blootgesteld aan de lucht fermenteren, tot de paarse kleur verscheen.

Slavenvangers, piraten en corsaren

Duizenden Moren uit Noord-Afrika belandden in de vroege periode van de Europese bezetting onvrijwillig op de Canarische Eilanden om daar als slaven te werken. Omgekeerd teisterden piraten uit de huidige landen van de Maghreb later de uitgestrekte, moeilijk te verdedigen kusten van de archipel. In de 18e eeuw ondernamen Britse kapers (corsaren) herhaaldelijk pogingen tot een invasie om Fuerteventura te veroveren.

Ruitergroepen en mensenroof

Fuerteventura ontwikkelde zich reeds enkele decennia na de verovering tot de 'graanschuur van de Canarische Eilanden'. Het ontbrak daarbij echter aan mankracht. De immigratie van kolonisten van het vasteland verliep aarzelend en veel van de oorspronkelijke bewoners bezweken aan meegekomen epidemieën. Daarom liet in 1476 de toenmalige leenheer van het eiland, Diego García de Herrera, op de tegenover liggende

Schippers vonden in vroeger tijden ook zonder hem de weg: de vuurtoren aan het strand

West-Afrikaanse kust het fort Santa Cruz de la Mar Pequeña bouwen. Van daaruit verspreidden groepen ruiters zich om kamelen, ezels en ook mensen te roven. Bij hun terugkeer naar Fuerteventura wachtte de 'expedities' een triomfantelijke ontvangst. García de Herrera verkocht de slaven niet alleen op het eiland zelf, maar ook op de andere Canarische Eilanden en in Europa.

Tegen het einde van de 16e eeuw begonnen de Moren echter terug te slaan. De wateren voor de Afrikaanse kust werden uitermate onveilig voor Spaanse schepen. Aan de uitzending van ruiters hoefde men al snel niet meer te denken. In plaats daarvan moesten de inwoners van Fuerteventura zich tot in de 18e eeuw verdedigen tegen Moorse piraten, die mensen ontvoerden en deze, wanneer dit al gebeurde, alleen tegen een hoog losgeld naar huis lieten terugkeren.

Op Fuerteventura stamde in 1609, naar bleek uit een volkstelling, een groter gedeelte van de bevolking (15%) van Moorse Berbers af dan van Spaanse kolonisten. In de loop der jaren lieten steeds meer meesters hun slaven vrij, die integreerden in de samenleving van het eiland. Pas in 1872 werd de slavernij op de Canarische Eilanden wettelijk afgeschaft.

Piraten van zijne majesteit

Ondertussen begonnen ook de Engelse kaperkapiteins zich voor de Ca-

van Puerto del Rosario

narische Eilanden te interesseren. Elk jaar in oktober herdenkt de gemeente Tuineje met het meerdaagse Fiesta de San Miguel de dubbele overwinning op twee Engelse invasietroepen die Fuerteventura in 1740 onveilig maakten. Op 12 oktover landden 53 gewapende mannen bij Gran Tarajal. Zij drongen bij dageraad verder landinwaarts richting Tuineje, tot volledige verrassing van de eilandbewoners. Daar plunderden ze de huizen van de welgestelde mensen en roofden de kerkschatten.

Toen de gouverneur met ongeveer veertig in allerijl bijeengeroepen mannen uit de omliggende dorpen naderde, trokken de Engelsen zich terug. De eilandbewoners volgden hen en hielden hen staande bij de vulkaan Tamasite. De Majoreros beschikten echter over slechts vijf geweren. In de tussentijd had de gouverneur een kudde dromedarissen laten halen en gebruikte deze als schild. De Engelsen verschoten zo hun eerste salvo's op de dromedarissen. Voordat ze konden herladen, was de lokale bevolking al tot op een armlengte genaderd. In een man-tot-man-gevecht waren de Engelse vuurwapens nutteloos. De in stokgevechten ervaren Canariërs doodden 23 Engelsen en namen de meeste anderen gevangen. Slechts een enkeling lukte het om hun schip te bereiken. Deze gebeurtenissen worden tegenwoordig door de inwoners van de betrokken dorpen als herdenking in een historische opvoering nagespeeld voordat er met muziek en dans feest wordt gevierd.

In werkelijkheid was met de eerste overwinning het gevaar nog niet geweken. Op 24 november ging er opnieuw een troep Engelsen aan land bij Gran Tarajal. Deze keer waren de Majoreros echter voorbereid en hadden zij alle weerbare mannen verzameld toen de Engelsen Tuineje opnieuw naderden. Niet ver van de stad, op de vlakte Llano Florido, vielen de plaatselijke milities met grote overmacht het Engelse korps aan. Het werd compleet weggevaagd.

De achtergrond waartegen deze gebeurtenissen plaatsvonden was de oorlog tussen Engeland en Spanje, die een jaar daarvoor was uitgebroken. De Canarische Eilanden waren voor de Britten strategisch zeer interessant, want hier passeerden de scheepvaartroutes uit vier continenten.

Als voorbereiding op de bezetting van de eilanden begonnen ze een uitputtende piratenoorlog. Ze kaapten de schepen die het vrachtvervoer binnen de archipel afhandelden. Fuerteventura verloor binnen de eerste twee oorlogsmaanden negen vrachtschepen. De graanexport naar de buureilanden, waar Fuerteventura van leefde, kwam praktisch tot stilstand. In deze situatie vonden de Engelse invasiepogingen op Fuerteventura plaats.

Fiesta de San Miguel

In historische kostuums gestoken spelen de bewoners vanaf 8 oktober op de oorspronkelijke locaties in Tuineje en diverse plaatsen in de omgeving de glorieuze dubbele overwinning op de Britse kapers in 1740 na. Aan het einde van de middag van 12 oktober trekt een grote optocht door Tuineje. Dromedarissen en paarden zijn voor de wagens met de offergaven voor de aartsengel Michael gespannen. De daarop volgende morgen trekken de 'zegevierende' boeren met de gevangen 'Engelsen' van Llano Florido naar de kerk van Tuineje, waar een mis met een daarop volgende processie voor de patroonheilige het feest beëindigt.

Ooit was Fuerteventura de graanschuur van de Canarische Eilanden. Vandaag de dag is dit nog maar moeilijk voor te stellen. De traditionele landbouw is als belangrijk historisch erfgoed van het eiland echter goed gedocumenteerd en werd onlangs nieuw leven ingeblazen. Tegenwoordig speelt met name de veeteelt een rol – met geiten en kamelen.

Terras boven terras

Op veel plekken op Fuerteventura is in toenemende mate weer de traditionele landbouwvorm met terassenvelden te zien. *Gavias* worden de met aarden wallen omgeven terrasakkers genoemd, die in de dalen van vele barrancos schuin boven elkaar liggen. Ze zijn te zien in het berggebied van Vallebrón, in het westen bij Vega de Río Palmas en Pájara en in het hart van het eiland bij Agua de Bueyes en Tiscamanita. De irrigatie vindt in de winter plaats met regenwater, dat door kanalen of door de natuurlijke loop van de beek te volgen naar de *gavias* wordt geleid. De een na de ander, om de beurt worden de velden bevloeid. Daarna worden ze ingezaaid met granen, peulvruchten of voedergewassen. Tot aan de oogst is er dan geen irrigatie meer nodig.

Aangezien dit systeem alleen in de regenachtige jaren echt goed werkt, schakelden veel boeren al in de 19e eeuw

Landbouwers tussen gisteren en vandaag

Akkerbouw tussen de palmbomen – vlak bij Vega de Río Palmas

over op irrigatie met water uit putten. Het water werd oorspronkelijk omhooggehaald door een schoepenrad (*noria*), dat werd aangedreven door in de rondte lopende dromedarissen of ezels. Begin 20e eeuw werd door vindingrijke agrarische ondernemers de windmolen ingevoerd, waarvan een enkele nu nog in bedijf is. Later zorgden motorpompen voor een nog intensiever gebruik van het grondwater, dat door infiltratie van zeewater geleidelijk aan verziltte en onbruikbaar werd. Vanaf de jaren zeventig van de vorige eeuw nam de geïrrigeerde landbouw op Fuerteventura drastisch af. Tegenwoordig is er een opleving dankzij de ondersteuning van de EU en verschillende landschapsbeschermingsmaatregelen van de eilandregering.

Het kan ook zonder irrigatie

Hier en daar, vooral bij Tiscamanita en in de vallei van Guisguey, vallen akkers op die met een zwart granulaat zijn bedekt. Deze *picón*, een mengsel van vulkanische as en de iets grotere, puimsteenachtige lapilli (kleine brokjes vulkanisch materiaal), wordt door de boeren na het inzaaien uitgestrooid. Het bindt vocht en beschermt de bodem tegen uitdroging. Op het buureiland Lanzarote is deze vorm van droge landbouw, de zogeheten *enarenado,* wijdverbreid. Op Fuerteventura wilde deze methode voor lange tijd niet echt aanslaan, maar sinds enkele jaren komt hij bij de teelt van aloë vera tot zijn recht (zie blz. 172).

Smaakexplosie-tomaten

De tomaat is tegenwoordig het belangrijkste gewas dat op Fuerteventura wordt geteeld, want deze verdraagt een bepaalde hoeveelheid zout in het water (zie hierboven). Na twee jaar grondgebruik moet echter een tienjarig braakliggen volgen, zodat de regen het zout weer uit de bodem kan spoelen. Om het waterverbruik te laten dalen, hebben veel boeren recentelijk de kostbare druppelirrigatie ingevoerd. Dure gaasnetten beschermen de plantages. De legendarische 'echte' Fuerteventura-tomaat, klein en met een licht-zilte smaak, is hooguit nog in kleine winkels op het platteland te vinden. Uit de plantages komen inmiddels allang de internationaal concurrerende, genormeerde tomaten, gelijk elders.

Melk van geiten en kamelen

De geitenhouderij heeft op Fuerteventura een lange, tot op de oerbewoners teruggaande traditie. Het aantal dieren nam met de daling van de landbouw sinds de jaren zeventig toe. Vandaag de dag zouden het er ongeveer 75 duizend zijn. Geitenboeren maken onderscheid tussen melkgeiten en *cabras de costa* (kustgeiten). De eerste staan op het terrein van het boerenbedrijf in hok-

Historische landbouw gedocumenteerd

Het **Museo del Grano La Cilla** (graanmuseum) in La Oliva maakt inzichtelijk hoe de plattelandsbevolking vroeger graan verbouwde en verwerkte. In het gedeeltelijk gerestaureerde boerenhof **Casas de Felipito** kan men ontdekken hoe de irrigatie van de *gavias* vroeger werkte. Een **noria** (waterput met schoepenrad) is in Pájara weer in bedrijf om de werking ervan te demonstreren.

Bovenal fotogeniek: een van de vele melkgeitenkuddes op Fuerteventura

ken, worden gevoerd met maïs en regelmatig gemolken. Daarentegen gaat het bij de ongeveer 25 duizend kustgeiten meestal om vrijgelaten jonge mannelijke dieren. Ze gaan op eigen houtje op zoek naar voedsel en worden slechts eenmaal per jaar tijdens de volksfestijn *apañadas* (zie blz. 281) bijeengedreven om slachtvee uit te zoeken en nieuw geboren lammeren te merken. De veeboeren besparen daardoor op kosten. De milieubeschermers zijn er minder enthousiast over, want de ongecontroleerd grazende geiten richten grote schade aan de kwetsbare eilandvegetatie aan. Gevolgen daarvan zijn een overmatige erosie en het dalen van de grondwaterstand.

Er zijn vijftien geitenmelkerijen die de melk verwerken tot kaas (zie blz. 28). Onder het gecontroleerde en gedeponeerde merk 'Queso Majorero' (www.majorero.com/quesomajorero) exporteren ze deze – voor zover de kaas niet op Fuerteventura zelf wordt geconsumeerd – naar andere Canarische Eilanden, naar het Spaanse vasteland en naar andere landen in West-Europa.

In het Oasis Park van La Lajita loopt een project dat de productie van kamelenmelk onderzoekt. De daar aanwezige kudde bestaat uit 450 dieren. Er zijn momenteel nog problemen bij het melken. Voor de toekomst wordt export naar heel Europa gepland.

Kamelenmelk bevat veel calcium en beduidend meer vitamine C dan koemelk. Bovendien heeft de melk gezondheidsbevorderende werkingen voor een reeks van aandoeningen aan het spijsverteringskanaal en bij allerlei voedselallergieën. Daarnaast zou het een goed alternatief kunnen bieden voor mensen met diabetes en koemelkallergie.

Dankzij de toeristische vraag maakt de kunstnijverheid op Fuerteventura een opleving door. Meer dan driehonders eilandbewoners hebben hierdoor een inkomen. Veel vrouwen wijden zich door middel van thuiswerk aan met name het borduurwerk, vooral in Lajares, maar ook in andere plaatsen op het platteland.

ten stoffen en garens, de borduursters, maakten thuis hun borduurwerken. De eindafwerking van de producten, het wassen, strijken, snijden en afwerken van de zomen, werd in de *Casa de Bordado* uitgevoerd. Binnen de kortst mogelijke tijd borduurde ook op Fuerteventura bijna de gehele vrouwelijke bevolking.

Vrouwenwerk

Veel vrouwen in Lajares danken hun baan aan Natividad Hernández López. Zij was het die in de moeilijke jaren na de Spaanse Burgeroorlog het borduurwerk in het noorden van Fuerteventura van de dreigende ondergang redde. In Las Palmas begon de moedige vrouw het kant te venten, dat door familieleden, buurvrouwen en vriendinnen zorgvuldig en met veel moeite met de hand was gemaakt. In 1957 richtte zij in haar woonplaats Lajares een borduurwerkschool op. Hier kwam in de jaren zeventig de bekende kunstnijverheidswinkel 'Artesanía Lajares' uit voort.

Rond het jaar 1900 hadden Amerikaanse en Portugese ondernemers op de Canarische Eilanden *Casas de Bordados* (borduurwerkhuizen) opgericht. Zij profiteerden van de lage lonen en dankzij de vrijhandelszone ook van belastingvoordelen. De bedrijven verstrek-

Tijdens de crisis

Het ministerie van Industrie en Handel bepaalde echter in 1934 dat de eindafwerking vanaf dat moment op het Spaanse vasteland moest plaatsvinden.

Kant en rozetten

Men wilde de belastinginkomsten uit deze productie veiligstellen. De buitenlandse ondernemers trokken zich vervolgens snel terug uit de niet meer zo winstgevende bedrijven.

Na de overwinning van generaal Franco in de Spaanse Burgeroorlog zorgden particuliere initiatieven, maar vooral de vrouwenafdeling van de Partij, ervoor dat deze vrouwen weer aan het werk konden. De afzet op de wereldmarkt werd echter steeds moeilijker. In het Verre Oosten begon men het Canarische borduurwerk te kopiëren, tegen een aanzielijk lagere prijs. De borduurindustrie heeft geen grote toekomst meer, terwijl er nog doorlopend jonge ambachtslieden in de (gesubsidieerde) ateliers worden opgeleid. Zij produceren vaak alleen maar extra voorraad, terwijl op de rommelmarkten goederen uit Oost-Azië met

Borduurster in de Casa Santa Maria in Betancuria

Traditionele en moderne kunstnijverheid biedt Galería La Fuentita in Corralejo

het label 'Made in Canary Islands' voor bodemprijzen worden verkocht. Tot op heden is het niet gelukt om deze valse etikettering een halt toe te roepen. Wie er zeker van wil zijn authetiek Canarisch borduurwerk aan te schaffen, kan het beste een gerenommeerde kunstnijverheidswinkel bezoeken.

Volgens de mode

Twee borduurtechnieken worden op Fuerteventura gebruikt: de *bordado* (reliëfborduurwerk) en het fijnere, maar ook duurdere *calado* (onderbroken of opengewerkt borduurwerk). In de patronen van het reliëfborduurwerk zijn de meeste kunststromingen terug te herleiden: romantiek, jugenstil, art déco. Tot op de dag van vandaag vindt men borduursels met florale motieven en het voor Fuerteventura typische molenrad naast werken met golvende lijnen of geometrische patronen. Voor de *calado*, een voor de Canarische Eilanden bijzonder kenmerkende techniek, wordt de stof in een raam gespannen. Vervolgens trekt men aan bepaalde draden en voegt de andere draden samen tot opengewerkte motieven.

Winkeladressen

Escuela de Artesanía Canaria Sra. Hernandez: Lajares, Calle Coronel González del Hierro 14, tel. 928 86 83 00, ma.-vr. 9-19, za. 9-15 uur.
Tienda de Artesanía de Tefía: Tefía, Ecomuseo La Alcogida, Ctra. FV-207, tel. 928 17 54 34, di.-za. 10-18 uur, 25 dec.-1 jan. gesl.
Tienda de Artesanía del Molino de Antigua: Antigua, Ctra. FV-2 richting Ampuyenta, tel. 928 87 80 41, di.-za. 10-18 uur, 2. dec. en 1 jan. gesl.
Tienda de Artesanía de Betancuria: Betancuria, Calle Roberto Roldán, tel. 928 87 82 41, di.-za. 10-17 uur, eind juni-eind sept. ook zo. 11-14 uur, 25 dec. en 1 jan. gesl.

Fuerteventura is het vakantie-eiland bij uitstek. In het hoogseizoen bevinden zich hier bijna evenveel toeristen als eilandbewoners. Onder de laatsten is de inheemse bevolking tegenwoordig ook in de minderheid – een situatie, die niet altijd probleemloos is.

Toerisme boven alles

Ongeveer 35% van de in totaal ca. 2 miljoen toeristen per jaar zijn Duitsers, gevolgd door Britten en Spanjaarden. Het op zo'n 100 000 geschatte aantal bedden (inclusief de niet bij de belastingdienst gemelde) is bijna gelijk aan het aantal eilandbewoners. Zij voelen zich ondanks de enorme aantallen vakantiegangers financieel benadeeld. Aangezien de meeste toeristen in hun thuisland reserveren via touroperators, komt naar mening van veel Majoreros slechts een gering aandeel van het voor de reis betaalde geld op het eiland terecht. Bovendien werkt inmiddels meer dan de helft van de vakantieresorts met het arbeidskrachten besparende all-inclusivesysteem, wat de eilandregering zorgen baart. Alle maaltijden en drankjes zijn daar bij de overnachtangsprijs inbegrepen en praktisch de klok rond beschikbaar dankzij zelfbediening. In

Toeristen en mensen die langer blijven

de omgeving van deze hotels hebben vele kleine bedrijven – restaurants, bars, kiosken, supermarkten – wegens gebrek aan klandizie hun deuren reeds moeten sluiten.

De bruggen afgebroken

De hier naartoe verhuisde Engelsen en Duitsers nemen een tweeslachtige positie in tussen toeristen en lokale bevolking. Ze bewonen in de wintermaanden een tweede huis op Fuerteventura of verblijven zelfs doorlopend hier, om een nieuw bestaan op te bouwen of om op het eiland van hun pensioen te genieten. Naar het Spaanse woord voor verblijfplaats (*residencia*) noemen zij zichzelf 'residenten'. Niet iedereen meldt zichzelf echter aan, zodat hun exacte aantal niet bekend is. Volgens schattingen leven er enkele duizenden doorlopend op Fuerteventura, daar komen dan nog een paar duizend overwinteraars bij. Rond de residenten is een eigen (Duitse of Britse) infrastructuur ontstaan, waardoor men er ook zonder het perfect beheersen van de Spaanse taal aangenaam kan leven. Diverse restaurants, kleinere vakantiecomplexen, duik- en surfscholen, maar bijvoorbeeld ook slagerijen of bouwbedrijven staan onder West-Europese leiding – vooral op het schiereiland Jandía, waar veel Duitse toeristen komen. Overigens is ook de verhouding tussen de residenten en de toeristen vaak niet even har-

Vakantie als in een bijenkorf – het Sensimar Calypso Resort aan het strand van Jandía

> **Confronterende immigranten?**
>
> Tussen 2003 en 2006 strandden ieder jaar duizenden vluchtelingen uit Afrika, die niet in het bezit waren van een paspoort, onder dramatische omstandigheden in niet-zeewaardige bootjes op de kust van Fuerteventura. Sindsdien loopt het aantal *sin papeles* ('papierlozen') sterk terug. Als oorzaak daarvoor worden verscherpte controle op volle zee, maar ook plaatselijke hulpprogramma's – zoals in Mauretanië – genoemd. Toch wonen nog steeds tussen de 1500 en 2000 illegale immigranten op Fuerteventura. Peilingen tonen aan dat buitenlandse toeristen zelden van dit probleem afweten en er tijdens hun verblijf nauwelijks mee worden geconfronteerd.

telijk. Degenen, die zich blijvend op Fuerteventura hebben gevestigd, distantiëren zich graag van de toeristen en kunnen het vaak niet waarderen wanneer hun naar speciale adresjes of hun ervaringen met het 'leven onder de zon' wordt gevraagd. Andersom interesseren vakantiegangers zich steeds meer voor de plaatselijke cultuur, mijden landgenoten, willen liever in Canarische restaurants eten en zich in het als authentiek beschouwde leven van de Majoreros onderdompelen.

Bouwdrift

Veel Majoreros houden de Britten en Duitsers verantwoordelijk voor de hier en daar uit de hand gelopen bouwijver van de afgelopen jaren. Spaanse en internationale beleggingsbedrijven kochten grote gebieden op en ontvingen van de gemeenten bouwvergunningen voor onrealistisch hoge aantallen hotelbedden en tweede woningen. Slechts een klein deel daarvan werd verwezenlijkt. Veel vakantiebungalows bleken inmiddels onverkoopbaar, want het aanbod van onroerend goed is enorm en de makelaars stellen de prijzen als voorheen tamelijk hoog. Op minder aantrekkelijke locaties werd daarom het ene na het andere vakantiecomplex herbestemd tot woonnederzetting voor hierheen getrokken Spaanse en Marokkaanse arbeidskrachten die in de vakantieoorden werkzaam zijn. Ondertussen trekt het beleggersgilde verder, naar het schijnt naar de Kaapverdische Eilanden, waar sinds enkele jaren veel gebouwd wordt.

Op Fuerteventura werd – in overeenstemming met de beperkte financiele middelen – in het verleden nogal bescheiden gebouwd. Internationale stijlkenmerken zijn alleen terug te vinden in de details. Vaak gingen praktisch gebruik en eenvoudige schoonheid een aantrekkelijk verbond met elkaar aan.

zijbeuken aangebouwd. Ermitas hebben vaak niet meer dan een kleine, zijdelings aangebouwde klokkenstoel. In veel van de grotere kerken roepen twee in een representatieve barokke dubbele gevel gehangen klokken de gelovigen op voor de mis.

Kenmerkend voor de fundering van door de franciscanen gestichte kerken

Praktisch en mooi – de traditionele architectuur

De zeven franciscaner monniken

In veel dorpen op Fuerteventura staat een eenvoudige, witte ermita. Daarmee kon in de Spaanssprekende gebieden zowel een hermitage als een kapel of kerk worden aangeduid. In dit geval gaat het om kleine kerken, waarvan de stichting vaak teruggaat tot de tijd kort na de verovering van Fuerteventura door Jean de Béthencourt. Hij bracht zeven franciscaner monniken naar het eiland, om de oorspronkelijke bewoners te bekeren. Op hun initiatief ontstonden in alle nieuw gestichte dorpen ermitas, waar de in het begin nog weinig koppen tellende gemeenten hun missen hielden.

Ermitas hebben slechts een schip. De oorspronkelijke rechthoekige bouw werd achteraf vaak uitgebreid met een wat hoger koor. Wanneer een ermita zich met het groeien van de gemeente ontwikkelde tot een iglesia, een 'echte' kerk, dan werden soms nog een of twee

zijn de met witte, van kantelen voorziene muren omringde voorhoven. Architectuurhistorici brengen deze in verband met de gewoonte van de Berbers om het heiligdom dubbel af te schermen.

Alleen aan details zijn de Europese bouwstijlen te herkennen. Veel kerken kenmerken zich door renaissanceportalen. Invloeden van barokke architectuur zijn voornamelijk terug te vinden in het interieur van veel kerken. In die tijd ontstonden de altaarachterwanden met houtnijwerk (altaarstukken), vaak kleurrijk beschilderd of weelderig ingelegd met bladgoud. Vele daarvan tonen Mexikaanse invloeden, zoals guirlandes, bloemen en vruchten, die ontleend zijn aan de 'indianenbarok'. Ook heiligenbeelden, schilderijen en zilversmeedwerk was vaak uit Latijns-Amerika afkomstig. Als land van herkomst vermeldden de aankoopdocumenten alleen 'Indias', waarmee alle Spaanse koloniën in Amerika werden bedoeld. Lokale ambachtslieden lieten zich door de buitenlandse kunstwerken inspireren en pasten de thema's en uitingsvormen aan de Canarische mentaliteit aan.

Nog slechts als ruïne bewaard gebleven – het voormalige franciscanenklooster in Betancuria

Bouwen zoals de Moren

Mudaijan (onderworpenen) noemden de Moren zich, die na de Reconquista in Andalusië waren achtergebleven. Hun bouwstijl, de mudéjar, werd door vroege kolonisten kort na de Conquista meegenomen naar de Canarische Eilanden. Daar ontwikkelde het zich verder tot de 'Canarische stijl', die tot in de 19e eeuw in gebruik bleef.

Op Fuerteventura manifesteert deze stijl zich voornamelijk in sierlijk gesneden houten balkons. Het over het algemeen gebruikte sterke kernhout van de Canarische den (*tea*) moest vanaf Tenerife worden geïmporteerd. Een typisch balkon werd van schaduw voorzien door het uitstekende dak van het huis, dat op een aantal pilaren rustte. Het onderste gedeelte van de ballustrade bestond uit rechthoekige, van panelen voorziene houten platen. Daarboven bevondt zich een reeks eenvoudige spijlen of gedraaide zuilen. Hoewel de Canarische stijl de laatste tijd bij de bouw van vakantiecomplexen, hotels en particuliere huizen een opleving doormaakte, zijn de houten balkons een zeldzaamheid geworden. De inkoop van *tea* is inmiddels haast onmogelijk, omdat de Canarische dennenboom onder strikte bescherming staat.

Vermeldenswaard bij de Canarische stijl zijn verder nog de houten plafonds, die uit prachtige geometrische panelen bestaan. Deze houtbewerkingskunst wordt vanwege de verdiept liggende panelen ook *artesonado* (Spaans *artesón* = bekken) genoemd.

Architectuur bekijken

Dubbele klokkenstoelen zijn te zien bij de Iglesia Santa Ana in Casillas del Ángel en bij de bedevaartskerk Santuario de la Vega in Vega de Río Palmas.
Ermitas met ommuurde voorhoven staan in Ampuyenta, Tiscamanita, Agua de Bueyes en Betancuria (San Diego de Alcalá).
Prachtige renaissanceportalen hebben de Iglesia Santa María in Betancuria en het Santuario de la Vega.
Herenhuizen met oude houten balkons treft men voornamelijk aan in Betancuria, Pájara en La Oliva.
Plafonds met houtsnijwerk in de artesonado-stijl overspannen de interieurs van de Iglesia Nuestra Señora de la Antigua en de Santuario de la Vega.
Uit **Latijns-Amerika** schijnt het beeld van de Virgen de Regla (17e eeuw) in Pájara afkomstig te zijn.
Een **landhuis met eigen windmolen en graanopslag** is tegenwoordig als Museo Molino de Antigua te bezoeken. Verschillende **boerenhuizen** vormen samen het Ecomuseo La Alcogida in Tefía. Een ander mooi voorbeeld van plattelandsarchitectuur is de Casa Museo Dr. Mena in Ampuyenta.

Zo woonden heren en knechten

Adel en gegoede burgerij lieten hun woningen tot in de 19e eeuw in de Canarische stijl bouwen. Op de begane grond bevonden zich opslag- en bergruimte, het bedrijfsgedeelte, kamers van de bedienden en paardenstallen. De heer des huizes woonde op de bovenverdieping, die via een buitentrap toegankelijk was. Bij de stadspaleizen liggen de vertrekken meestal gegroepeerd rond een rustige binnenplaats, die vaak weelderig van planten was voorzien en als favoriete zitplek van de bewoners diende.

Landhuizen stonden altijd in het centrum van de bijbehorende landerijen, vanwaaruit *el amo* (de heer) zijn landarbeiders kon controleren. Hun eenvoudige huisjes lagen rondom het

De Ermita de Nuestra Señora de Guadalupe in Água de Bueyes

landhuis verdeeld. Het traditionele bouwmateriaal was een lichtbruine natuursteen, die ongepleisterd bleef, zodat het gebouw niet al vanaf een grote afstand zichtbaar was voor piraten en corsaren. De tonvormige daken bestonden uit een mengsel van leem, stro en kalk. Brede dakgoten dienden voor het opvangen van regenwater, dat naar een overdekte wateropslagtank werd geleid.

Welgestelde boeren woonden op Fuerteventura in huizen van een verdieping hoog waarvan de kamers op een centrale binnenplaats of een aan de zijkant gelegen *patio* waren gericht. Deze was, evenals de vensters en deuren, altijd naar het zuiden gekeerd en beschut tegen de heersende noordenwind. Een extra kamer (*sobrado*), bovenop een deel van het huis gebouwd als extra verdieping, diende als slaapkamer voor het herenboerenechtpaar. Behalve stallen en veekralen had bijna elk landhuis een put met een schoepenrad (*noria*), dat door een geblindeerde, rondjes lopende ezel of kameel in beweging werd gebracht. De eivormige oven stond meestal naast het gebouw.

Muziek en dans van vroeger

Balladeachtige liederen over het alledaagse leven van de mensen, maar ook religieus geïnspireerde, oriëntaals aandoende gezangen staan aan de basis van de Canarische folklore. Uit vroeger tijden stamt ook de timple, het typische instrument van de eilanden. Later werden de dansen van de Europese adellijke hoven eraan toegevoegd. De 20e eeuw bracht speelse nieuwe interpretaties van oude klederdrachten en tradities.

Landelijke romances

Als eerste brachten de vroege kolonisten uit Spanje hun dansen en liederen mee. Al in de 17e eeuw had zich daaruit de basis van het huidige Canarische lied ontwikkeld. De teksten zijn beeldend en hebben betrekking op de landelijke omgeving. Ze beschrijven de levensomstandigheden van de mensen, hun plezier en hun verdriet, hun werk, religie en bijgeloof.

Op Fuerteventura waren de *romances* wijdverspreid. Deze balladeachtige liederen werden door de plattelandsbevolking gezongen tijdens de graanoogst. Het snijden van tarwe en gerst en daarna ploegen van de stoppels was op Fuerteventura geen optie, omdat het vergaan van de resten veel te lang duurt door de droge grond. In plaats daarvan werd elke halm stuk voor stuk uit de grond getrokken – een arbeidsintensief werkje, dat alle boeren uit het dorp gezamenlijk verrichtten. Om de tijd daarbij te verkorten, droeg een voorzanger liederen voor, de oogstende landarbeiders vielen vervolgens in. De vroeger van generatie op generatie mondeling doorgegeven romances zijn inmiddels al decennialang uit het dagelijks leven op het eiland verdwenen, evenals het verbouwen van graan.

Een belangrijke rol speelt de dans. De cirkeldans *sorondongo* schijnt zeer oude wortels te hebben. Op Fuerteventura werd hij alleen nog in La Oliva beoefend, totdat folkloregroepen in de jaren vijftig van de vorige eeuw hem herontdekten. Huwbare, jonge meisjes voerden de dans op volksfeesten gezamenlijk op, waarbij om beurten een van hen als solodanseres in het midden van de kring danste, om de jonge mannen van het dorp te laten zien wat ze in huis had.

Aan het eind van de 19e eeuw deden nogmaals nieuwe elementen hun intrede in de Canarische folklore, ditmaal met een Centraal- en Oost-Europese oorsprong. De modedansen polka, mazurka en berlina werden overgenomen. Vooral de eerste was zeer populair op Fuerteventura. Tot ver in de 20e eeuw werd er op volksfeesten op deze vrolijke melodieën gedanst.

Tegenwoordig treden toegewijde en door de overheid gesubsidieerde folkloregroepen op bij fiestas of voor toeristen in de hotels, om de inheemse volks-

Afgekeken van de adel

In de 18e eeuw namen in Spanje brede lagen van de bevolking de hoofse dansen van de middeleeuwen en de renaissance over. De huidige eilandfolklore gaat in grote lijnen terug op deze periode. Ronduit pompeus van stijl zijn de *folías*, groepsdansen met een middeleeuwse oorsprong, waarbij de heren hun respect tonen aan de dames, zonder hen daarbij aan te raken. Een populaire en minder zedige, maar sentimentelere variant van de *folías* is de *malagueña*, waarbij een man en twee vrouwen uit de dansgroep als solisten tegenover elkaar staan en elkaar geïmproviseerde verzen toezingen. Vrolijk en speels is de door humoristische tot schuine liedjes begeleide *isa*, een dans, die bij alle folkloristische optredens op het programma staat. Karakteristiek voor Fuerteventura is de *seguidilla*, een meeslepende cirkeldans met veel wisselingen van partner.

muziek te presenteren. De ensembles Tetir en El Tostón genieten de grootste populariteit. Internationaal bekend zijn twee groepen uit Tenerife, Los Sabandeños (www.sabanda.org) en Tajaraste, die volksliederen van alle Canarische Eilanden ten gehore brengen, dus ook van Fuerteventura.

Instrumentele geluiden

De melodie bij de liederen wordt verzorgd door *chácaras* (grote castagnetten), *tambores* (trommels), fluit, accordeon en verschillende snaarinstrumenten. Speciale aandacht verdienen hierbij de op een luit lijkende *bandurria* en de vier- of vijfsnarige *timple*, die eruitziet als een kleine gitaar. Door het plukken aan de snaren ontlokken de muzikanten hoge, klepperende geluiden. De timple vervangt de sopraan, maar wordt ook als soloinstrument gespeeld. De meest geliefde timplespeler van Fuerteventura

> **Muziektips**
> Los Sabandeños: A Viva Voz, mp3-download, Estudios Multitrack, 2012.
> Tajaraste: Por Seguidillas, cd, Estudios Multitrack, 2001.
> Juan Carlos Pérez Brito & Domingo Rodríguez Oramas 'El Colorao': Timpliando, mp3-download, Estudios Multitrack, 2010.

is Domingo Rodríguez Oramas, ook bekend onder zijn artiestennaam El Colorao (www.elcolorao.com).

Klederdracht opnieuw geïnterpreteerd

De kleding van de dansgroepen bouwt voort op de tradities van het eiland, maar komt niet langer overeen met het origineel. De kostuums waren allang uit het alledaagse leven verdwenen en alleen nog bekend van oude gravures en tekeningen op het moment dat de terugkeer van de folklore begon. Néstor de la Torre, een bekende art-nouveau-schilder uit Gran Canaria, ontwierp de Canarische kostuums als het ware opnieuw voor elk eiland. Daarbij gebruikte hij voor een aanzienlijk deel zijn fantasie. Typisch waren in ieder geval de breedgerande hoeden, die niet door de wind van het hoofd mochten worden gerukt. Vrouwen droegen rijk geborduurde onderrokken, met daaroverheen wijde wollen of zijden rokken, waarvan zij het bovenstuk onder hun hoed vastzetten om volledig tegen de zon beschermd te zijn. Hetzelfde doel dienden ook de manchetten, die de rug van de hand van schaduw voorzagen, maar tegelijkertijd de vingers niet beperkten in hun bewegelijkheid.

Liederen voor de ziel

Iets bijzonders vormen de Ranchos de Ánimas. Deze groepen ontstonden uit broederschappen, die – overal op de Canarenische Eilanden gesticht door de orde der franciscanen – oorspronkelijk van november tot februari van huis naar huis trokken en geld inzamelden voor de overleden zielen (*ánimas*). Hiertoe dansten ze, speelden ze op de tamboerijn en op luiten, violen en castagnetten, en zongen daar orientaals aandoende liederen bij. Verschillende verboden van dit in latere tijden door de paus als heidens aangemerkte gebruik, maar ook een verlies aan interesse, leidden in de 20e eeuw tot de ontbinding van de meeste Ranchos. Op Fuerteventura zijn de Ranchos de Ánimas van Tetir en Tiscamanita nog actief. De *mayordomo*, tegenwoordig de coördinator van de twintig tot dertig man sterke groep, informeerde vroeger de dorpsbewoners in een soort spreekgezang over sterfgevallen en ander nieuws en riep op tot gebed. De traditie van de Ranchos stamt vermoedelijk uit de late 15e eeuw, hun bestaan is sinds de 17e eeuw vastgesteld.

De Rancho de Ánimas van Tiscamanita treedt buiten de volksfeesten ook op het Feest van de Rotsmadonna in Vega de Río Palmas op, de Rancho van Tetir kan men in december op de plaatselijke kunstnijverheidsmarkt zien en horen.

Volgens de laatste trend – kunst en spiritualiteit

Fijnzinnige zandkunst aan het strand van Corralejo

Fuerteventura ontwikkelt zich. De pure strandbestemming is van gisteren. Vandaag is het eiland op weg om een bedevaartsoord voor kunstenaars en liefhebbers van verfijnde kunst en esoterie te worden.

De huidige kunstenaarskring

Ter promotie van moderne kunst wordt een en ander gedaan op Fuerteventura. Voortrekker was Manuel Delgado Camino 'Mané', die als particuliere mecenas in het Centro de Arte Canario in La Oliva zowel aan Canarische jonge kunstenaars als aan bekende beeldhouwers en schilders uit heel Spanje een expositieplatform biedt (zie blz. 126). De eilandregering steekt hem naar de kroon met het Centro de Arte Juan Ismael in Puerto del Rosario, dat zich een vergelijkbaar doel heeft gesteld (zie blz. 147). Jarenlang woonde de Duitse kunstenaar Klaus Berends op Fuerteventura. Hij groeide op op een binnenvaartschip en werkte later op een werf. Deze ervaringen kenmerken zijn werk. Hij verwierf internationale bekendheid met de tentoonstelling 'American Star', over de stranding van een uitgerangeerd, later gezonken cruiseschip voor de westkust van Fuerteventura. Inmiddels is hij terug naar Berlijn.

Puerto del Rosario is binnen enkele jaren een kunstmetropool geworden. Deze ontwikkeling is te danken aan de lokale kunstenaar Toño Patallo, die de voorwaarden schiep voor een beeldenpark in de straten van de stad (zie blz. 148). Inmiddels heeft een aantal kunstgalerieën haar deuren geopend voor een geïnteresseerd publiek. On-

Kunst op internet

www.arteinformado.com: Exposities in het Centro de Arte Juan Ismael.
www.turismo-puertodelrosario.org: Zestien werken van het sculpturenpark in woord en beeld (in het Spaans, om te downloaden).

Kunst aan het strand

Een geheel eigen kunstvorm zijn de vergankelijke sculpturen uit zand, die men telkens weer op de stranden van Fuerteventura kan bekijken. Enkele jaren geleden begond deze trend in Corralejo, inmiddels zijn de gecompliceerde vormen ook in Jandía te zien. De kunstenaars leven van de giften van voorbijgangers. Vaak slapen zij naast hun werken, om te voorkomen dat deze voortijdig door kunstbarbaren worden vernietigd.

Terwijl de geomantieërs, vergelijkbaar met de Feng Shui, zich richten op de heling van het fysieke en mentale lijden door middel van de positionering van stenen op gekozen plaatsen, houdt Martina Hempel in het Parque Holandés zich bezig met sjamanistische en kinesiologische helingsprocessen. Ook zij gebruikt de energie die van bepaalde locaties op Fuerteventura uitgaat bij haar werk.

Bekroning van een levenswerk?

Met een enorme sculptuur op Fuerteventura wilde de Baskische beeldhouwer Eduardo Chillida (1924-2002) zichzelf vereeuwigen. In het binnenste van de Montaña Tindaya was het de bedoeling om een kubus met een breedte van

geëvenaard in bizarheid blijft echter de reeds vele jaren bestaande galerie van de surrealist Carlos Calderón Yruegas ('Solrac') in Corralejo. Hij heeft al in het Centro de Arte Juan Ismael geëxposeerd, evenals Toño Patallo.

Esoterische achtergrond

De schilderes en beeldhouwster Elvira Isasi, wier werken vaak een Canarische achtergrond hebben, creëerde met het Centro Artis Tirma in Tarajalejo (zie blz. 231) een ontmoetingsplaats voor kunstenaars en kunstliefhebbers, die tegelijkertijd uitnodigt tot meditatie. De geomantische steencirkel in de tuin werd aangelegd door de Sloweense kunstenaar Marko Pogačnik (www.markopogacnik.com), om de bijzondere natuur van het eiland op te nemen in het internationale netwerk van geopunctuurcirkels.

50 m te laten uithakken. Milieubeschermers en archeologen stemden tegen het gigantische project, dat in hun ogen een ontheiliging van de sinds prehistorische tijden als 'magisch' geldende berg zou betekenen.

Chillida werd in 1991 voor het eerst opmerkzaam gemaakt op de Montaña Tindaya door een landschapsarchitect uit Las Palmas. Deze had van de Canarische regering de opdracht gekregen om de winning van gesteente op de Tindaya met de landschapsbescherming te coördineren. De Montaña Tindaya bestaat uit het roodachtige trachiet, een vulkanisch gesteente, dat zeer gewild is als bouw- en decoratiemateriaal. Twee bedrijven dolven dit gesteente op de flank van de berg. Eduardo Chillida moest hier zorgen voor de uiteindelijke, ultieme oplossing, die voor een evenwicht tussen de belangen van de ecologen en de bouwondernemingen moest zorgen. De kunstenaar werd door dit spanningsveld geprikkeld.

Door een tunnel wilde hij ongeveer 125.000 m³ gesteente uit het binnenste van de berg laten verwijderen, zonder de petroglyfen (rotstekeningen) op de top aan te tasten. De verkoop van het trachiet moest de kosten van de mijnbouwlicentie dekken. Er werden drie naar de oppervlakte leidende, van buiten nauwelijks zichtbare schachten gepland. Ze moesten in de richting van de zon, de maan en de zee wijzen.

Chillida stierf zonder dat hij een aanvang met zijn project kon maken. In 2011 kwamen de Canarische regering, de eilandraad en de familie van de kunstenaar met elkaar overeen dat de kubus alsnog zal worden gerealiseerd. Als eerste wordt er nu een bezoekerscentrum gebouwd.

Een gebergte in het spanningsveld van magie, kunst, natuurbescherming en economische belangen – de Montaña Tindaya

Onderweg op Fuerteventura

's Avonds laat men de dag nog even gezellig de revue passeren – zoals hier in Morro Jable

IN EEN OOGOPSLAG

Het noorden

Hoogtepunten ✱

El Jable: Dit alleen door enkele zeldzame en waardevolle planten- en diersoorten bevolkte duingebied bij Corralejo biedt puur natuur. De verbinding met de zee zorgt voor de mooiste witte zandstranden van het eiland.
Zie blz. 104.

Museo de la Pesca Tradicional: In de oude vuurtoren en het wachtershuis tonen onder meer artefacten, audio- en videoprestaties, alsmede een natuurleerpad langs de kust van El Cotillo, hoe de traditionele visserij werkt.
Zie blz. 116.

Casa Mané: Een oud herenhuis, door een mecenas uit Gran Canaria verrijkt met creatief ontworpen tuinen en een ondergrondse hal, trekt kunstliefhebbers die nieuwsgierig zijn naar de moderne Canarische schilder- en beeldhouwkunst naar La Oliva. Zie blz. 126.

Op ontdekkingsreis

Vulkaanroute: Te voet of met de mountainbike, jeep of quad kan men het jongvulkanische gebied tussen de Calderón Hondo en de Bayuyo in het eenzame noorden van het eiland verkennen. Een bezoek aan de vulkaangrot Cueva del Llano aan de voet van een lavastroom maakt de belevenis compleet.
Zie blz. 110.

Ecomuseo La Alcogida: Een verlaten gedeelte van het boerendorp Tefía werd door de vlijtige handen van metselaars, die de oude bouwstijlen nog kennen, herschapen in een levend openluchtmuseum met ambachtslieden, boerderijdieren en de inrichting van weleer.
Zie blz. 134.

Bezienswaardigheden

Torre de El Tostón: Vanaf het dakterras van de oude verdedigingstoren aan de haven van El Cotillo kan de bezoeker de kust overzien. In de voormalige kazematten wordt een kleine tentoonstelling van lokale hedendaagse kunst gepresenteerd. Zie blz. 116.

Museo del Grano La Cilla: Wat vroeger in La Oliva diende als een opslagplaats voor de 'tiende' is nu een klein, maar fijn graanmuseum. Zie blz. 124.

Te voet

Islote de Lobos: Op het kleine, onbewoonde buureiland zijn zeldzame vogelsoorten en een zoutresistente flora te bewonderen. Het wandelrondje doet ook de eenzame vuurtoren op de noordpunt aan. Zie blz. 106.

Montaña Tindaya: De magische berg kan uitsluitend met een vergunning worden beklommen. Boven lonken de talrijke rotstekeningen van oerbewoners en een geweldig uitzicht. Zie blz. 132.

Sfeervol genieten

Havensfeer: In Corralejo kan men nog steeds de sfeer van de oude vissershaven proeven, vooral bij de pier met de verkoophal van het visserijgenootschap en hun rustieke Bar La Lonja. Zie blz. 100.

Zwemmen in de Caletillas: Hier laat menigeen zijn kleding van zich af glijden. In de rotsbaai bij El Cotillo is het water zo kalm als in een badkuip, terwijl verder daarbuiten branding tegen de rotsen slaat. Zie blz. 118.

Uitgaan

Hotspots: Het oude centrum van Corralejo is op Fuerteventura nog steeds onovertroffen qua nachtleven. Helemaal 'hot' zijn de trendy cocktailbars en lounges met schemerverlichting, liefst met wifi voor de laptop. Zie blz. 102.

Surfscene: Het nachtleven van Lajares staat of valt sinds vele jaren met het surferswereldje. De cultbar U-Turn zorgt voor het welzijn van lichaam en geest. Zie blz. 114.

Blootgesteld aan de passaatwind

Wie zijn vakantie in het noorden van Fuerteventura doorbrengt, houdt van glinsterende zandstranden en het spel van wind en golven. Die laatste kunnen zich bij het blootgestelde kustgedeelte tussen Corralejo en El Cotillo tot een geweldige branding opzwepen. Voor de vele golfsurfers is dit gebied een waar eldorado. Maar ook zwemmers komen in de Caletillas, waar het water vaak zo rustig kabbelt als in een bassin, niets tekort.

De meeste zonaanbidders geven echter de voorkeur aan de kilometerslange ongerepte droomstranden ten zuidoosten van Corralejo, hoewel de passaatwind daar ook een sterke, maar constante bries aanvoert. Hier voelen ook de wind- en kitesurfers zich op hun plek. Duikers vinden in de zeestraat El Río en rondom het voor de kust gelegen eilandje Lobos de beste gebieden van de hele archipel. Als gevolg hiervan overheerst in Corralejo de vakantiesfeer. Ondanks het bloeiende toerisme wist het voormalige vissersdorp echter een zekere charme te behouden. Veel rustiger gaat het er in El Cotillo aan toe, wat een alternatievere vakantieplaats is. De surfscene heeft zijn ontmoetingsplek precies daar tussenin, in Lajares, zodat zij zich altijd op de kortste afstand be-

INFO

Oficinas de Turismo

Corralejo en El Cotillo beheren de toeristenbureaus die verantwoordelijk zijn voor de informatievoorziening over het hele noorden van het eiland (net zoals bij de gemeente La Oliva).

Heenreis en vervoer

Bussen: De verbinding tussen Corralejo en Puerto del Rosario is zeer goed, beter en vaker via de kustweg FV-1, minder vaak via La Oliva. Wie verder naar het zuiden van het eiland wil reizen, moet in de hoofdstad overstappen. Naar El Cotillo (via Lajares) rijden er bussen vanaf Puerto del Rosario en Corralejo, naar Tefía kan men vanaf Puerto del Rosario (elk meerdere malen per dag).

Veerboot naar Lanzarote: Een autoveerboot vanaf Naviera Armas (tel. 902 45 65 00, www.navieraarmas.com) en een snelveerdienst vanaf Fred. Olsen Express (tel. 902 10 01 07, www.fredolsen.es) pendelen in totaal 10-13 maal daags tussen Corralejo en Playa Blanca (Lanzarote). De overtocht duurt resp. 15 of 30 min., tickets bij de veerterminal. Retourticket per persoon ca. € 30-50 afhankelijk van leeftijd, reisperiode en veermaatschappij.

Veerboot naar Lobos: De Grupo Lobos (tel. 619 30 79 49, 646 53 10 68, 699 68 72 94, www.excursionesmaritimaslobos.com) onderhoudt twee personenveerdiensten die dagtoeristen van Corralejo naar het onbewoonde en autovrije naburige eiland Islote de Lobos varen ('s zomers 7 maal daags, 's winters 5 maal daags, retourticket volw. € 15, kind 4-12 jaar € 7,50). Ticketverkoop bij het havenloket aan de Paseo Marítimo (bij de Pescadería), duur van de overtocht ca. 15 min. Wegens weersomstandigheden of gebrek aan vraag kunnen vaarten uitvallen. Bij aankomst op Lobos kan men het beste de geplande terugvaarttijd navragen.

vinden tot het op dat moment voor hen beste strand.

Dagtoeristen uit de andere delen van het eiland waarderen het uiterste noorden om zijn grootse, door duingebieden en jonge vulkanen gekarakteriseerde landschappen. Verder naar het zuiden wordt het beeld gevormd door boerendorpjes, waartussen het historisch interessante stadje La Oliva opvalt. Het heeft vele bezienswaardigheden te bieden, zoals het grootste landhuis van de Canarische Eilanden, een centrum voor moderne kunst en het graanmuseum. Tot slot zijn er nog de boerendorpjes Tindaya en Tefía, die pronken met een heilige berg van de oorspronkelijke bewoners, de Montaña Tindaya, en een levendig ecomuseum.

Corralejo ▶ H 1

Met meer dan 25.000 bedden is Corralejo (15.000 inw.) het grootste en drukste toeristische centrum van Fuerteventura. De uitstraling is jong en internationaal. Veel toeristen komen er om te surfen of te duiken en om te genieten van de lange zandstranden en het relatief uitgebreide nachtleven. Hier treft men ook de internationale cafés aan, waaronder enkele Nederlandse. Voordat het toerisme tot bloei kwam, leefden de – toen nog slechts enkele – bewoners van Corralejo bijna uitsluitend van de visvangst. Tegenwoordig leggen hier in de **haven** 1 ook de veerboten naar Lanzarote en Lobos aan, evenals de rondvaartboten en de zeewaardige jachten. In het havengebied concentreren de restaurants en bars zich rond de promenade en de omliggende stegen.

In de oude dorpskern, verder landinwaarts, is het leven van de lokale bevolking als voorheen verbazingwekkend weinig door buitenlandse invloeden aangetast. Het rustige centrum wordt gemarkeerd door de **Plaza Pública de Corralejo** 2, een typisch Spaans plein met tegels en stenen banken. Rondom het plein zorgen rubberbomen en palmen voor groene kleurtoetsen. In de late namiddag flaneren hier de jonge stellen met kinderwagens en ontmoeten de oudere kinderen elkaar op het plein voor balspelen en skateboarden.

Nergens op Fuerteventura zijn de boetieks en souvenirwinkels zo kleurrijk en zijn er zo veel straatverkopers als in Corralejo. De belangrijkste winkelstraat is de vanuit het oude centrum naar het zuiden lopende palmenlaan **Avenida Nuestra Señora del Carmen**. In de zijstraat **Calle Anzuelo** nodigen chique boetieks, surfshops en trendy restaurants uit tot winkelen en kijken.

Zon, zee & strand

Zuidelijk vanaf de haven liggen achter elkaar verschillende kleinere zandbaaien, waarachter zich de hotelzone van Corralejo uitstrekt. Ze zijn relatief geschikt om te zwemmen, maar kunnen zich niet meten met het aantrekkelijke, net buiten de plaats gelegen 8 km lange duinengebied. Het hiervan meest populaire en met 3,5 km langste gedeelte bij de RIU-hotels, de **Grandes Playas**, bestaat uit vijf dicht bij elkaar gelegen stranden, die slechts door vlakke lavaruggen van elkaar gescheiden worden. Hun zeer fijne en bijna witte zand schittert fel in het zonlicht. Een beetje voorzichtigheid bij het zwemmen is hier evenwel nodig. Ver uit de kust zwemmen of zelfs te water gaan bij hoge golven wordt niet aanbevolen vanwege de sterke, onvoorspelbare stromingen. Richting het zuiden worden de stranden stiller. De playas zijn hier smaller, maar nog volledig ongerept.

Corralejo

Bezienswaardigheden
- [1] Haven
- [2] Plaza Pública de Corralejo

Overnachten
- [1] Gran Hotel Atlantis Bahía Real
- [2] Surf Riders Fuerteventura
- [3] Atlantis Fuerteventura Resort
- [4] RIU Palace Tres Islas
- [5] RIU Oliva Beach Resort

Eten & drinken
- [1] Tio Bernabé
- [2] Gregorio
- [3] Bar La Lonja

Winkelen
- [1] Galería La Fuentita
- [2] Mystic
- [3] Clean Ocean Project
- [4] Mercadillo
- [5] Galería de Arte Las Chimeneas
- [6] Mercado Artesanal Canario

Actief
- [1] Grupo Lobos
- [2] Ventura Surf
- [3] Flag Beach Windsurf & Kitesurf Centre
- [4] Ineika Funcenter
- [5] Natural Sense
- [6] Dive-Center Corralejo
- [7] Padi Resort Punta Amany
- [8] Vulcano Biking
- [9] Catlanza
- [10] BAKU Water Park

Uitgaan
- [1] The Rogue's Gallery
- [2] Blanco Café
- [3] Bouganville Bar
- [4] Waikiki Beach Club
- [5] Auditorio de Corralejo

Overnachten

Voor veeleisende gasten – Gran Hotel Atlantis Bahía Real [1]: Av. Grandes Playas s/n, tel. 928 53 64 44, www.atlantishotels.com, 2 pk vanaf € 160. Vlaggenschip van de Atlantis hotelketen met vijf sterren, speels-oriëntaalse architectuur, luxueuze inrichting, wellness- en fitnesscentrum en vier inpandige restaurants. Een daarvan is het stijlvolle La Cúpula de Carles Gaig (tel. 928 53 61 51, zo.-ma. en juni gesl., 3-gangenmenu vanaf ca. € 55) van de Catalaanse sterrenkok Carles Gaig. Ook al is hij niet altijd persoonlijk aanwezig, zijn personeel kookt volgens zijn originele recepten – creatief en met een vleugje Catalonië. Ook gasten die niet in het hotel verblijven zijn welkom. Passende kleding is gewenst en tijdig reserveren vereist.

Voor surfers – Surf Riders Fuerteventura [2]: Calle Médano 14, tel. 655 18 29 64, www.surfridersfuerteventura.com, 2 pk zonder ontbijt vanaf € 29, bed in slaapzaal vanaf € 12. Het moderne, communicatieve surfcamp biedt slaapzaalbedden en tweepersoonskamers met gedeelde faciliteiten of een suite met eigen badkamer. Ontbijt is er niet, maar in plaats daarvan is gebruik van de keuken mogelijk. Verschillende terrassen, tuin met zwembad.

De vakantiecomplexen in het hotelgebied van Corralejo sind zijn te boeken via touroperators (zie blz. 25). Enkele gerenommeerde adressen:

Voor sportieve families – Atlantis Fuerteventura Resort [3]: www.atlantishotels.com. Gezinsvriendelijk en zeer sportief (beachclub, drie tennisbanen, mountainbikeverhuur) gaat het eraan toe in dit suite-hotel.

RIU – Op een gegarandeerd rustige locatie aan de duinenstranden van de Grande Playa staan twee hotels van de RIU-keten (www.riu.com). Met vijf sterren, diverse bars en restaurants, een rij winkels en een gevarieerd sport- en animatieprogramma is het **RIU Palace Tres Islas [4]** een van de meest vooraanstaande hotels van Fuerteventura. Het all-inclusive clubhotel **RIU Oliva Beach Resort [5]** trekt veel vaste klanten. Beide hotels zijn mogelijk

Tip

Havensfeer

Naast de Pescadería, de viszaak van de plaatselijke visserijcoöperatie op de pier van Corralejo, zet de bijbehorende **Bar La Lonja** 3 zijn tafeltjes in de openlucht – met uitzicht op de jachten en de sportvissersboten, die aan de aangrenzende steigers dobberen. De tafeltjes zijn vooral in de late namiddaguurtjes erg in trek bij levensgenieters vanwege hun bijzondere charme. Natuurlijk serveert de goed gerunde bar, behalve drankjes en tapas, ook gegrilde verse vis. Aanbevolen zijn de sardines en inktvis. Paseo Marítimo, tel. 630 86 39 51, dag. 7-23 uur, hoofdgerecht € 10-12.

nog slechts tot 2017 in bedrijf, daarna dreigt afbraak op grond van de natuurbeschermingswetgeving.

Eten & drinken

Spaanse herberg – **Tío Bernabé** 1: Calle La Iglesia 9, tel. 928 53 58 95, www.restaurantetiobernabe.com, dag. 12 uur tot laat in de nacht, hoofdgerecht rond € 20, tapasmenu met wijn voor 2 pers. ca. € 30. Een heerlijk voorgerecht is soep met Fuerteventura-tomaten en gerijpte geitenkaas. Vlees sist boven een roodgloeiend eucalyptushoutskoolvuur. Traditionele Canarische gerechten, zoals gestoofde geit of konijn. Als dessert smaakt de warme appeltaart met vanille-ijs. Wijnselectie uit Lanzarote en Tenerife.

Zonder franje – **Gregorio** 2: Calle La Iglesia 11, tel. 928 86 62 27, di.-zo. 12.30-23.30 uur, 2e helft mei en 2e helft nov. gesl., hoofdgerecht € 10-20. De sympathieke gastheren vertrouwen op beproefde gerechten, zoals uitstekend bereide verse vis en geitenvlees uit de oven. Speciaal aanbevolen: pulpo a la brasa (gegrilde inktvis).

Havensfeer – **Bar La Lonja** 3: zie Tip (hierboven).

Stijlvol – **La Cúpula de Carles Gaig**: zie 1, blz. 98.

Winkelen

Kleurrijke souvenirs – **Galería La Fuentita** 1: Calle Almirante Carrero Blanco 2, www.lafuentita.es. Kunstnijverheids- en geschenkenwinkel van het eerste uur. De modesieraden, batik en keramiek enz. worden vervaardigd op Fuerteventura.

Juttersgoed – **Mystic** 2: Calle Isla de Lobos 4. De artikelen in deze bijzondere winkel lijken wel strandvondsten: sponzen, houten sieraden, kleding uit natuurlijke vezels en nog veel meer.

Milieubewust – **Clean Ocean Project** 3: Calle General García Escámez 32, www.cleanoceanproject.org. Dit initiatief ter vermijding van oceaanvervuiling door niet of moeilijk afbreekbaar afval, verkoopt in hun eigen winkel kostbare stukken gemaakt van natuurlijke materialen: kleding, tassen, sieraden. Filiaal in El Cotillo (zie blz. 119).

Enorm – **Mercadillo** 4: weekmarkt, ma. en vr. 9-14 uur bij het BAKU Water Park. Ongeveer 150 kraampjes verkopen lederwaren, borduurwerk, Afrikaanse kunstnijverheid en nog veel meer. Het is een hele opgave om hier het kaf van het koren te scheiden.

Surrealistisch – **Galería de Arte Las Chimeneas** 5: Av. Grandes Playas 139, tel. 665 48 26 80, meestal ma.-vr. 10-13 uur. Grillige reliëfs en keramiek sieren de buitenmuren van de kunstgalerie van Carlos Calderón Yruegas ('Solrac'). Op het dak prijken versierde schoorstenen (*chimeneas*) en allerlei opvallende figuren. De ook onder de naam Solrac bekende surrealistische schilder, beeldhouwer en fotograaf pendelt sinds 1976 tussen Fuerteventura en zijn geboortestad Sevilla op het Spaanse vasteland.

Kunstnijverheidsmarkt – **Mercado Artesanal Canario** 6: Centro Comercial El Campanario, Calle Hibisco 1, zo. 10-14 uur. Op de 'Canarische markt' wordt goede kunstnijverheid verkocht van alle eilanden: mandenvlechtwerk, keramiek en ook culinaire producten.

Actief

Onderwaterpanorama – **Grupo Lobos** 1: tel. 619 30 79 49, 646 53 10 68 of 699 68 72 94, www.excursionesmaritimaslobos.com. Met een vloot van drie glasbodemboten worden diverse excursies uitgevoerd, zoals naar de Papagayo-stranden aan de zuidkust van Lanzarote. Het meest populair is de een uur durende vaartocht rondom het eiland Lobos, met een kleurrijke, tropisch aandoende onderwaterwereld (1-2 maal daags, volw. € 18, kind 4-12 jaar € 9). Kan ook gecombineerd worden met een bezoek aan Lobos. Tickets zie blz. 96.

Windsurfen – **Ventura Surf** 2: Av. Marítima 42, tel./fax 928 86 62 95, www.ventura-surf.com. Dit gerenommeerde windsurfcentrum biedt zowel cursussen als individuele lessen en verhuur van uitrusting.

Kitesurfen – **Flag Beach Windsurf & Kitesurf Centre** 3: Playa de la Galera, tel. 928 86 63 89, fax 928 53 55 39, www.flagbeach.com. Hier wordt zowel wind- als kitesurfen aangeboden. Cursussen en verhuur van uitrusting.

Golfsurfen – **Ineika Funcenter** 4: Calle N. S. del Pilar, tel./fax 928 53 57 44, www.ineika.com. Cursussen voor beginners en gevorderden, op verzoek ook accommodatie in het Ineika Surfcamp of in appartementen in het dorp. De gemiddelde leeftijd van de deelnemers is 25 jaar.

Surfen en SUP-en – **Kitesurf and SUP school Natural Sense** 5: Calle Veril 9a, tel. 633 56 25 38 , http://naturalsense.eu. Cursussen voor beginners en gevorderden in kitesurfen en het trendy Stand Up Paddle. Gerund door het Nederlandse surfersstel Achim en Jaqueline.

Duikersparadijs 1 – **Dive-Center Corralejo** 6: Calle N. S. del Pino 22, tel. 928 53 59 06, fax 928 86 62 43, www.divecentercorralejo.com. Padi-duikschool van Miguel en Marta, die elk 25-30 jaar ervaring hebben in de wateren voor de kust van Corralejo.

Duikersparadijs 2 – **Padi Resort Punta Amanay** 7: Calle El Pulpo, tel. 928 53 53 57, www.punta-amanay.com. Gemoedelijk gerund door een Belg en een Duitser.

Beide duikcentra (1 en 2) organiseren duiken in de zeestraat El Río en bij het Islote de Lobos. Deze twee locaties staan bekend om hun rijke onderwaterfauna. Duik met eigen uitrusting € 30, met huuruitrusting € 40.

Op de mountainbike – **Vulcano Biking** 8: Calle Acorazado España 10, tel. 928 53 57 06, www.vulcano-biking.com, ma.-za. 10-13, 18-20 uur. Gerenommeerd verhuurbedrijf voor mountainbikes van het merk TREK (vanaf € 6 per dag, € 30 per week).

Catamaranzeilen – **Catlanza** 9: Puerto de Corralejo, tel. 928 51 30 22, www.catlanza.com. Exclusieve zeilbeleving op een zeewaardige catamaran. Vertrek vanuit de haven van Corralejo naar de beroemde Papagayo-stranden op Lanzarote. Daar kan men zwemmen, snorkelen en jetskiën. Lunch aan boord. Ophaalservice voor alle hotels op Fuerteventura. Korting bij boeking online.

Het noorden

Aquapark plus – **BAKU Water Park** 10: Av. Nuestra Señora del Carmen 41, tel. 928 86 72 27, eind mrt.-half nov. dag. 10.30-17.30, soms 10-18 uur, 's winters gesl., volw. € 25, kind 4-12 jaar € 19, 's middags vanaf 15 uur € 20, kind € 14. Naar eilandverhoudingen enorm water- en pretpark voor gezinnen met kinderen een grote, maar wel vrij prijzige attractie. Het waterpark biedt de gebruikelijke attracties, zoals een grote waterglijbaan 'type black hole'. Er is tevens een soort waterkinderboerderij, waar kinderen in direct contact komen met zeedieren zoals getrainde zeeleeuwen, of waar ze haaien kunnen aanraken en zelfs met ze kunnen zwemmen. Het park heeft een Facebook-pagina.

Uitgaan

In vergelijking tot andere plaatsen op Fuerteventura heeft Corralejo een vrij uitgebreid nachtleven, ook al kan het zich niet meten met de grote toeristenoorden op Gran Canaria en Tenerife. Het publiek in de pubs, bars en clubs is internationaal. Wie op vakantie toch nog wat Nederlandse sfeer zoekt, vindt dit in de Bar Bugaloo, Eetcafé Anno 2011 en de Heineken Bar, alle drie in of rond het Shoppingcenter Atlantico.

Vroeg in de avond – **The Rogue's Gallery** 1: Calle La Ballena 3, di.-zo. 10-13 en vanaf 17 uur (tot laat). Aangenaam ontspannen ontmoetingsplek in schemerige bistrostijl, voor velen het eerste opwarmertje voor een lange nacht.

Trendy – **Blanco Café** 2: Calle La Iglesia 27, tel. 928 53 65 99, dag. 18.30-2 uur. Wat er van buiten uitziet als een eenvoudige buurtkroeg, ontpopt zich van binnen tot een coole cocktail- en muziekbar met terras, internetlounge en enorm scherm voor tv en video.

Om te chillen – **Bouganville Bar** 3: Calle La Iglesia 15, tel. 693 40 09 77. Lounge met schemerverlichting, op het buitenterras vaak livemuziek. Heerlijke koffiespecialiteiten en diverse cocktails. Oplettende bediening.

Partypeople – **Waikiki Beach Club** 4: Calle Dr. Hernández Morán 11, dag. 10-5 uur. Op zaterdag vult deze populaire disco-pub zich vanaf middernacht met het plaatselijke jonge publiek. Ook op het aangrenzende strand gaat het dan helemaal los. Op andere, rustiger dagen is de club leuk voor een drankje.

Tip

Vliegeren op hoog niveau ▶ H 1

Op de Grandes Playas, aan het strand van Playa de El Burro, ten noorden van de RIU-hotels, vindt sinds 1988 in het tweede weekend van november het vliegerfestival plaats. De aanvankelijk kleinschalige bijeenkomst voor lokale vliegeraars is inmiddels uitgegroeid tot het **Festival Internacional de Cometas** met ongeveer 600 deelnemers uit heel Europa. De aan de passaatwind blootgestelde natuurlijke stranden zijn ideaal voor de vliegersport. Iedereen die een geschikt 'onbemand vliegend object' bij zich heeft kan meedoen, het is een freestyle-evenement. Hoogtepunten van het programma zijn de luchtgevechten, evenals de nachtvluchten met verlichte vliegers. Ook op andere momenten zweven er bij geschikte wind vliegers (*cometas*) boven de Grandes Playas. Bij vervoer in het vliegtuig geldt een vlieger overigens als bijzondere bagage, die van tevoren moet worden aangemeld.

Corralejo

Het uitgaansleven van Corralejo is zeer levendig

Conzert en theater – **Auditorio de Corralejo** 5: Calle Huriamen, tel. 928 86 63 29. Het veelzijdige programma van het stedelijk cultuurcentrum omvat pretentieuze, wisselende theatervoorstellingen (in het Spaans) en concerten. In het weekend is er altijd iets te doen. Programma op: www.laoliva.es.

Info & festiviteiten

Oficina de Turismo

Av. Marítima 2, 35660 Corralejo, tel. 928 86 62 35, fax 928 86 61 86, www. corralejograndesplayas.com. Filiaal in de veerbootterminal (tel. 928 53 71 83). Beide ma.-vr. 8-14, za.-zo. 9-14 uur.

Festiviteiten

Carnaval: De carnavalsdagen worden in Corralejo zeer luidruchtig gevierd met veel Zuid-Amerikaanse ritmes en felgekleurde kostuums.
Fiesta del Carmen: rond 16 juli. Ceremoniële bootprocessie ter ere van de patroonheilige van de vissers, de Onze Lieve Vrouwe van de Karmelberg. Met aansluitend *fiesta* in de hele plaats.

Vervoer

Bussen: Het busstation (*estación de guaguas*) ligt aan de westelijke rand aan de Avenida Juan Carlos I. Lijn 6 rijdt elke 30-60 min. via de doorgaande kustweg FV-1 naar Puerto del Rosario. Met lijn 7 kan men 3 maal daags via La Oliva naar Puerto del Rosario of Lajares/El Cotillo. Naar El Cotillo rijdt bovendien lijn 8, dag. ca. elk uur via La Oliva/Lajares.
Taxi: Av. Nuestra Señora del Carmen (hoek Calle Lepanto), tel. 928 86 61 08, 928 53 74 41 of 928 53 50 55. Verder nog taxistandplaatsen bij beide RIU-hotels aan de Grandes Playas.
Veerboot: Vanaf Corralejo vaart geregeld een autoveerboot naar Playa Blanca (Lanzarote) en er zijn passagiersveren naar het kleine buureiland Islote de Lobos (zie blz. 96).

Wijdse blik over de uitgestrekte duingebieden in het achterland van Corralejo

El Jable ✳ ▶ H 1/2

In het achterland gaan de natuurlijke stranden ten zuiden van Corralejo over in een enorm stuifduingebied, dat al in de 15e eeuw van de Normandische veroveraars de naam El Jable ontving. *Jable* is een Canarische term voor zand, een hispanisme van het Franse woord 'sable'. Met een oppervlakte van ongeveer 27 km² is hier praktisch niets anders dan zand. Sinds 1982 zijn stranden en duinen gezamenlijk beschermd als het **Parque Natural de Corralejo** en bleven ze grotendeels gevrijwaard van bebouwing. Slechts twee hotels bestonden al voor die tijd in dit gebied. Zij kunnen vandaag de dag bogen op een unieke locatie.

Slechts zeventien diersoorten voelen zich thuis in het duingebied, waaronder de bedreigde Fuerteventura-kraagtrap (zie blz. 56), waarvan het symbool langs de FV-1 de grenzen van het natuurpark markeert. Bovendien telden botanici achttien plantensoorten, die de ongunstige omstandigheden – de stuifduinen zijn zijn min of meer constant in beweging – weerstaan.

Een dergelijke biotoop is zeer gevoelig voor allerlei verstoringen. Daarom zijn bijvoorbeeld terreinwagens in dit

gebied verboden. Te voet kan men El Jable echter wel verkennen.

Zelfs fossielen zijn hier te vinden: ovale, ongeveer 3-4 cm lange nesten van graafbijen (*Antophora*). Deze als kleine urnen vormgegeven structuren treft men aan in laagten, waar de zich onder het stuifzand bevindende vaste bodem door de wind is vrijgeblazen. De insecten bouwden hun broednesten hier enkele millennia geleden in de destijds waarschijnlijk modderige kalkzanden, toen het klimaat op Fuerteventura natter was dan nu.

In de toekomst is in dit gebied een aantal veranderingen te verwachten. De FV-1 van Corralejo naar Puerto del Rosario zal buiten de grenzen van El Jable worden vervangen door een snelweg verder westwaarts. Deze is reeds in aanbouw. Voor de twee hotels op de Grandes Playas loopt de vergunning af in 2017; hun dreigt de slopershamer. Hierover is het laatste woord echter nog niet gesproken.

Islote de Lobos ▶ H 1

Ten noordoosten voor de kust van Corralejo gelegen en slechts door de 2 km-brede zeestraat El Río van het vakantieoord gescheiden, ligt het eilandje Lobos. De meeste bezoekers komen slechts voor een dagje naar het stille eiland, dat samen met de aangrenzende wateren als het **Parque Natural Islote de Lobos** onder natuurbescherming staat. Diverse zeldzame vogelsoorten doen Lobos aan, waaronder visarenden, aasgieren en Kuhls pijlstormvogels (*pardela*). Een schaarse, maar niet oninteressante vegetatie en bijzondere miniatuurvulkanen zijn andere attracties van het slechts 4,5 km² grote eiland.

Zijn naam dankt Lobos aan de mediterrane monniksrob (*lobo marino* = lett. zeewolf), die hier ooit in grote aantallen voorkwam. Eeuwenlang werden de robben intensief bejaagd, voornamelijk voor de winning van olie uit hun dikke speklaag. Vissers beschouwden ze als concurrenten en vervolgden ze genadeloos. Tegen het einde van de 19e eeuw was de monniksrob op Lobos uitgeroeid. Inspanningen om ze weer te introduceren hebben tot nu toe gefaald.

El Muelle, de kade voor veerboten, ligt aan de zuidkust, dicht bij de enige nederzetting. Een bronzen borstbeeld van de schrijfster Josefina Plá (zie blz. 107) begroet de nieuw aangekomenen. De paar huizen van het vissersdorp **El Puertito** bereikt men rechts, na een kleine camping, in enkele minuten. El Puertito heeft slechts vier geregistreerde inwoners. In het weekend en in vakanties wordt de nederzetting verlevendigd door lokale vissers. Zij maken gebruik van een ideale natuurlijke haven in de vorm van een rustige baai, die door een rotsbarrière wordt afschermd van de open zee. Omdat het enige restaurant op het eiland (zie blz. 108) niet altijd open is, is het aan te bevelen om genoeg drinken en proviand mee te nemen.

Centro de Interpretación

Playa de La Calera, tel. 928 86 11 15, dag. 10.30-15.30 uur, gratis toegang

Niet ver van de pier staat het Centro de Interpretación Islote de Lobos. De kunstschilder en illustrator Jaime Avilés Campos heeft voor het bezoekerscentrum van het natuurpark grote panelen met voorstellingen van het eiland, de geschiedenis en de fauna gemaakt. De monniksrobben vormen het zwaartepunt van zijn werk. Foto's en teksten over flora, fauna en folklore completeren de tentoonstelling.

Wandeling rond Lobos

2,5-3 uur, ca. 7 km; eenvoudig, stevig schoeisel aanbevolen

Lobos is autovrij en kan gemakkelijk te voet worden verkend. Langs de rondwandeling, waar men bij voorkeur niet van afwijkt, informeren panelen aan het pad over allerlei interessante onderwerpen, zoals geologie, flora en fauna. Vanaf **El Puertito** gaat men langs de havenbaai, om vervolgens op enige afstand van de oostkust van het eiland over een zanderige vlakte te lopen. Hier werd vroeger het kalksediment afgegraven en ter plekke in ovens gebrand, waarvan de ruïnes langs het pad staan. Ongeveer 50 m na de tweede kalkoven is er rechtsaf een kort uitstapje langs een in onbruik geraakt waterkanaal naar een regenwaterbassin, waaruit de vissers van El Puertito tot op de dag van vandaag zoet water putten.

De vlakte wordt omringd door een een donker heuvellandschap, waardoor men verder naar het noorden wandelt. Deze heuvels zijn zogeheten *hornitos* (lett. oventjes). Deze kleine, schoorsteenachtige vulkanische kegels werden ongeveer 8000 jaar geleden gevormd door gasbellen in een lavastroom. In de tussenliggende dalen, **Las Lagunitas**, die telkens weer door de zee worden ondergestoven met een zilte nevel, heeft zich een unieke biotoop met zoutminnende flora gevormd. Ongeveer 130 plantensoorten werden door botanici geteld op deze kwelder, de grootste van Fuerteventura. Er is zelfs een endemische (alleen hier voorkomende) lamsoor (*Limonium ovalifolium canariense*), die in de winter en het vroege voorjaar paarsblauw bloeit. Wanneer er in de Lagunitas water staat, scharrelen hier talrijke zeevogels rond, op zoek naar voedsel. Zo'n 30 minuten verder buigt rechts een pad af naar een kleine, niet meer in gebruik zijnde plantage van sisalagaven. Uit de vezels vervaardigden de vissers vroeger hun bootstouwen.

Na het korte ommetje vervolgt men de hoofdroute weer. Al snel gaat deze richting de **Faro Martiño** (Punta Martiño), de vuurtoren op een kleine vulkanische kegel op de noordelijke punt van het eiland. Bij een stenen muur komt men na 40 minuten uit op een bredere weg, waar men rechtsaf een verlaten agrarische nederzetting passeert. Na een uur bereikt men de vuurtoren. Deze werd in 1863-1865 gebouwd en werkt automatisch. Vanaf het terras van de Faro Martiño heeft men een uitstekend zicht op het op 8 km afstand gelegen buureiland Lanzarote. Beneden bij de zee spreidt zich bij eb een donkere, door de branding gladgeschuurde rotsbank uit. In de talloze kleine poelen vinden zeevogels hun voedsel. Als men zich omdraait, kan men praktisch heel Lobos overzien. Bijzonder is het schuine oppervlak naast de toren; eronder vangt een enorme cisterne het omlaag gelopen regenwater op.

Een plaquette herdenkt de schrijfster Josefina Plá (1903-1999). Zij werd hier geboren als dochter van de toenmalige vuurtorenwachter. Na haar emigratie naar Paraguay werd ze in de jaren dertig bekend als journalist voor de krant en als radiopresentatrice. In de periode

Wandeling rond het eiland Lobos

die daarop volgde drukte zij tevens haar stempel op de moderne Latijns-Amerikaanse literatuur. In haar gedichten en verhalen komt altijd een sentimenteel levensgevoel tot uitdrukking, vaak speelt de zee een rol.

Vanaf de voet van de vuurtoren keert men door het verlaten dorp terug naar de brede weg, waarop men rechtsaf gaat. Na ongeveer tien minuten is er rechts een afslag naar de rand van de **Montaña de la Caldera** (127 m), de enige noemenswaardige verhoging op het eiland (alleen met vergunning te beklimmen, vooraf aan te vragen in het Centro de Interpretación, zie blz. 106). Op de steile flank van de vulkaan klimt men in 20 minuten via treden omhoog. Vanaf de smalle kraterrand is er uitzicht op de bodem van de voormalige krater, waar al lang geleden de zee is binnengedrongen. De Montaña de Lobos is inmiddels half door de branding verwoest. In de andere richting ontvouwt

Het diep azuurblauwe water in de haven El Puertito fascineert de bezoekers

zich een panoramisch uitzicht over heel Lobos, helemaal tot aan de Playas de Corralejo.

Men gaat de treden op de flank van de vulkaan weer af en volgt het hoofdpad verder. Deze verlaat al snel het *hornito*-landschap en doorkruist een dal met in onbruik geraakte zoutpannen. Daarachter ligt rechts achter de lage duinen de **Playa de La Concha** verborgen. De hoofdroute leidt weer terug naar de aanlegsteiger.

Zon, zee & strand

De halvemaanvormige **Playa de La Concha** (ook Playa de La Calera) ligt op enkele minuten loopafstand ten westen van de aanlegsteiger in een kleine baai. Een ervoor gelegen rotsbarrière beschermt het kleine zandstrand tegen de branding, waardoor zwemmen in kalm water meestal mogelijk is.

Overnachten

In harmonie met de natuur – **Camping La Carpintería**: tussen El Muelle en El Puertito. Zeer eenvoudig kampeerterrein zonder faciliteiten, alleen toegankelijk in de week van Pasen en in de zomer met schriftelijke toestemming van het milieuagentschap Medio Ambiente (zie blz. 26), maximaal verblijf van drie dagen, er wordt geen vergoeding in rekening gebracht. Wildkamperen is verboden op Lobos.

Eten & drinken

Sympathieke strandhut – **Chiringuito**: El Puertito, tel. 609 06 79 46, meestal dag. 11-14 uur, hoofdgerecht ca. € 9. Simpele, zeer rustieke bar, gerund door de zoon van de laatste vuurtorenwachter van Lobos. Het eten (gegrilde vis of paella met zeevruchten) moet persoonlijk vooraf worden besteld voor 12 uur, anders zijn er slechts *bocadillos*.

Actief

Dolfijnen kijken – Vanaf Corralejo vertrekken rondvaarten met een **glasbodemboot** naar het eiland Lobos om dolfijnen te observeren (met zwem- en snorkelpauze, zie blz. 101).

Info

Veerboot: zie blz. 96

Lajares ▶ G 2

Dankzij zijn locatie zo ongeveer halverwege tussen de twee vakantieoorden van het noorden, Corralejo en El Cotillo, groeide Lajares (1700 inw.) van een tussenstation op de weg naar een van de twee door wind en golven begunstigde surfspots uit tot een alternatieve vakantiebestemming voor de veeleisende surfscene. De plaats is inmiddels bijna een *must* geworden, niet in de laatste plaats omdat zich hier twee wereldberoemde topsporters met hun werkplaats en winkels vestigden.

Rondom Lajares strekken zich onherbergzame lavaslakkenvelden (*malpaís*) uit. Met zijn ruige vegetatie van wolfsmelkstruiken en doornige *Launaea arborescens* is het gebied alleen geschikt voor geitenhouderij, waarmee nog steeds enkele inwoners in hun levensonderhoud voorzien. De moeizame landbouw op kleine, regelrecht aan de de karige bodem onttrokken percelen hebben zij allang opgegeven.

In de wijk Casas de Arriba, aan de secundaire weg naar La Oliva, staan twee interessante windmolens, de laatste getuigen van de vroegere graanteelt in Lajares. Naast de **Ermita de San António de Padua** (Calle General s/n), een in de 20e eeuw in neogotische stijl gebouwde bedevaartskerk, verheft zich een **molino** – een windmolen in traditionele Castiliaanse stijl (zie blz. 164). De tegenhanger hiervan, een opengewerkte **molina**, bevindt zich aan de overkant van de straat.

Tip

Borduurwerk uit de eerste hand

Lajares is het belangrijkste centrum van ambachtelijk borduurwerk op Fuerteventura. Het grootste aanbod van handgemaakt borduurwerk van het eiland treft men hier aan in de **Escuela de Artesanía Canaria Sra. Hernandez**. In de hal van de kunstnijverheidsschool en in de aangesloten, ruim opgezette winkel demonstreert vaak een borduurster haar vaardigheden. Ook keramiek en andere souvenirs worden hier verkocht. Calle Coronel González del Hierro 14 (doorgaande weg in het centrum), tel. 928 86 83 00, www.fuerteventura3d.com/artesania-lajares, ma.-vr. 9-19, za. 9-15 uur.

Overnachten, eten

Aangenaam licht – **El Patio de Lajares:** Calle La Cerca 9, tel. 650 13 40 30, www.patio-lajares.com, 2 pk all-inclusive ca. € 200. Het kleine, maar fijne landhuishotel beschikt over zes kamers. Zowel de decoratie als de behandelingen in de wellnessfaciliteiten zijn geïnspireerd op het Verre Oosten. Met Andalusische patio, zwembad en zonneterras. Het bijbehorende restaurant (in jan.-feb. drie weken gesl., daarbuiten wo.-zo. 13-15, 19-22 uur, gastronomisch dagmenu € 38,50) is een van de ▷ blz. 114

Op ontdekkingsreis

Vulkaanroute – langs kraters en door grotten

Door het woestijnachtige vulkanische landschap loopt een wandelpad naar de imposante krater Calderón Hondo (278 m). Daarnaast lonken nog de berg Bayuyo (269 m) met zijn fraaie uitzichten en de vulkaangrot Cueva del Llano.

Kaart: ▶ G 1/2

Duur: volledige dag
Karakter: twee korte wandelingen, 1,5 uur en 45 min., beide heen en terug. Per traject ca. 150 hoogtemeters stijgen en dalen. Rit per terreinwagen tussen de twee trajecten. Heen- en terugreis per auto en lijndienstbus wanneer beide wandelingen te voet worden gecombineerd (dan 5, resp. 4 uur).
Start: aan de oostelijke rand van Lajares, de bus (lijn 7) stopt bij het voetbalveld ter hoogte van de afslag naar Majanicho.
Cueva del Llano: Villaverde, tel. 928 17 59 28, www.artesaniaymuseosdefuerteventura.org; bij sluiten van de redactie tijdelijk gesloten.

De van het zuidwesten naar het noordoosten lopende vulkaanketen tussen Lajares en Corralejo ontstond rond 8000 jaar geleden, toen zich hier langs een wigvormige scheur in de aardkorst de meest recente vulkaanuitbarstingen van Fuerteventura voordeden. Hierdoor werd de kustlijn een stuk naar het noorden opgeschoven. Er ontstond zo'n 100 km² nieuw land. Lavastromen lieten na afkoeling een onvruchtbaar sintelveld (*malpaís*) achter, dat tot op de dag van vandaag nauwelijks verweerd is. Enkel korstmossen bedekken het kale oppervlak. Onder de talrijke soorten is het grof korrelloof (*Stereocaulon vesuvianum*), dat grijze korsten vormt, zeer goed vertegenwoordigd. Bijzonder attractief is het feloranjegekleurde groot dooiermos (*Xanthoria parietina*). Onder de lavastromen liggen smalle vulkanische tunnels verborgen. Een daarvan, de Cueva del Llano, is door de eilandregering opengesteld voor bezoekers.

De gekleurde berg

De **eerste korte wandeling** start op de weg Lajares-Majanicho na 700 m, bij het laatste huis, waar rechtsaf de Calle Los Cascajos begint (kleine parkeerhaven). De brede, door stenen omzoomde, in het midden geplaveide en met SL FV 2 bewegwijzerde wandelroute leidt in noordoostelijke richting naar de **Montaña Colorada** (244 m). De vulkaan dankt zijn naam ('gekleurde berg') aan het rood- en geelgekleurde gesteente.

De route gaat rechts langs de zuidelijke flank van de Montaña Colorada. Zo ongeveer hier moet tot ca. 8000 jaar geleden nog de zeekust hebben gelegen. Op de flanken van de berg werd vroeger *picón* gedolven, een roodachtig lavagranulaat, dat als watervasthoudend materiaal in de droge landbouw (*enarenado*) werd toegepast. In het noorden van Fuerteventura werd ten tijde van Franco in de jaren vijftig het verbouwen van sisalagave gepropageerd, om de daaruit gewonnen natuurvezels te exporteren. Al snel bleek echter dat het klimaat ongeschikt was voor zowel de agave als voor de op het buureiland Lanzarote wijd verbreide enarenadomethode. Bovendien zorgde de concurrentie van synthetische vezels op de wereldmarkt al snel voor het einde van de agaveteelt.

Voorbeeldige vulkaan

De wandeling gaat verder over de hellingen van de **Calderón Hondo** (278 m). Het brede pad beschrijft een cirkel (30 min.), loopt daarna nog een korte afstand door en gaat dan over in een smaller geplaveid voetpad. Dit passeert een gat in een halfvervallen begrenzingsmuur en leidt dan naar een met stenen bezaaid plateau. Ongeveer 100 m voorbij het gat markeert een steenpiramide een splitsing. Het linkerpad voert omhoog naar de kraterrand van de Calderón Hondo; de twee kort daarop volgende geplaveide paden naar rechts worden genegeerd.

Na de korte klim biedt een kloek aangelegde **Mirador** (45 min.) een blik in de 70 m diepe vulkankrater, die buitengewoon gelijkmatig gevormd is. Onder het uitkijkplatform groeien vijgencactussen (opuntia). Ze herinneren aan een periode van economische welvaart op de Canarische Eilanden, toen in de 19e eeuw op deze uit Amerika geïmporteerde planten de cochenille-schildluizen werden gekweekt. Deze leverden een felbegeerde natuurlijke rode kleurstof.

Op de weg omlaag kan een gerestaureerde **hershut** worden bezichtigd (tweede pad linksaf, het van bovenaf gezien eerste pad daalt af naar de aangrenzende *malpaís* en eindigt daar na tien minuten). De uit lavasteen en zonder cement gestapelde muren met het platte dak van stro en leem doen denken aan oud-Canarische huizen. In de ervoor gelegen kraal werd het vee ingesloten voor de nacht en naast het huis staat een typische eivormige bakoven.

Over de reeds bekende route gaat het weer terug naar het startpunt. Wie geen terreinauto heeft gehuurd, wandelt slechts tot aan de steenpiramide terug en houdt daar links aan. Bij de onverharde weg linksaf, naar de Bayuyo. Deze wordt – vanaf het startpunt af gerekend – na ruim twee uur bereikt. Daar heeft men aansluiting op de tweede korte wandeling.

Prachtig uitzicht van de Bayuyo

De **tweede korte wandeling** gaat de berg **Bayuyo** (271 m) op. Deze verheft zich ten westen van Corralejo en is alleen over een onverharde weg te bereiken. De afslag vanaf Corralejo is vanwege omvangrijke bouwwerkzaamheden aan de rand van de plaats noch landschappelijk aantrekkelijk, noch gemakkelijk te vinden. Daarom verdient een rit per terreinwagen vanaf de FV-109 Corralejo-Lajares de voorkeur. Bij Km 2 is daar een afslag van een brede, goede onverharde weg naar het noorden – hier de kilometerteller op nul zetten! Deze weg splitst zich na 3 km, hier links aanhouden en dan rechtdoor. Men rijdt nu over een bergplateau. De zandweg gaat vervolgens licht afdalend

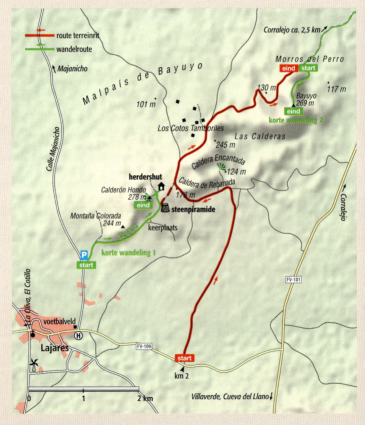

over de noordelijke flank van enkele vulkanische heuvels. Over de volgende helling lopen de perceelmuurtjes van leisteen die ooit de weidegebieden van elkaar scheidden. Onderaan links staan de hutten van een klein herdersgehucht (toegang verboden).

Het begin van de hoefijzervormige krater Bayuyo is een fotostop waard. De weg voert dwars door de ondiepe krater. Na de doorsteek markeert in een bocht naar links (8,6 km vanaf de FV-109) een steenhoop aan de rechterkant het pad omhoog de Bayuyo op. Steil en over wat nauwelijks een pad genoemd mag worden, gaat het omhoog de steile helling op (20-30 min.) naar de **top**. Deze verheven locatie biedt een panoramisch uitzicht over het noorden van het eiland met Corralejo en het aangrenzende duinenlandschap, evenals over de naburige eilanden Lanzarote en Lobos. Vervolgens daalt men weer af naar de onverharde weg en rijdt met de terreinwagen terug naar de FV-109.

Variant: wie de auto aan het startpunt van deze ontdekkingstocht heeft geparkeerd, loopt daar naartoe terug (heen en terug in totaal ca. 5 uur). Wie daarentegen met de lijndienstbus is gekomen, wandelt van de Bayuyo over de onverharde weg in noordoostelijke richting verder naar Corralejo (totale wandeltijd vanaf het startpunt ca. 4 uur).

Mysterie van een grot (▶ G 2)

Over de FV-109 gaat het verder in oostelijke richting naar de FV-101 en vervolgens hierop verder in zuidelijke richting tot aan de noordelijke rand van Villaverde. Tussen Km 5 en Km 6 staan borden naar de **Cueva del Llano** (bij de afslag is ook een bushalte, vanaf Corralejo lijn 7 en 8). De tunnelvormige vulkaangrot ontstond ongeveer een miljoen jaar geleden onder een lavastroom, waarvan het oppervlak al was afgekoeld, terwijl het nog hete, vloeibare gesteente eronder door bleef stromen en tunnels achterliet. De buis wordt door een *jameo* (schoorsteen), een instortingsgat, in tweeën gedeeld. Het noordelijke gedeelte kan over een lengte van ongeveer 300 m worden verkend. De toegankelijke grot is in totaal ongeveer 650 m lang, echter het noordelijke gedeelte staat vanwege zijn interessante, in totale duisternis levende fauna onder bescherming. Zoölogen vonden hier een zeer bijzondere insecten- en spinnenfauna. Een spinachtige mijt schijnt zelfs uitsluitend in de Cueva del Llano voor te komen, omdat alleen hier de voor hen geschikte omstandigheden heersen. Ook fossielen van inmiddels uitgestorven dieren uit nattere klimaatperioden verzamelden zich in grote aantallen in de grot.

Omdat de vulkaantunnel niet verlicht of anderszins aangepast werd, is de bezichtiging ondanks de vlakke bodem en voldoende (sta)hoogte vrij avontuurlijk. Met de helm en hoofdlamp, die iedere bezoeker ontvangt, kan men zich als een echte grotonderzoeker voelen.

Het in de typische stijl van het eiland gebouwde bezoekerscentrum (*centro de interpretación*) bevindt zich boven de grotingang. Hier is een interessante tentoonstelling over vulkanisme (met goede brochure) te bezichtigen. In de bijbehorende cafeteria wordt een klein, maar fijn assortiment van 'grotsouvenirs' verkocht (bijv. T-shirts en bijzondere zilveren sieraden), een blijvende herinnering aan dit bezoek aan een buitengewone grot.

In de Northshore Shop in Lajares vinden surfers hun trendy uitrusting

beste en meest elegante op Fuerteventura, onder leiding van Rainer Feuchter. Op de korte, maar pretentieuze menukaart staat vers gevangen vis uit El Cotillo. Aanbevolen vleesgerechten zijn, bijvoorbeeld, lamsfilet met rozemarijnsaus of parelhoenfilet met groente. Zeer attente bediening. Reserveren!

Winkelen

Profiboards – **Witchcraft Hardware Store:** Calle Coronel González del Hierro 82, tel. 928 86 15 86, www.witchcraft.nu. Goed gesorteerde surfshop, populair zijn vooral de T-shirts met het Witchcraft-logo. De Nederlandse eigenaar Bouke Becker woont en surft sinds 1993 op Fuerteventura. Op bestelling vervaardigt hij op maat gemaakte boards, dit duurt echter een paar weken tot maanden.

Surfidool – **Northshore Shop & Factory:** Calle Coronel González del Hierro (tegenover voetbalveld), tel. 928 86 83 21, www.northshore-fuerte.com, ma.-za. 11-13, 17.30-19.30 uur, in juli/aug. soms langer. Ex-worldcup-prof Jürgen Hönscheid produceert in zijn werkplaats superlichte surfboards, verhuurt materiaal en verkoopt toebehoren van trendy merken en accessoires van eigen huismerk.

Actief & creatief

Gastronomische kookcursus – **El Patio de Lajares:** zie blz. 109. Rainer Feuchter leidt in zijn restaurant elke zaterdag kooklessen voor belangstellenden. Vanaf 4 pers., € 200 p.p. (incl. maaltijd en drankjes).

Uitgaan

Cool – **U-Turn Bar:** Calle Coronel González del Hierro 82, ma.-za. 18-2 uur. Surfbar met terras voor zwoele avonden, zeer authentiek interieur. Fingerfood verschaft de nodige bodem voor een of meerdere biertjes uit het verbazingwekkende aanbod aan merken. Nieuwste internetverbinding, ook wifi.

Info

Bussen: Lijn 7 El Cotillo – Corralejo – La Oliva – Puerto del Rosario ma.-za. 3 maal daags, lijn 8 El Cotillo – La Oliva – Corralejo dag. ca. elk uur. Bushalte bij het belangrijkste kruispunt in het centrum (lijn 7, 8) en bij het voetbalveld aan de oostelijke uitvalsweg (lijn 7).

Majanicho ▶ G 1

Een brede secundaire weg leidt van Lajares, van de afslag bij het voetbalveld van de FV-109, door onherbergzame sintelvelden naar de kleine weekendnederzetting Majanicho aan de winderige noordkust. De plaatselijke bevolking heeft daar zijn *casitas* gebouwd, zoals zij hun kleurrijke, zelf inelkaar getimmerde vakantiehuisjes noemen. Buiten het seizoen is er weinig te beleven. Dit zou in de toekomst echter kunnen veranderen. De eerste vakantiehuizen van een nieuwe nederzetting in het achterland zijn reeds klaar.

Hobbelige zandpaden voeren langs beide zijden van de kust. In oostelijke richting is het 8 km tot aan Corralejo, die per jeep of mountainbike kunnen worden afgelegd (te voet ca. 2 uur). Het 10 km lange traject in westelijke richting naar de Faro de El Tostón is landschappelijk aantrekkelijker. Het zal echter voor motorvoertuigen worden afgesloten. Wandelaars lopen in ca. 3,5 uur van Majanicho via de vuurtoren naar El Cotillo. Onderweg kan men de *caletas* bezoeken, kleine baaien, die bij eb van de zee worden afgesneden. Vroeger bedreven de Majoreros hier een bijzondere aard van visvangst (*barbasco* of *embroscado*). Ze verdoofden de ingesloten vissen met giftig, met water verdund wolfsmelksap. Zo konden zij de dieren gemakkelijk met de hand vangen (zie blz. 276).

Zon, zee & strand

De **Playa de Majanicho** is een heel ruim, maar ondiep natuurlijk zwembad in een kleine, door lavastromen omlijste baai. Bij eb wordt de aan de noordkust meestal vrij hoge golfslag gebroken door een rif aan de ingang van de baai. Daardoor kan men in het natuurlijke zwembad vrij risicoloos zwemmen, ook voor kinderen. Levensgevaarlijk wordt het er daarentegen bij vloed, wanneer de branding het waterbassin binnendringt. De aangrenzende rotskust wordt onderbroken door een paar kleine, lichte zandvlakten, die weliswaar niet geschikt zijn om te zwemmen, maar wel om er te zonnebaden. Men kan hier goed pootjebaden. Ook golfsurfers bezoeken deze plek graag.

El Cotillo ▶ F 2

Tussen Lajares en El Cotillo doet het landschap wat levendiger aan. Rondom de gehuchten en boerderijen zijn kleine velden aangelegd en er grazen geiten. Zelfstandig reizende bezoekers vinden in El Cotillo (1100 inw.) wat zij in de grote toeristencentra vaak missen: rust, authenticiteit en contact met de lokale bevolking. Aldus is het vissersplaatsje – zij het op bescheiden schaal – uitgegroeid tot een ontmoetingsplaats voor surfers, reizigers en vakantiegangers die iets anders willen. Er is een aantal comfortabele, via agentschappen te boeken accommodaties en verhuur van surfboards en fietsen.

Bezienswaardigheden

Torre de El Tostón

Paseo de Rico Roque, ma.-za. 9-19, zo. 9-15 uur, entree € 1,50

De ronde verdedigingstoren verheft zich achter de (moderne) haven. De Normandische veroveraars onder Jean de Béthencourt hadden hier reeds in de 15e eeuw een eerste fort gebouwd, het Castillo de Rico Roque. Op de ruïnes daarvan werd in 1740 de huidige Torre de El Tostón gebouwd, na een landingspoging door Engelse kapers.

De toren was bedoeld als voorzorgsmaatregel tegen verdere aanvallen, hoewel de haven van El Cotillo – die toentertijd Puerto del Tostón heette – door de ervoor gelegen rotsklippen moeilijk toegankelijk was voor plaatselijk onbekenden en daarmee tamelijk veilig voor piratenovervallen. Puerto del Tostón was voor het hele eiland belangrijk als een van de drie havens die officieel goederen mochten exporteren. In de 19e eeuw ontstonden rondom de haven meerdere ovens, waarin kalk werd gebrand voor de export. De ruïnes staan er nog steeds. Toen in de loop van de 19e eeuw de im- en exportactiviteiten zich naar Puerto de Cabras (het huidige Puerto del Rosario) verplaatsten, vertrokken de meeste bewoners. Slechts enkele vissersfamilies bleven destijds in El Cotillo achter.

Vandaag de dag herbergt de Torre de El Tostón niet alleen het toeristisch informatiecentrum, maar dient het – onder de gewelven, waar vroeger het buskruit voor de drie gietijzeren kanonnen van het fort lag opgeslagen – ook als platform voor tentoonstellingen van de jonge kunstenaars van Fuerteventura. Bij het kozijn van het enige, kleine raampje valt de enorme dikte van de torenmuur op.

Het platform bovenop de toren biedt een fraai uitzicht over de Playa del Castillo. Trappen leiden daar naar de lier voor de ophaalbrug en omlaag naar een mezekouw, een uitbouw vanwaar men in het geval van uiterste dreiging hete pek kon uitgieten over aanvallers die poogden de vesting te veroveren. Uiteindelijk hoefden de twaalf man, waarmee de toren voortdurend was bezet, nooit echt in actie te komen.

Museo de la Pesca Tradicional ✹

Faro de El Tostón, tel. 928 85 89 98, www.artesaniaymuseosdefuerteventura.org, di.-za. 10-18 uur, 25. dec. en 1. jan. gesl., € 3

El Cotillo

De vuurtoren van El Cotillo wijst de schepen de weg rond de noordpunt van het eiland

Even buiten El Cotillo staat de **Faro de El Tostón** (▶ F 1). De in 1986 gebouwde, automatisch werkende vuurtoren wijst schepen de weg rond de noordwestelijke punt van het eiland en door de zeestraat tussen Fuerteventura en Lanzarote. Het voormalige huis van de vuurtorenwachter naast de kleinere voorganger van de toren huisvest tegenwoordig een museum voor traditionele visserij. Het is gewijd aan de tot op de dag van vandaag in gebruik zijnde ambachtelijke visvangstmethode op Fuerteventura. Een ander thema is het harde leven van de vissers in het verleden, die vaak reeds als kind in deze weinig winstgevende bezigheid werden ingewijd. Van seizoen tot seizoen leefden zij met hun gezinnen in verschillende havenplaatsen; telkens daar waar op dat moment de omstandigheden het beste waren voor de visvangst. 's Winters, wanneer de binnenlandse vangst niet voldoende was, moesten zij op de grotere trawlers aanmonsteren die voor de Afrikaanse kust visten. Een uitgebreide brochure (Engels of Duits, bij de toegangsprijs inbegrepen) geeft informatie over de tentoongestelde voorwerpen en panelen. De beklimming van de oude vuurtoren, die een prachtig uitzicht op de omgeving biedt, mag men niet missen. In de cafeteria naast de entree serveert de museumbeheerder koffie en koude dranken. Daar kan men ook T-shirts en petjes met het museumlogo aanschaffen.

Natuurleerpad

Vanaf de vuurtoren, 800 m lang, meertalige infopanelen

Op vijf plaatsen langs dit natuurleerpad worden onderwerpen uit de omgeving toegelicht, zoals hoe het lichte zand in de Caletillas is ontstaan. Daarnaast is er informatie over de geologie van de kustlijn, fossiele vondsten, de flora en fauna, strandjutten en het verzamelen van zeevruchten – van oudsher een bezigheid in het noorden van het eiland. De rondwandeling gaat langs twee prachtige stranden en het enorme waterreservoir bij de vuurtoren.

Zon, zee & strand

De golfsurfersscene is vanwege de 6 m hoge golven regelmatig te vinden aan de **Playa del Castillo**, ten zuiden van het dorp. Het 1 km lange zandstrand is volledig natuurlijk gebleven. Om te zwemmen is dit strand alleen geschikt bij kalme zee. Dit wordt echter gecompenseerd door de kleine, blondzandige baaien aan de Costa del Faro ten noorden van El Cotillo.

Deze **Caletillas** (▶ F 1) worden van elkaar gescheiden door vlakke, donkere lavatongen. Daarbinnen is men relatief veilig voor de branding, zolang men niet te ver de zee in zwemt of de wind niet direct uit het westen waait. In de nabijheid van het dorp vallen deze baaien onder de Playa de La Concha en de Playa de Los Lagos, met daarachter gelegen appartementencomplexen. Verder noordwaarts, rond de vuurtoren Faro de El Tostón, zijn de Caletillas nog volledig ongerept.

Overnachten

De zon in de zee zien zakken – **Cotillo Sunset:** Av. de los Lagos, tel. 928 17 50 65, www.cotillosunset.com, studio voor 2 pers. € 55-65. Goed onderhouden appartementencomplex pal aan het strand bij de Caletillas. Zonneterras met zwembad, kinderbad en jacuzzi. Wooneenheden voor maximaal drie volwassenen of twee volwassenen en twee kinderen. Het fraaiste, maar ook iets duurder zijn de studio's met uitzicht op zee.

Onafhankelijke vakantie – **Cotillo Lagos:** Av. de los Lagos 30, tel. 667 58 82 88, www.cotillolagos.es, studio voor 2 pers. vanaf € 45. In het uitgestrekte complex worden 54 studio's en 4 appartementen (voor 5-6 pers.) verhuurd. De overige wooneenheden zijn particulier eigendom.

Ideaal aan het strand – **Maravilla:** Av. de los Lagos, tel. 609 54 54 26, fax 928 17 51 61, www.maravilla.at, studio voor 2 pers. vanaf € 35, appartement voor 4 pers. vanaf € 50, rijtjeshuis € 70-80. Gelegen aan de Caletillas, met strandbaai voor de deur, 16 goed uitgeruste wooneenheden.

Eten & drinken

A la française – **La Vaca Azul:** Calle Requena 9, tel. 928 53 86 85, dag. 11-23 uur, hoofdgerecht € 10-15. Aan een kleine promenade bij de Puerto Antiguo, met tafeltjes naast het gebouw en op het dakterras, alle met mooi uitzicht. In de keuken staat een professionele Franse chef-kok, die kwaliteit met een Canarisch tintje garandeert. Absoluut het proberen waard: vistartaar Vaca Azul, zeevruchtenspies en geitenstoofpot. Bouillabaisse alleen bij bestelling vooraf (vanaf 2 pers.). Selectie van vegetarische gerechten, kindermenu.

Maritim – **El Roque de Los Pescadores:** Calle Caleta 2/Calle Mallorquín, tel. 928 53 87 13, dag. 11-23 uur, hoofdgerecht vanaf € 6, paella met vis en zeevruchten voor 2 pers. € 16. Exquise visgerechten tegen een betaalbare prijs. Verse vis van de kuststreek komt uit de oven of wordt zachtjes op de huid (*espalda*) gegrild. Luis Reyes González weet hoe hij een familiale sfeer creëert en laat zijn gasten voldaan naar huis gaan. Terras met uitzicht op de visserspier.

Winkelen

Milieubewust – **Clean Ocean Project:** Calle del Muelle de Pescadores (bij de Puerto Antiguo). Kleding en accessoires, van uitsluitend natuurlijke materialen. Filiaal in Corralejo (zie blz. 100).

Actief

Surfen en yoga – **Rootstyle Camp:** Calle Hermanas del Castillo 4, tel. 608 28 64 49, www.rootstylecamp.com. Golfsurfen in Hawaï-stijl voor volwassenen, afhankelijk van de weersomstandigheden worden de beste surfspots uitgekozen. Te combineren met yogalessen door ervaren docenten. Met accommodatie in het FreshSurf-huis (incl. ontbijt, ook vegetarisch), bijvoorbeeld een week voor een persoon € 525. Ook mogelijk zonder accommodatie of met bemiddeling van appartementen/vakantiehuisjes. Men kan op elk moment starten met een cursus.

Paardrijtochten – **Granja Tara:** El Roque, tel. 607 55 26 61, www.reitstall-fuerteventura.de. Een Duitstalige manege die wordt beheerd door de vereniging voor noodlijdende paarden op Fuerteventura. Buitenritten voeren door het ruige landschap van het noorden en over de spaarzame bergen. Om de natuur zo weinig mogelijk te belasten gaan de ritten niet dwars door het veld, maar over geitenpaden en zandsporen.

Info & festiviteiten

Oficina de Turismo

In de **Torre de El Tostón**, ma.-za. 9-19, zo. 9-15 uur. Schriftelijke en telefonische (aan)vragen worden behandeld door het verkeersbureau in Corralejo (zie blz. 103).

Festiviteiten

Fuerteventura en Música: Tijdens een weekend in begin juli vindt het Festival voor Kunst, Natuur en Interculturele Verstandhoudingen aan de Playa de La Concha plaats. Er nemen muzikanten van de Canarische Eilanden, uit Afrika en Latijns-Amerika aan deel. Info op www.fuerteventuraenmusica.com.

Fiesta de Nuestra Señora del Buen Viaje: Havenfestival in de derde week van aug. Sinds onheuglijke tijden blijven de boten tijdens deze dagen in de haven en lopen ze alleen uit voor de bootprocessie ter ere van de plaatselijke patroonheilige (meestal 22 aug.). Om de twee jaar komt San Martín de Porres, de patroonheilige van het naburige dorp El Roque, 'op bezoek'. Een ander hoogtepunt van het festival is het uitwerpen van een enorm sleepnet, waaraan alle vissers van het dorp meedoen. De vangst wordt vervolgens op straat gegrild en gezamenlijk opgegeten. Daarbij vloeit de *sangría* rijkelijk in een volksfeestachtige sfeer en de jongeren hebben veel lol met elkaar in het water van de haven te duwen.

Vervoer

Bussen: Lijn 7 rijdt 3 maal daags via Corralejo/La Oliva naar Puerto del Rosario. Corralejo is ook ▷ blz. 122

Favoriet

Puerto Antiguo – onvervalste havencharme

Chillen tot zonsondergang is in de cafés en visrestaurants aan de oude haven van El Cotillo verplichte kost. In de idyllische vissershaven waait meer dan een vleugje vissersromantiek. De branding slaat donderend tegen de beschermende rotsen bij de haveningang en een zilte geur hangt in de lucht. Ondanks dat de grotere kotters allang de moderne haven in het zuiden binnenlopen, gebruikt nog een aantal vissers, die in de kronkelende straatjes van het oude dorp wonen, het kiezelstrand van de Puerto Antiguo om hun kleine boten aan land te trekken. Volg in El Cotillo de borden naar het 'Centro Urbano'.

bereikbaar met lijn 8 via La Oliva (dag. ca. elk uur). De haltes bevinden zich onder meer bij de uitvalsweg richting Lajares bij het voetbalveld en in de Calle de la Iglesia (aan de noordelijke rand van het centrum, bij de hotels).

Villaverde ▶ G 2

Over de goed aangelegde FV-101 is Villaverde (1700 inw.) zowel vanuit Corralejo als uit zuidelijke richting vlot te bereiken. Het is dan ook een populaire bestemming voor een uitstapje, met restaurants en bezienswaardigheden zoals de **Cueva del Llano** (zie Op ontdekkingsreis blz. 113). De verspreid liggende nederzetting heeft een aardige, door acacia's van schaduw voorziene plaza bij de kerk. Vanaf de langgerekte bergkam ten noordwesten van Villaverde verwelkomen twee prachtige, gerestaureerde windmolens de bezoeker. Veel van de nieuwe inwoners renoveerden oude boerenhuisjes en pendelen nu naar hun werk in het naburige Corralejo.

La Rosita
Ctra. FV-101 richting Corralejo, Km 6/7, tel. 928 17 53 25, ma.-za. 10-18 uur, volw. € 5,50, kind € 2,75

Een liefdevol gerestaureerde boerderij met dieren, voormalige tabaksvelden en de *jardín canario*, een tuin vol inheemse planten. Een windmolen voor het oppompen van grondwater, een deel met een berg stro en een oude waterput behoren ook tot deze typische finca. Het gebouw is ingericht als een particulier heemkundig museum, met landbouwwerktuigen, historische foto's en documenten.

Museo Rosalinda
Calle La Garepa 8, volw. € 4, kind gratis

In een gerestaureerde finca toont Jean Max Helson archeologische vondsten en etnische kunst uit Zuid-Amerika en Afrika. De hoogleraar natuurkunde verzamelde zijn collectie op tal van reizen en vervaardigde zelf prachtige tekeningen van mensen in kleurrijke kostuums. Met cactustuin en winkel. De eigenaar is niet altijd aanwezig.

Tip

Super-tapas

De tapas van de **Bar Gastronómico Casa Marcos** werden meermaals met een prijs bekroond. De eigenaar, Señor Marcos, hecht veel waarde aan het behoud van de eilandtradities, zonder daarbij af te zien van nieuwe mogelijkheden. In een fraai ingerichte, met kunstvoorwerpen en oude werktuigen gedecoreerde boerderij aan de noordelijke rand van Villaverde wordt een feestmaal geserveerd. Of het nu om carpaccio van kreeft, gemarineerde zalm of glasaal op maïstoast gaat: de meeste ingrediënten komen uit het water en de creaties smaken alijd naar meer. Probeer ook eens een vegetarisch gerecht, zoals de bijzonder fijn samengestelde gemengde salade of de gebakken courgette met geitenkaas en honing. Het mooiste zit men op het riante terras, waar 's zomers vaak Cubaanse muzikanten spelen. Met een eigen, kleine delicatesenzaak. Ctra. General 94 (noordelijk rand), tel. 928 86 82 85, wo.-ma. 13-23.30 uur, tapas vanaf € 4, menu met drankjes ca. € 20.

Overnachten

Plattelandscomfort – **Mahoh:** Sítio de Juan Bello (bij zuidelijke invalsweg), tel. 928 86 80 50, fax 928 86 86 12, www.mahoh.com, 2 pk € 50-70. Tot klein landelijk hotel omgebouwde 19e eeuwse boerderij. Individueel ingerichte kamers met natuurstenen wanden. Klein zwembad, tennisbaan en paardrijmogelijkheden; op verzoek worden rijtoeren met een koets gemaakt. Ook het bijbehorende restaurant heeft een goede reputatie (do.-di. 13-24 uur, halfpension € 13 €, kind € 7).
Voor wandelaars – **Villa Volcana:** Calle la Berlina 11, tel. 928 86 86 90, www.living-atlantis.com, studio voor 1-2 pers. ca. € 40. Drie appartementen zijn gelegen op de helling van de vulkaan La Arena en bieden een geweldig uitzicht over de stad. Ook aanbod van begeleide wandelingen op Fuerteventura (zie blz. 32). Gedetailleerde routebeschrijving naar het huis is te vinden op de website.

Eten & drinken

Boerensmikkelpartij – **El Horno:** Calle del Centro 44 (noordelijke rand), tel. 928 86 86 71, di.-za. 12.30-23, zo. 12.30-17 uur, hoofdgerecht vanaf € 7. Het restaurant kenmerkt zich door zijn rustieke sfeer en zijn keuken wordt door de plaatselijke bevolking zeer gewaardeerd. Secialiteiten van het huis zijn speenvarken en geit, die de door gastheer Marcos persoonijk uit de oven (*horno*) worden getoverd.
Farmers grill – **El Rancho:** Ctra. General 40 (zuidelijke rand), tel. 928 86 85 18, do.-di. 12-24 uur, hoofdgerecht vanaf € 7. Gemoedelijk steakhouse onder leiding van Señor Agapito, die lang in Canada heeft gewoond.

Info

Bussen: Lijn 7 Puerto del Rosario – Corralejo – El Cotillo rijdt 3 maal daags., lijn 8 Corralejo – El Cotillo dag. ongeveer elk uur.

La Oliva ▶ G 2/3

Het historisch interessante kleine stadje La Oliva (1300 inw.) is bijna vergroeid met Villaverde. Het dankt zijn naam waarschijnlijk aan de olijfgaarden, die zich ooit rondom de plaats uitstrekten. Tegenwoordig zijn er nog een paar tomatenplantages, maar verder is er nauwelijks landbouw. La Oliva leeft van belastinggeld van het toeristische centrum Corralejo, dat van hieruit wordt bestuurd.

De welvaart manifesteert zich in deze plaats in de vorm van een modern stadhuis, royale palmen- en acacialanen en een groot zoetwaterzwembad. Ondanks verscheidene hoogwaardige bezienswaardigheden is het in het centrum van La Oliva verrassend rustig, leuke winkeltjes of restaurants zijn er nauwelijks.

Iglesia Nuestra Señora de Candelaria

Plaza de la Candelaria, alleen tijdens de mis wo. 18 en zo. 12.30 uur
De parochiekerk overheerst het centrum van La Oliva. Naast de Iglesia Santa María in Betancuria is het de enige driebeukige kerk van Fuerteventura, een verwijzing naar de vroegere betekenis van de stad. Tenslotte was La Oliva ongeveer 150 jaar lang (1708-1859) de zetel van het militaire regiment van het eiland en daarmee was het in feite de hoofdstad.

De bouwtijd van de parochiekerk is onduidelijk. Het hoofdportaal in renaissancestijl ontstond in ieder geval reeds in de late 17e eeuw. Het donkere natuursteen contrasteert met zijn witte, driedelige voorgevel. De vestingachtige klokkentoren doet denken aan Andalusische voorbeelden. Bovenin stond tot ver in de 18e eeuw voortdurend een wachter op de uitkijk. In het geval van een aanval door piraten of corsaren kon de bevolking zich dan bijtijds in de toren verschansen.

Museo del Grano La Cilla

Calle La Orilla s/n (FV-10 richting El Cotillo), tel. 928 86 87 29, www.artesaniaymuseosdefuerteventura.org, di. 10-18, wo.-za. 10-15 uur, zo.-ma. gesl.

In de gerestaureerde Casa de La Cilla (tiendschuur) uit 1819 is tegenwoordig het graanmuseum ondergebracht. De graanopslag diende oorspronkelijk als opslag voor de tiende, die de vrije boeren van hun opbrengsten moesten afstaan als belasting aan de kerk, de edelen en andere begunstigden. Oorspronkelijk stond in iedere Spaanse stad een *cilla* (lett. silo), normaliter altijd aan de noordelijke uitvalsweg. Voor de ontvangst, opslag en distributie van de afgedragen goederen was de *cillero* verantwoordelijk die in dienst was van de stad en indien noodzakelijk ook herendiensten regelde. In het bijna raamloze magazijn bleef het het hele jaar door koel. Het heeft slechts kleine, door luifels voor de zonnestralen beschermde openingen die ter ventilatie dienden. Pas in de laatste jaren voor de afschaffing van de tiende, tijdens de liberalisering van Spanje (vanaf 1835), verloor de Casa de la Cilla haar functie. Het werd toen gebruikelijk om met geld te betalen in plaats van in natura.

Het museum richt zich op de verschillende graansoorten en de verbouw en het gebruik daarvan. Ook toont het aan de hand van historische foto's en originele gereedschappen de vroegere werkzaamheden op het land. Het laat zien hoe de boeren met behulp van kamelen hun akkers omploegden of hoe ze het graan dorsten op de deel. Tot aan het begin van de toeristische expansie in de jaren zeventig van de vorige eeuw werd op Fuerteventura landbouw bedreven zoals in dit museum wordt getoond.

Casa del Capellán

Calle Juan Cabrera Méndez s/n (aan de zuidelijke rand, schuin tegenover de Casa de los Coroneles, achter een nieuw gebouw met huisnummer 4)

Traditioneel wordt in de stad van het 'Huis van de Kapelaan' gesproken, het is echter niet zeker of hier ooit een kapelaan heeft gewoond. Eveneens onbekend is het bouwjaar, maar naar verwachting is de Casa zeker ouder dan 200 jaar. Bijzonder beeldhouwerk siert de deur aan de zuidelijke zijde, die hierdoor als een portaal aandoet, en aan oostelijke zijde het venster. De motieven zijn voornamelijk ontleend aan de plantenwereld. Net als bij de parochiekerk van Pájara (zie blz. 197) lijken indiaanse voorbeelden hiervoor model te hebben gestaan. Behalve deze twee gebouwen is er niets vergelijkbaars op Fuerteventura.

Casa de los Coroneles

Calle Los Coroneles s/n, aan de zuidoostelijke rand (aangegeven vanaf de parochiekerk), alleen geopend tijdens tentoonstellingen en evenementen (info via tel. 928 86 19 04, www.laoliva.es)

Het enorme herenhuis is het grootste landhuis, niet alleen op Fuerteventura, maar van de hele Canarische Eilanden. Hier resideerden de militaire bevelhebbers van La Oliva. De eerste kolonel (*coronel*) vestigde zich hier in 1708, toen door een nieuwe wet de civiele en militaire macht in Spanje van elkaar

La Oliva

Casas de los Coroneles – het tellen van de vele ramen vereist geduld

gescheiden werden. Voorheen waren beide in handen van de feodale heer in Betancuria. Deze had zich reeds in de 17e eeuw op Tenerife teruggetrokken, waar hij meer naar zijn stand en comfortabeler kon wonen. Na verloop van tijd liet hij steeds meer ook de burgerlijke macht over aan zijn militaire commandant. Aldus werd Fuerteventura al snel feitelijk vanuit La Oliva geregeerd.

Altijd bekleedde een lid van de familie Cabrera Béthencourt het erfelijke ambt van kolonel. Om hun macht niet in gevaar te brengen, trouwden de kolonels ofwel met een nicht of met een adellijke dame die een rijke bruidsschat inbracht. Zo bleef het enorme grootgrondbezit niet alleen binnen de familie, maar groeide het gestaag, om uiteindelijk ongeveer een derde van het eiland te omvatten. Niemand waagde het om zich tegen de beslissingen van de kolonel te verzetten. Achter gesloten deuren werd echter over hem gezegd: 'Na onze Heer Jezus Christus en de Maagd Maria volgt direct de God van Fuerteventura.'

De oorsprong van de Casa de los Coroneles ligt in de 17e eeuw, later werd het huis echter meerdere malen verbouwd en uitgebreid. Haar rechthoekige torens aan de voorgevel worden bekroond door kantelen, een bijzonder voorrecht waarvoor de schriftelijke toestemming van de vorst vereist was. Een natuurstenen portaalwand aan de voorgevel reikt vanaf de bodem tot aan het dak. Boven het portaal prijkt het wapen van de familie Cabrera Béthencourt. Op de begane grond waren de keuken, stallen, schuren en magazijnen gelegen. De eigenlijke leefruimten en de huiskapel bevonden zich op de verdieping. Opvallend zijn de vele ramen aan de buitenzijde en de ruime binnenplaats. Tijdens de Franco-periode werd het landhuis gebruikt door een militaire autoriteit. Destijds beweerden de inwoners van de stad dat de Casa Coroneles voor elke dag van het jaar een venster bezat,

Het noorden

zodat de ambtenaren konden 'uitrusten'. In werkelijkheid zijn er echter geen 365, maar 'slechts' 117 vensters.

Ondanks dat het regiment van La Oliva in 1859 werd opgeheven en de kolonel van zijn bevoegdheden werd ontheven, bleef het herenhuis in het bezit van de familie. Die was op het laatst uitgegroeid tot een gemeenschap van ongeveer driehonderd erfgerechtigden. Na lang getouwtrek verwierf de Canarische regering in 1994 de Casa de los Coroneles en liet het restaureren. Vandaag de dag dient zij het publiek als een cultureel centrum voor wisselende tentoonstellingen en concerten. Als er geen evenement plaatsvindt, blijft de toegangspoort gesloten. Dan kan het gebouw alleen vanaf een zekere afstand worden bekeken.

Casa Mané ✹

Calle Salvador Manrique de Lara (vlak bij Casa de los Coroneles), tel. 928 86 82 33, www.centrodeartecanario.com, ma.-vr. 10-17, za. 10-14 uur, zo. en feestdagen gesl., € 4

In de Casa Mané is het **Centro de Arte Canario** (Canarisch Centrum voor Kunst) gehuisvest. Mecenas Manuel Delgado Camino, door zijn protegés liefdevol Mané genoemd, heeft hier in de jaren negentig een platform gecreëerd voor het werk van Canarische kunstenaars, om deze tot buiten de grenzen van de archipel beroemd te maken. Tegenwoordig leidt zijn dochter het landgoed. In het gerestaureerde 19e-eeuwse herenhuis is een aantal zalen gewijd aan wisseltentoonstellingen.

In de onconventioneel ingerichte tuin staan marmeren cherubijnen tussen de vijgencactussen. De in Elche geboren Albert Agulló (1931) was lid van de gerenommeerde kunstenaarsgroep Grup d'Elx en woonde 28 jaar op de Canarisch Eilanden. Hij 'decoreerde' het parkachtige terrein met 72 metalen geiten met een scherp omlijnd silhouet. Ze zijn allemaal uniek. De opvallende metalen sculptuur in het achterste gedeelte van de tuin stelt 'Majohoré' voor, een legendarische geitenhoeder. In zijn armen houdt hij mobiles vast die draaien in de wind. Een tweede, kleinere sculptuur, de 'Fertilizador de la Tierra' (de vruchtbaarmaker van de aarde), symboliseert het geslachtsorgaan van de Majohoré.

Aan het slot van de bezichtiging is er een bezoek aan het onderaardse gedeelte van het complex. In lange za-

len, die enkel daglicht ontvangen door sleuven in het plafond, is een permanente tentoonstelling ondergebracht. Alberto Manrique de Lara (geb. 1926 in Las Palmas, Gran Canaria) draagt naast surrealistische aquarellen uit zijn vroegere periode ook bij met nieuwer werk met een humoristische inhoud vanuit een filosofische achtergrond. Van Mario Antígono (geb. 1941, eveneens uit Las Palmas, www.marioantigono.com) heeft het centrum een serie stormachtige werken van een grote kleurintensiteit in de collectie. Een andere bekende naam is de uiterst veelzijdige Pepe Dámaso (geb. 1933 in Agaete, Gran Canaria).

Overnachten

Onvervalst – **Casas de Las Portadas y Fimbapaire:** Las Portadas 12, tel. 928 86 80 61, www.acantur.es, huis voor 2 pers. € 55. Vier traditionele stenen huizen, gelegen buiten La Oliva, bieden elk ruimte aan maximaal 3-4 personen. Sinds hun bouw in de 18e eeuw bleven

Cactussen en kunst zijn te zien in de tuin van de Casa Mané

de casas van buiten ongewijzigd. Van binnen bieden ze tegenwoordig een zekere mate van comfort voor een zelfstandige vakantie.

Winkelen

Moderne kunst – **Casa Mané/Centro de Arte Canario:** De winkel van het kunstcentrum (zie blz. 126) is een *must* voor wie een Canarisch schilderij mee naar huis wil nemen. Het exclusieve assortiment omvat alles van dure originelen tot reproducties en van ansichtkaarten tot kunstboeken.

Info

Bussen: Lijn 7 Puerto del Rosario – Corralejo – El Cotillo rijdt 3 maal daags, lijn 8 Corralejo – El Cotillo dag. ongeveer elk uur, halte aan de doorgaande weg FV-101 bij de kerk.
Taxi: Calle Emilio Castellot (tussen kerk en openbaar zwembad), tel. 928 53 74 41.

Parque Holandés ▶ H 3

Verbonden met La Oliva door de schilderachtige, maar weinig gebruikte weg FV-102 ligt het Parque Holandés (1100 inw.) aan de voet van de roodachtige vulkanische berg Montaña Roja (312 m). De meeste automobilisten nemen de plaats slechts vluchtig waar, wanneer zij er op de FV-1 Corralejo-Puerto del Rosario aan voorbijrijden. Parque Holandés werd ooit opgericht onder de naam Puerto de La Oliva, om tot een mondain vakantieoord met jachthaven te worden ontwikkeld. Deze plannen konden echter niet verwezenlijkt worden, misschien omdat de aangrenzende kust te rotsachtig is en de duinenstranden van Corralejo bijna op 10 km afstand liggen. De huidige naam dankt het aan het door een Nederlandse architect ontworpen vakantiewoningencomplex, dat nu de kern van de slaapnederzetting vormt. Inmiddels wonen in Parque Holandés veel lokale ingezetenen, die op en neer pendelen naar hun werk in Puerto del Rosario. Veel huizen zijn in het bezit van Midden- en Noord-Europeanen, die ze particulier verhuren via internet.

Parque Holandés ligt op ongeveer 500 m van de zee. Daar staan aan de pittoreske natuurlijke havenbaai van **El Jablito** een paar weekendhuisjes van inheemse vissers, die hun boten op een klein zandstrand aan land trekken. Dit gedeelte van de kust is echter niet geschikt om te zwemmen.

Horno de Cal ▶ H 3

Ten zuiden van Parque Holandés staat aan de rand van de FV-1, schuin tegenover de oprit naar het flatgebouw La Caleta, de gerestaureerde ruïne van een grote kalkoven (*horno de cal*). In de 19e eeuw werd hier kalk gebrand uit stuifzand, dat bestaat uit gepulveriseerde schelpen van weekdieren en zeeslakken en dat in de omgeving in grote hoeveelheden op oude lavatongen ligt. Vanaf de weg kan men dwars door de velden in vijf minuten naar dit industriële monument wandelen. Traptreden leiden omhoog, het imposante bouwwerk doet, dat aan een getrapte piramide doet denken. Ronduit avontuurlijk is het uitzicht vanaf de top omlaag de schacht in. Aan de voet van de kalkoven gaapt de opening van een tunnel, die de verbinding vormt met de schacht in het binnenste. Hier werd vroeger de brandstof naar binnen geschoven, de oven in.

Overnachten

Pure wellness – **Centro Mirak:** Calle Primero de Mayo 1 (bij de FV-1 aan de invalsweg), tel. 928 17 53 38, www.centro-mirak.com. In de subtropische tuin van het wellnesscentrum staan zeven bungalows met eigen zonneterras, elk € 60 voor 1-2 pers. (geen kinderen). Onbeperkt toegang tot de wellnessfaciliteiten.

Eten & drinken

Plaatstelijk populair – **Don Pepe:** Calle Primero de Mayo 1 (bij de FV-1 aan de invalsweg), tel. 928 17 53 71, do.-di. 10-23 uur, menu € 10. Een echt typisch dagtochtjesrestaurant (te herkennen aan de windmolen), waar de plaatselijke families in het weekend uitgebreid tafelen. De kinderen vermaken zich in het pierenbadje of daarnaast op de minigolfbaan. Grillgerechten vormen de hoofdmoot, vooral lams- en geitenvlees. Ook verkoop van geitenkaas.

Actief

Vakantie voor de ziel – **Inselspirit:** Calle Aloe 2, tel. 928 86 66 46, www.inselspirit.de. Martina Hampel en Antje Dohmeier nemen hun gasten mee op een spirituele reis naar het zelf, waarbij gebruik wordt gemaakt van de energie en rust van geselecteerde locaties op het eiland en van oosterse of kinesiologie genezingswijzen. Het doel is om spanningen en stress te verminderen en een holistisch welbevinden op te bouwen. Wellnessprofessionals en geïnteresseerde leken kunnen trainingen boeken van een week in sjamanistische hotstone-massagetherapie. Het is ook mogelijk om op de finca te wonen: een week alleen logies € 200.

Weldadig – **Centro Mirak:** zie boven, ma.-za. 10-18 uur. In hun wellnesscentrum bekommeren Jenny en John zich om de schoonheid en de gezondheid van hun gasten. Massages (bijv. shiatsu 1 uur € 50), Zeewierbaden, verschillende andere behandelingen en allerlei natuurproducten worden ingezet om dit doel te bereiken. Gasten kunnen ontspannen in de spa met zwembad, jacuzzi, sauna en stoombad (dagkaart € 15). Kinderen onder de 14 jaar worden niet toegelaten.

Info

Bussen: Lijn 6 Puerto del Rosario – Corralejo rijdt elke 30-60 min.

Tindaya ▶ F 3

Een stukje van de FV-10 af, die La Oliva verbindt met Puerto del Rosario, ligt dit weinig spectaculaire boerendorp. Een aantal van de 600 inwoners leeft van de kaasproductie, er is een mooie ermita en er zijn een paar fincas. De Baskische beeldhouwer Eduardo Chillida maakte Tindaya echter tot ver buiten het eiland bekend met zijn ambitieuze project. Door uitholling transformeerde hij de plaatselijke berg, de in het noorden oprijzende **Montaña Tindaya** (397 m), tot een gigantisch kunstwerk (zie blz. 91).

Met zijn okerkleurige trachietgesteente maakt de reeds van verafin het oog springende berg zich los van de donkere omgeving. De oorspronkelijke bewoners beschouwden hem als heilig. Rond de top werden in totaal 290 prehistorische rotstekeningen (petrogliefen) gevonden in de vorm van gestileerde blote voetafdrukken. Enkele hiervan zijn inmiddels verdwenen. Ze worden beschouwd als ▷ blz. 132

Favoriet

Playa de Jarugo – Even ertussenuit ▶ F 3

Heerlijk liggen in de duinen, lekker in het zonnetje, in de verre omtrek geen mens te bekennen – wie droomt daar nu niet van? Op de afgelegen Playa de Jarugo is het mogelijk. Pal ernaast, op de kleine, ontoegankelijke Playa Mujer, raast de branding tegen de rotsen: een uniek schouwspel. Zwemmen is aan dit deel van de kust een onvoorspelbaar avontuur. Maar hoe zit het met een picknick? Alleen in het weekend en tijdens de vakanties leeft de Playa de Jarugo op – een goede gelegenheid voor een ongedwongen ontmoeting met de Majoreros. Vanaf Tindaya bij het transformatorhuisje links omhoog, volgende weg rechts, 7 km over onverharde weg.

Het noorden

een aanwijzing dat de oorspronkelijke Canarische bevolking afstamde van de Berbers. Dit omdat soortgelijke voetvormige rotsgravures – daar vaak met sandalen geschoeid – ook in het Noord-Afrikaanse Atlasgebergte en de aangrenzende Sahara worden gevonden. Nergens komen ze echter in zulke grote aantallen voor als op de Montaña Tindaya. Hun betekenis stelt de archeologen nog steeds voor vele raadselen. Waarschijnlijk hadden de voetafdrukken een magisch-religieus karakter. Waarschijnlijk voerden de oerbewoners op de Montaña Tindaya rituelen uit en brachten ze offers. Ook in de eeuwen na de Conquista was de berg omringd door een bijzonder aura. De bevolking vermeed het om de berg te beklimmen, omdat hij – zoals werd beweerd – door heksen werd bewaakt.

Een bezoekerscentrum met informatie over de prehistorische vindplaats, gelegen aan de voet van de berg, is momenteel in aanbouw.

Beklimming van de Montaña Tindaya

Heen en terug totaal 2 uur, middelzwaar tot uitdagend, ca. 250 hoogtemeters stijgen en dalen, vaste tred en stevig schoeisel vereist; vergunning verplicht

Aangezien zich bij de rotsgravures bij de top gevallen van vandalisme hebben voorgedaan, mag de berg alleen met een schriftelijke vergunning beklommen worden. Deze kan men van tevoren persoonlijk bij de milieu-instantie Consejería de Medio Ambiente (zie blz. 26) verkrijgen. De vergunning wordt over het algemeen zonder veel bureaucratie toegekend. Identiteitskaart of paspoort is vereist.

De beklimming voert over de westflank van de berg. In Tindaya rijdt men op de dorpsstraat in westelijke richting, langs de ermita en vervolgens rechtsaf een bredere weg op tot aan een transformatorhuisje. Enkele meters daarna slaat men rechts af een geasfalteerde weg in (hier een parkeerplaats zoeken, verderop is niet mogelijk). Te voet verder. De weg verlaat het aanvankelijk met grind geplaveide voetpad al na ca. 50 m. Hier controleert een ranger van het milieuagentschap de vergunningen van de wandelaars en wijst hen verder de weg. Als eerste gaat het vervolgens door de velden. Dan begint de eigenlijke, behoorlijk steile klim. Deze gaat praktisch zonder pad over de kale rotsen, maar is met enige voorzichtigheid goed te overwinnen. Het panoramische uitzicht vanaf de top is fantastisch en vergoedt de pittige klim.

De rotsgravures zijn op het eerste gezicht slechts met moeite te herkennen. Het is echter de moeite waard om ernaar op zoek te gaan, bij voorkeur op schuine, reeds sterk verweerde rotsplaten. De tekeningen zijn voornamelijk gericht op het westen en zuidwesten. Misschien hadden de bewoners deze locatie gekozen omdat van hieraf bij gunstige weersomstandigheden de 3718 m hoge top van de Pico del Teide op Tenerife te zien was. Deze berg werd door de oorspronkelijke Canarische bevolking beschouwd als de zetel van de vulkaangod Guayote.

Monumento de Unamuno ▶ F 3

Ten zuiden van Tindaya, aan de voet van de donkere vulkaankegel **Montaña Quemada**, verheft zich, duidelijk zichtbaar, het monument voor de regimekritische Baskische schrijver en filosoof Miguel de Unamuno. Deze bracht in 1924 vier maanden op Fuerteventura door in ballingschap (zie blz. 146). In 1970 creëerde de Canarische beeldhouwer Juan Borges Linares op eigen initiatief dit eenvoudige, uit steen gehouwen beeld van de dichter, wiens blik veraf naar de horizon lijkt te dwalen.

De lage muur achter het monument is met zijn kantelen gemodelleerd naar de voor Fuerteventura karakteristieke omheiningsmuren, zoals men die bij de oudere ermitas aantreft (zie blz. 83). Pas in 1980, dus vijf jaar na het einde van de dictatuur van Franco, was de tijd politiek rijp voor een officiële inhuldiging van het monument. Tegelijkertijd werd Unamuno geëerd in Puerto del Rosario, op Gran Canaria, op Tenerife en in Salamanca, waar hij als hoogleraar aan de universiteit had gewerkt. Het monument is te bereiken via een gravelweg, die parallel loopt aan de FV-10 en niet ver daarvan uitkomt op de zuidelijke invalsweg van Tindaya.

Mirador de Vallebrón ▶ G 3

Een smalle, landschappelijk bijzonder pittoreske weg buigt bij Tindaya van de FV-10 af richting Vallebrón. De route voert over een hoge pas met twee gemetselde platforms met een geweldig uitzicht op de Montaña Tindaya. Vanaf de parkeerplaats zijn deze gemakkelijk in een paar minuten te voet bereikbaar. Vanaf het onderste platform kijkt men in oostelijke richting, over de relatief groene, vruchtbare vallei van Vallebrón met overal verspreid liggende boerderijen.

Wandeling door de Paisaje Protegido de Vallebrón

Heen en terug in totaal 1,5-2 uur
Een stukje verderop na de pas en de mirador, richting Vallebrón, kruist de weg het bewegwijzerde wandelpad PR FV 9, dat in zuidelijke richting dwars door het beschermde natuurgebied Paisaje Protegido de Vallebrón voert, naar de top van de **Montaña de la Muda** (689 m). Deze werd door de oorspronkelijke bewoners als begraafplaats gebruikt. Het panoramische uitzicht is geweldig.

Winkelen

Handgemaakt – **Quesería Hijos de Vera:** Tindaya, aan de zuidelijke invalsweg, ma. 8.30-16.30, di.-za. 8.30-14.30 uur. Kaas van Fuerteventura wordt hier op ambachtelijke wijze geproduceerd en onder het merk 'Queso Tindaya' verkocht.

Info

Bussen: Lijn 7 rijdt ma.-za. 3 maal daags het traject Puerto del Rosario – Corralejo – El Cotillo.

Tefía ▶ F 4

Het rustige boerendorp aan de schilderachtige FV-207, een dwarsverbindingsweg tussen het noorden en het midden van het eiland, heeft nog slechts 250 inwoners. Vruchtbare, doch vrij droge rode aarde kenmerkt het glooiende landschap er rondom. Desondanks is de landbouwproductie in de afgelopen decennia bijna volledig ingeslapen. De plaatselijke ambachtsschool van de eilandregering was verantwoordelijk voor de restauratie van vele historische gebouwen op Fuerteventura. Ook in de verbouwing van een reeds verlaten wijk van Tefía tot het **Ecomuseo La Alcogida** (zie Op ontdekkingsreis blz. 134) had de school een belangrijk aandeel.

Molino de Tefía

Ctra. de Los Molinos (FV-221)
Aan de weg naar Los Molinos staat een gerenoveerde windmolen uit de jaren dertig van de vorige eeuw van het type molino (zie blz. 165) met zes wieken – een uitzondering onder de overige molens op het eiland, die vier wieken hebben. De molen herinnert aan de tijd toen Tefía het ▷ blz. 136

Op ontdekkingsreis

Ecomuseo La Alcogida

Een reeds door de inwoners verlaten gedeelte van het boerendorp Tefía werd weer tot leven gewekt. De bezoekers lopen door huizen met authentieke inrichting, zien hoe ambachtslieden te werk gaan, bekijken traditionele boerderijdieren, slenteren door kleine moestuinen en krijgen zo een indruk van het alledaagse leven in vroeger tijden.

Kaart: ▶ F 4

Duur: ca. 2 uur

Route: over de FV-201, tot aan de zuidelijke dorpsrand van Tefía

Info: Ctra. Tefía s/n, tel. 928 17 54 34, www.artesaniaymuseosdefuerteventura.org, di.-za. 10-18 uur, 25 dec. en 1 jan. gesl., volw. € 5, kind tot 12 jaar gratis

Vroeger stonden de boerderijen aan de zuidelijke rand van Tefía decennialang leeg, totdat zij getrouw naar het origineel werden gerestaureerd aan de hand van ontwerpen van architectuurstudenten van de Universiteit van Las Palmas (Gran Canaria). Sinds een paar jaar zijn ze opengesteld voor bezoekers als een openluchtmuseum. In het eerste huizencomplex zijn de kassa, museumwinkel en de cafeteria ondergebracht. Een plattegrond leidt de bezoekers rond het complex.

Eenvoudig wonen

In de **Casa Señora Herminia y Señor**

Donato vallen de vensterloze en daardoor zeer donkere kamers op. Alleen door de deuren aan de van de wind afgekeerde zuidzijde van het huis komt een beetje licht. De bewoners kunnen niet erg rijk geweest zijn. Te zien zijn een woon- en een slaapkamer en een kleine keuken. De eenvoudige inrichting bestond uit houten boerenmeubelen, de vloer uit aangestampte leem. Het dak werd met riet gedekt.

Aan de andere kant van de straat staat het uit de ruïnes opnieuw opgebouwde natuurstenen huis van **Señor Facundo**. Binnen laat een tentoonstelling zien hoe de verschillende soorten gesteente van het eiland werden gebruikt in de architectuur. Een video geeft informatie over de verschillende typen molens (zie blz. 164), hun bouwwijze en functie. Achter het gebouw zijn de voormalige dorsvloer (*era*) en een typische hooiberg (*pajero*) te bezichtigen.

Paardenkracht om het graan te malen

Het volgende gebouw is een complex met meerdere woon- en slaapkamers, keuken, stallen en een buitenoven, en dat alles gegroepeerd rond een binnenplaats. Deze voormalige grote boerenhoeve, de **Casa Señor Teodosio**, behoorde toe aan een rijke familie, zoals de inrichtig ook toont. Terwijl alle andere gebouwen uit een verdieping bestaan, was de slaapkamer van de heer des huizes als een woonkamer daar bovenop (*sobrado* = dakplateau) geplaatst en aldus beter beschermd tegen ongedierte. Rondom de boerderij wordt de vroegere veehouderij getoond, de dieren staan in hun traditionele stallen en kralen. Zelfs een *tahona*, een door dierkracht aangedreven korenmolen, functioneert nog steeds.

Vlijtige ambachtslieden

In de **Casa de los Herrera** werken vandaag de dag ambachtslieden. Ze houden zich bezig met de traditionele vervaardiging van blikken vaten (*latonería*) en borduurwerk. Ook de werkplaats van een timmerman is te bezichtigen. In de **Casa de los Cabrera** maken pottenbakkers keramiek volgens de opbouwtechniek (zonder draaischijf). Buiten staat de oven, waarin het aardewerk wordt gebakken. Andere ambachtslieden vlechten zakken van palmstro of vervaardigen lompentapijten op het weefgetouw. Een steenhouwer demonstreert de vervaardiging van waterfilterstenen. Deze dienden ooit ter verbetering van de kwaliteit van het vaak bedorven water uit het reservoir en waren onmisbaar voor elk huishouden.

Meer recent werd de **Casa de los Molina** gerestaureerd, een boerderijcomplex in een eenvoudige, maar verfijnde bouwstijl. Het kleine Canarische houten balkon op de *sobrado* is een luxe op het boomloze eiland en verraadt de rijkdom van de voormalige eigenaren. Maar ook zij kampten met waterschaarste: twee in de bodem verzonken reservoirs (*aljibe, coladera*) aan de voorzijde van het huis laten zien hoe zorgvuldig het weinige winterse regenwater voor de lange zomermaanden moest worden opgeslagen.

Het noorden

centrum van een graanteeltgebied was. Een informatiepaneel geeft uitleg over de werking van de molen. Zijn tegenhanger, een eveneens weer prachtig herbouwde windmolen van het type molina, staat aan de FV-207 in het centrum van Tefía. Een smalle en bochtige secundaire weg vormt de verbinding tussen beide molens.

Overnachten

Op de boerderij – **La Cañada:** tel. 650 73 08 89, www.guiarural.com, appartement voor 2 pers. met ontbijt vanaf € 42, extra bed € 12. In een voormalige grote boerenhoeve in een eenzaam landschap worden vijf ruim bemeten, goed ingerichte appartementen voor maximaal 4 personen verhuurd met uitzicht op de omliggende bergen. Zwembad, kleine supermarkt, fietsverhuur.

Winkelen

In het museum gemaakt – **Tienda de Artesanía de Tefía:** in het Ecomuseo La Alcogida (zie blz. 134). In de winkel van het Ecomuseum, naast de receptie, worden bijzonder smaakvol mandenvlechtwerk, weef- en borduurwerk, traditionele keramiek en de tyische gesoldeerde blikken vaatjes (*latonería*) verkocht. Alle producten zijn afkomstig van de ambachtslieden, die men ook in het museum aan het werk kan zien.

Info

Bussen: Lijn 2 Puerto del Rosario – Betancuria – Vega de Río Palmas rijdt 3-4 maal daags.

Los Molinos en omgeving ▶ E/F 3/4

Aan de zuidelijke rand van Tefía buigt de FV-221 af richting de westkust. Deze voert over de **Llano de La Laguna**, een steenachtige en kale vlakte, die samen met de aangrenzende **Barranco de Los Molinos** werd aangewezen tot IBA (Important Bird Area). Het in totaal 1780 ha grote natuurgebied is van groot belang voor steppevogels, vooral voor de bedreigde Fuerteventura-kraagtrap (zie blz. 56).

Wandeling langs de Barranco de Los Molinos ▶ F 4-E/F 3
Heen en terug ca. 1,5 uur
Langs de Barranco (kloof) de Los Molinos werd een speciaal **vogelobservatiepad** aangelegd. De maanden half februari tot eind juli zijn hier bijzonder gunstig om vogels te zien. Een verrekijker mag niet ontbreken in de rugzak. Nadat men voorbij het gehucht **Las Parcelas** (▶ F 4) en door de barranco is gereden, begint het brede en gemakkelijk begaanbare pad aan de FV-221, ongeveer ter hoogte van Km 6, aan de rechterhand bij een met pennen afgezette, onverharde parkeerplaats (wandelbord: Puertito de los Molinos, 45 min.). Al spoedig buigt de route af naar rechts en gaat dan verder langs de bovenrand van de steile helling naar de **Barranco de Los Molinos**. De kloof met zijn zoutwaterbronnen is een eldorado voor inheemse vogels.

Wie niet de gehele weg lopen wil, bereikt na vijf minuten een bakstenen **Mirador** met uitzicht op een van de vochtigste gedeelten van de Barranco. Groene sluiers van vegetatie hangen aan de rotswand ertegenover, waaruit 's winters bijna constant water druipt. Na nog eens twee minuten komt men bij een vogelobservatiehut (niet altijd

Los Molinos en omgeving

geopend). Bij de monding van een zijdal vormt zich hier op de bodem van de vallei na regenval een groot, brakwatergebied.

In tegengestelde richting (vanaf Los Molinos) is er ook voor de wandelaars die niet zozeer in vogelobservatie geïnteresseerd zijn een **uitstapje** van de gemarkeerde wandelroute, die daar bij de brug net voor het kleine vissersdorp begint. De route loopt hier eerst over de bodem van het dal, om vervolgens naar een hoogvlakte te klimmen. Een zijweg leidt over de bodem, dieper de Barranco in, die ook bekend staat om zijn interessante, zoutresistente flora. Men kan naar voorkeur door de waterbedding verder omhoog klimmen over de door erosie gepolijste, reusachtige blokken van grijsgroene kussenlava. Onderweg kan men groene plantentapijten en in regenachtige winters zelfs kleine watervallen tegenkomen.

El Puertito de Los Molinos ▶ E 3

Aan de monding van de Barranco de Los Molinos ligt de kleine en authentieke vissershaven van El Puertito de Los Molinos met niet meer dan 15 inwoners. De schaarse witte huisjes met hun groene vensters en deuren worden bijna uitsluitend nog in de zomermaanden gebruikt. Op de kleine plaza aanbidden de vissers hun patroonheilige, **Virgen del Carmen,** in een kleurrijk versierde schrijn. Vanaf de bovenste huizen van het dorp leidt een trap in enkele minuten omhoog naar een met stenen bezaaid plateau bovenaan de klif. Daar ligt een van de grootste prehistorische nederzettingen die op Fuerteventura zijn gevonden. Al vanaf beneden tekenen de ruïnes zich af tegen de horizon. De overblijfselen van de gebouwen zijn vrij toegankelijk.

Waarschijnlijk zagen de oorspronkelijke bewoners zich genoodzaakt hun huizen op de winderige heuvel te bouwen omdat de Barranco de Los Molinos vroeger na winterse zware regenval voor enorme overstromingen zorgde en het onmogelijk was om zich in de vallei te vestigen. Vandaag de dag stroomt er meestal slechts een klein straaltje water door de kloof. Het voedt een groenachtige lagune achter het strand, die bij vloed ook vaak vanuit de zee een toevoer van water ontvangt.

Aan de zuidelijke rand van het dal, bij de invalsweg van het dorp, staat een piramide van steen en metaal. Deze markeert de toegang tot een verharde weg die al na twee minuten weer eindigt – hoog boven de zee bij een donkere, gespleten rotsformatie van lavasteen. Vanaf deze **Mirador** heeft men een geweldig uitzicht over de schuimende branding in de baai. Bovendien heeft men hier prachtig de gelegenheid om de zeevogels van Fuerteventura te observeren.

Playa Los Molinos ▶ E 3

De 150 m lange, onbewaakte Playa Los Molinos voor de vissershuisjes ziet er in de zomer relatief blondzanderig uit. In de winter is het strand donker en nogal kiezelachtig. Een paneel waarschuwt om niet te gaan zwemmen. Dat is ook hier, zoals in het algemeen aan de westkust van Fuerteventura, zeer gevaarlijk. Het is er echter wel mooi om vanaf het land de zonsondergang te zien.

Eten & drinken

Op het strand woedt de branding – **Casa Pon:** El Puertito de Los Molinos, ma.-vr. 10-18, za.-zo. 10-19, 's zomers 10-22 uur, hoofdgerecht ca. € 12. Eenvoudig restaurant met terras pal aan de Atlantische Oceaan. De verbazingwekkend goede keuken is uiteraard gespecialiseerd in visgerechten en zeevruchten.

IN EEN OOGOPSLAG

Puerto del Rosario en het binnenland

Op ontdekkingsreis

Parque Escultórico: Puerto del Rosario dankt zijn reputatie als metropool van de beeldhouwkunst aan een kunstenaar en zoon van de stad. Tussen 2001 en 2006 ontstonden op een symposium elk jaar nieuwe werken, die nu de straten en pleinen sieren. Zie blz. 148.

Molenroute: Tussen Tiscamanita, Valles de Ortega en Antigua getuigen windmolens, hoeves en boerderijen van het harde leven van een bevolking die vroeger onder ongunstige omstandigheden moest leven van de graanteelt. Zie blz. 164.

Bezienswaardigheden

Centro de Arte Juan Ismael: In de moderne, lichte kunsthal van Puerto del Rosario vinden tentoonstellingen plaats over ambachten en fotografie. Zie blz. 147.

Iglesia Nuestra Señora de la Antigua: Het oude landbouwstadje Antigua veroorloofde zich de bouw van een van de mooiste kerken van het eiland, met een kostbaar plafond met houtsnijwerk in Arabische stijl en een enorm 'Laatste Oordeel'. Zie blz. 163.

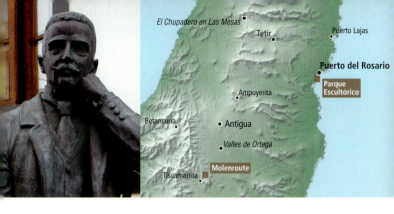

Te voet

El Chupadero en Las Mesas: Langs de weg liggen drie bronnen op de zuidelijke helling van de Montaña de la Muda. Het doel van deze wandeling is de bergrug Las Mesas met geweldig uitzicht. Zie blz. 156.

Van Antigua naar Betancuria: Een oude pelgrimsroute maakt de soepele overgang mogelijk van het centrale plateau via de Degollada Vieja-pas naar de westelijke bergen. Zie blz. 163.

Sfeervol genieten

Visrestaurant: Ver weg van de toeristische drukte ontmoeten de Majoreros elkaar in het weekend in de strandrestaurants van Puerto Lajas, waar visspecialiteiten worden opgediend. Zie blz. 154.

Marktdag in Tetir: De maandelijkse kunstnijverheidsmarkt onderscheidt zich aangenaam van de luidruchtige mercadillos die elders worden gehouden. Kwalitatief goed aanbod en nevenprogramma. Zie blz. 157.

Uitgaan

Onder Majoreros: Wie zich in het nachtleven van Puerto del Rosario begeeft, ontmoet de lokale bevolking. De keuze bestaat uit trendy bars, muziekcafés, Latin-danstenten en disco's. Zie blz. 152.

Restaurant Fabiola: In het ietwat verscholen gelegen restaurant in Ampuyenta geniet men na het eten van een beschaafd drankje in de bar-bibliotheek of op de binnenplaats. Zie blz. 161.

Het ware Fuerteventura

Puerto del Rosario is geen standaard voorgeprogrameerde vakantieplaats met chique hotels, goed onderhouden stranden en veel recreatieve activiteiten. In plaats daarvan heerst hier de bedrijvigheid van de lokale bevolking. Voor wie van deze sfeer wil proeven, is een dagtocht naar de hoofdstad van het eiland nauwelijks genoeg. Niet alleen voor wat betreft de winkels en het nachtleven, maar ook cultureel is het aanbod hier verbazingwekkend groot. De hele stad is een openluchtmuseum vol sculpturale meesterwerken.

Het achterland van Puerto del Rosario was ooit de graanschuur van Fuerteventura. Het hart van het eiland wordt gevormd door een plateau, omgeven door min of meer hoge bergketens. Vriendelijke dorpjes, windmolens, half vervallen landhuizen en sneeuwwitte kerkjes kenmerken het beeld en herinneren aan de vroegere welvaart. Wegens gebrek aan water werd de rode, eigenlijk vruchtbare grond lange tijd door nog slechts enkele boeren bewerkt. Meer recent is er echter een opleving van het agrarische landschap waar te nemen. Wie wil, kan hier in rustieke hotels en gerestaureerde fincas ver afgelegen van alle toeristische drukte aan de kust een onderkomen vinden en volop genieten van de rust en stilte van een teruggetrokken leven. Dagjestoeristen zullen vooral geïnteresseerd zijn in de plattelandsmusea die het Fuerteventura van vroeger weer tot leven brengen. Een verleden dat men zich vandaag de dag nog maar nauwelijks kan voorstellen.

INFO

Oficinas de Turismo

In Puerto del Rosario onderhouden de eilandregering en de stad informatieposten voor toeristen (zie blz. 153). Voor Antigua en de omliggende dorpen is het verkeersbureau in Caleta de Fuste (www.caletadefuste.es, zie blz. 215) verantwoordelijk, voor Tuineje het kantoor in Gran Tarajal (www.tuineje.es, zie blz. 230).

Heenreis en vervoer

Luchthaven: De luchthaven Aeropuerto de Fuerteventura (zie blz. 22) ligt ten zuiden van Puerto del Rosario. Er is een goede verbinding met de stad door middel van lijndienstbussen.
Bussen: Het centrale busstation van Puerto del Rosario (zie blz. 154) is het keer- en verbindingspunt van de meeste buslijnen op Fuerteventura. Over de FV-20 rijden vaak bussen van Puerto del Rosario via Antigua en Tuineje richting Morro Jable.
Meerdere malen per dag kan men van Puerto del Rosario langs de luchthaven en Caleta de Fuste naar Triquivijate/Antigua/Tuineje rijden. Van Tuineje zijn er (zij het weinig) verbindingen naar Pájara.
Veerboot: De autoveerboten van Naviera Armas (tel. 902 45 65 00, www.navieraarmas.com) en de express-autoveren van Fred. Olsen (tel. 902 10 01 07, www.fredolsen.es) verbinden Puerto del Rosario 5 resp. 3 maal per week met Las Palmas, de hoofdstad van Gran Canaria (vaartijd 6,5 resp. bijna 4 uur), enkeltje vanaf € 16 resp. € 39 per persoon.

Puerto del Rosario ▶ H 4

Voor de meesten zal de hoofdstad van het eiland, die vroeger weinig flatterend Puerto de Cabras (geitenhaven) heette, pas liefde op het tweede gezicht zijn. De tijd is echter voorbij dat Puerto del Rosario (28.500 inw.) als 'lelijk eendje' onder de Canarische havenplaatsen gold. Het nieuw aangelegde stadsdeel aan zee heeft de afgelopen jaren aan flair gewonnen. De promenade aan de haven, langs de **Avenida de los Reyes de España** (ook wel **Avenida Marítima**), schittert met sculpturen van bekende beeldhouwers (zie Op ontdekkingstocht blz. 148) en het geprepareerde skelet van een in 2012 op Fuerteventura gestrande Edens vinvis. Deze maakt deel uit van een walvis- en dolfijnenleerpad dat over het hele eiland loopt (zie blz. 62). Aan de overkant van de kustweg staat een fraai gerestaureerde huizenrij, waarbij de traditionele bouwstijl zo veel mogelijk werd behouden. Oudere gebouwen werden niet, zoals tegenwoordig gebruikelijk, van onder tot boven wit gekalkt, maar in zand- en okerkleurige tinten. Langs de randen en rond de deuren en vensters mochten de aantrekkelijke natuurstenen weer tevoorschijn komen. Omdat het ook op Fuerteventura af en toe regent, wordt het water door smalle buizen langs de buitenmuren van de platte daken afgevoerd.

Steegjes met trappen leiden door de smalle, maar langgerekte havenwijk omhoog naar de 'City'. Daar heeft men in de ochtend en in de vroege avonduren beter dan waar dan ook op Fuerteventura de gelegenheid om zich onder te dompelen in het dagelijkse leven van de Majoreros. Alleen 's middags tijdens de siësta en in het weekend, wanneer de kantoren en bedrijven gesloten zijn, is hier helemaal niets te beleven.

Belangrijkste winkelstraat is de **Calle Primero de Mayo,** waar zich de winkels met kleding en decoratieve artikelen ten behoeve van de plaatselijke bevolking aaneenrijgen. De vanaf de haven dwars door de binnenstad lopende **Calle León y Castillo** was ooit de pronkstraat van de stad. Ze wordt omzoomd door 19e-eeuwse herenhuizen, die aan de staatkant sober aandoen. Achter de strakke gevels ligt echter meestal een luchtige binnenplaats verborgen, die weelderig met exotische planten is begroeid.

Veel van deze huizen werden door Engelse handelaren gebouwd, waaraan de stad destijds een zekere welvaart dankte. Zij exporteerden soda, een grondstof voor zeep en waspoeder. Deze won men uit het op Fuerteventura op zilte standplaatsen langs de kust in het wild groeiende ijsplantje. Hoewel er eerder soda werd uitgevoerd, beschikten de Engelsen over een methode om de planten door droging en verbranding te verwerken tot compacte potasstenen, die beduidend lucratiever te verhandelen waren. Later breidden zij hun handel uit naar de rode kleurstof cochenille en kalk. Ten noorden van de haven staan langs de kust nog de ruïnes van de kalkovens, die werden gestookt met steenkool. Deze werd goedkoop uit Engeland aangevoerd door schepen die in ruil de exportgoederen van Fuerteventura naar Europa meenamen. Rond 1900 verloor de export echter snel aan belang en werd het voor een lange tijd stil in de stad.

Bezienswaardigheden

Iglesia Nuestra Señora del Rosario [1]
Plaza de la Iglesia, overdag meestal geopend

Puerto del Rosario

Bezienswaardigheden
1. Iglesia Nuestra Señora del Rosario
2. Casa Museo Unamuno
3. Centro de Arte Juan Ismael

Overnachten
1. JM Puerto del Rosario
2. Tamasite
3. Roquemar

Eten & drinken
1. Tasca La Lasquita
2. Freiduría Tino
3. El Cangrejo Colorao
4. Los Paragüitas

Winkelen
1. Mercado Municipal
2. Galería de Arte Tindaya
3. Artesanos del Gofio
4. Mercado Agrario Insular 'La Biosfera'
5. Tienda Natural Padilla

Actief & creatief
1. Taller de Artesanía del Cabildo de Fuerteventura

Uitgaan
1. Calle 54
2. La Tierra
3. Mafasca
4. Mama Rumba
5. Camelot
6. Auditorio Insular

Het schaduwrijke plein voor de belangrijkste kerk van de stad dient als ontmoetingsplaats voor zowel lokale bevolking als toeristen. De façade van de kerk doet eigenzinnig aan met zijn centrale klokkentoren. Deze werd vrij laat (rond 1930) aan het gebouw toegevoegd en wordt beschouwd als een van de weinige voorbeelden van de eclectische stijl op Fuerteventura. Dit is een historiserende richting in de architectuur, waarbij elementen uit alle tot dan toe bekende bouwstijlen op een nieuwe wijze met elkaar werden gecombineerd. Op de Canarische Eilanden verving het eclecticisme grotendeels de art nouveau, die als te verfijnd en te elitair werd beschouwd. Het eenvoudige 19e-eeuwse schip met het enigszins verhoogde altaargedeelte en het niet al te rijkelijk gesneden houten mudéjar-plafond komt qua vorm overeen met een typisch Canarische ermita.

Een lange tijd was er geen kerk in Puerto del Rosario, omdat de stad officieel pas zo'n 200 jaar geleden werd gesticht. Hoewel reeds op een Venetiaanse zeekaart uit 1426 een haven met deze naam voorkwam. Het was slechts een ankerplaats, waar passerende schepen geiten aan boord namen als levende proviand. De nabije rivierdalen, vooral de vallei van de zuidelijk van de huidige stad in zee uitmondende Río de Cabras, waren vroeger het hele jaar door vochtig en werden beschouwd als uitstekende weidegronden. In de 18e eeuw verkozen de in La Oliva gevestigden gezagvoerders Puerto de Cabras tot hun uitvoerhaven, omdat zij van hieruit belastingvrij konden exporteren. De havens Caleta de Fuste, El Tostón (El Cotillo) en Puerto de la Peña werden namelijk door de op Tenerife gezetelde feodale heren gecontroleerd. Vanwege het voortdurend loerende gevaar van een piratenaanval vestigde niemand zich echter permanent in Puerto de Cabras. Pas in 1795 onstond hier het eerste permanent bewoonde gebouw, een herberg. Vanaf dat moment nam het goederenverkeer van en naar Puerto de Cabras snel toe. Spoedig vestigden zich nu kooplieden uit alle delen van Spanje in de havenplaats in opkomst en werd in 1806 een zelfstandige parochie gesticht.

Op dat moment werd het beeld van de plaatselijke patroonheilige, de Madonna van de Rozenkrans, die tot op de dag van vandaag in de Iglesia Nuestra Señora del Rosario wordt vereerd, uit de 'moederkerk' van Tetir ▷ blz. 146

Favoriet

Plaza de España – Het kloppende hart van de stad

Schitterend is het uitzicht vanaf de Plaza de España over de kleurrijk betegelde promenade en de haven. De bewoners van Puerto del Rosario genieten evenals de toeristen graag van dit uitzicht bij de cafeteria **Los Paragüitas** 4, dat zijn tafeltjes op de plaza in de schaduw van uitdeiende boomkruinen heeft neergezet. Vanaf hier kan men bijvoorbeeld prachtig volgen hoe een cruiseschip onder leiding van een loodsboot de ruim opgezette haven binnenloopt. En de ervaren waarnemer weet: spoedig zal zich uit de oceaanreus een stroom van passagiers over de promenade en pleinen van Puerto del Rosario uitstorten.

hierheen gebracht. Tot in 1824 met de bouw van de kerk werd begonnen, droeg de priester de mis op in een pakhuis, dat door een koopman voor dit doel ter beschikking werd gesteld.

Casa Museo Unamuno 2

Calle Virgen del Rosario 11, tel. 928 86 23 76, www.artesaniaymuseosde fuerteventura.org, ma.-vr. 9-14 uur, za.-zo. en feestdagen gesl., gratis toegang

Buiten het museum verwelkomt een bronzen beeld de bezoekers. Gemaakt als onderdeel van het stedelijke beeldenpark (zie blz. 148) toont het de Baskische schrijver Miguel de Unamuno (1864-1936). De levensgrote figuur werd in 2006 door Emiliano Hernández uit Teguise (Lanzarote) gecreëerd. In het verder aan de buitenkant tamelijk onopvallende gebouw was vroeger het Hotel Fuerteventura gevestigd. Unamuno nam hier van maart tot juli 1924 zijn intrek, nadat de Spaanse militaire dictatuur hem vanwege kritische uitlatingen over hun staatshoofd generaal Primo de Rivera naar het toen afgelegen eiland had verbannen. Als openlijke socialist had Unamuno, die Griekse en Spaanse taal en letterkunde doceerde aan de Universiteit van Salamanca, zich in talrijke gedichten, romans en essays uitgelaten over hedendaagse en filosofische vraagstukken. Zijn bekendste werk is de ook in het Nederlands verkrijgbare roman 'Nevel' (1914), waarin het verhaal van een ongelukkige liefde verweven is met de existentiële vraag van de oneindigheid van het menselijk bestaan. Slechts vier maanden bracht Unamuno door op Fuerteventura. Daarna ging hij naar Frankrijk in vrijwillige ballingschap, omdat generaal Primo de Rivera weliswaar zijn verbanning had opgeheven, maar hem de teruggave van het hoogleraarschap weigerde. Pas na het aftreden van Primo de Rivera in 1930 keerde Unamuno als docent terug naar Salamanca.

Het voormalige Hotel Fuerteventura is nu een museum. De bezoeker krijgt een indruk van de sfeer van de jaren twintig van de vorige eeuw. Zoals in alle stadshuizen speelde het leven zich hier vroeger af rondom de lichte patio, waar de kamers omheen liggen. Unamuno zou op het dakterras naakt hebben gezonnebaad en geschreven, zoals in zijn later in Parijs gepubliceerde sonnet 'De Fuerteventura à Paris' te lezen is.

Al snel schaarden zich bewonderaars rond de dichter, waaronder de beambte Francisco López, de jonge visser Antonio Hormiga en de priester Don Víctor San Martín. Regelmatig kwamen de heren tezamen in het huis van de amateur-schrijver Ramón Castañeyra Schamann. In geanimeerd gesprek zaten zij buiten, waar zij konden zien hoe het daglicht steeds langere schaduwen wierp en overging in de korte schemering, en scholden samen op het militaire regime.

Castañeyra Schamann beschikte over de best toegeruste privébibliotheek op Fuerteventura. Daar bracht Unamuno zijn tijd door met het lezen van Canarische literatuur, als hij tenminste niet op stap was om het eiland, zijn bewoners en hun zeden en gewoonten te leren kennen. Ongeveer wekelijks verschenen zijn verslagen hierover in kranten in Madrid, Las Palmas en Buenos Aires.

Voor een deel kon dit museum worden ingericht met origineel meubilair, waarvan te achterhalen was dat Unamuno het had gebruikt. Zo ook het bureau, dat Castañeyra Schamann hem had nagelaten. Foto's tonen hem omringd door zijn gesprekspartners. Wandpanelen met teksten in het Spaans uit Unamunos werken, die op het eiland onstonden of daarover verhandelen, maken de collectie compleet.

Centro de Arte Juan Ismael 3

Calle del Almirante Lallermand 30, tel. 928 85 97 50, www.artesaniaymuseosdefuerteventura.org, di.-za. 10-13, 17-21 uur, zo.-ma. gesl., gratis toegang

Juan Ismael González (1907-1981) was een tot ver buiten Fuerteventura bekende schilder uit La Oliva. Hij was een van de grote Canarische surrealisten. De naar hem vernoemde kunsthal onder beheer van de eilandregering presenteert wisselende tentoonstellingen van lokale kunstenaars, fotografen en ambachtslieden, verdeeld over drie verdiepingen rond een zeer fraaie overdekte binnenplaats met inval van het daglicht vanaf zee (toelichtingen in het Spaans, t.z.t. ook in het Engels). In de ruim opgezete museumwinkel kan men snuffelen tussen de werken van inheemse kunstenaars en kunstnijverheid, maar ook naar boeken. De originele gevel van het gebouw is een extra blik waard. Zorgvuldig gerestaureerd en okergeel geschilderd werd de twee verdiepingen hoge voorgevel van de voormalige bioscoop Cine Marga uit 1960 geïntegreerd in het moderne kubistische en verder stralend witte gebouw. De bioscoop was destijds de belangrijkste ontmoetingsplaats van ▷ blz. 151

Lokale moderne kunst is te zien in het Centro de Arte Juan Ismael

Op ontdekkingsreis

Parque Escultórico – straatkunst in Puerto del Rosario

Meer dan 100 sculpturen sieren de zeepromenade en de stad van Puerto del Rosario. Ze werden tussen 2001 en 2006 gecreëerd voor een jaarlijks beeldhouwerssymposium met internationale deelnemers, dat plaatsvond op de parkeerplaats bij de haven. Het evenement werd geïnitieerd door de op het eiland bekende lokale kunstenaar Toño Patallo.

Stadsplattegrond: zie blz. 142

Duur: een halve dag
Start: Plaza de España
Info: www.turismo-puertodelrosario.org

Het **Parque Escultórico** is een informeel beeldenpark in de straten van Puerto del Rosario, dat verrast met vele excentrieke en ongewone figuren. Ze zijn soms meer en soms minder abstract en tonen de diversiteit van de kunstenaars die tussen de jaren 2001 en 2006 bijeenkwamen op een toen jaarlijks plaatsvindend beeldhouwerssymposium in de hoofdstad van Fuerteventura. Daarbij ontstonden de werken, die nu de flanerende voorbijgangers veel kunstzinnig plezier verschaffen. Er namen voornamelijk kunstenaars van de Canarische Eilanden aan deel, maar ook uit Spanje, Latijns-Amerika en verschillende andere landen. De initiator van deze buitengewone activiteit was de lokale kunstenaar Toño Patallo. Deze liet zich eigenhandig, vanwege zijn visie om van Puerto del Rosario een kunststad van internationale allure te maken, tot afgevaardigde van cultuur in het gemeentebestuur kiezen. De visie werd werkelijkheid. De stad heeft dankzij het sculpturenpark zonder meer aan flair gewonnen.

De zee als thema

De centrale ontmoetingsplaats achter de haven van Puerto del Rosario is de Plaza de España. Het kleine plein wordt gedomineerd door twee reusachtige exemplaren van de uit Azië afkomstige, aan de rubberboom verwandte ficus of treurvijg. In hun schaduw symboliseert het bronzen beeld **'Equipaje de Ultramar'** (1) – lett. 'overzeese bagage' – van de Baskische kunstenaar Eduardo Úrculo met diverse koffers het vertrek van het eiland per boot – in de afgelopen decennia het lot van vele emigranten. Ertegenover aan de zeepromenade staat de bekroonde naakte torso **'Alcalá'** (2), gecreëerd door de in Marokko geboren Spanjaard Carlos García Muela. Mogelijk verwijst de titel naar het Arabische woord *alcalá* (kasteel), dat in veel Spaanse plaatsnamen voorkomt, waaronder Alcalá de Henares. Daar bracht de heilige Diego de Alcalá, die daarvoor in Betancuria werkte, zijn laatste levensjaren door. Een sluitende verklaring werd door de kunstenaar echter niet gegeven.

Wie nu in noordelijke richting verder slentert, stuit op het tot nu toe meest spectaculaire, uitzonderlijk grote en opvallend gepositioneerde product van het beeldhouwerssymposium: de **'Fuente de la Explanada de Puerto del Rosario'** (3). De fontein siert de Rotonda de la Explanada achter de zeepromenade. Nicolae Fleissig stelde de basis samen als een puzzel van rotsblokken. Voor de bronzen figuren erbovenop tekende de Spaanse kunstenaar Amancio González. Ze vertegenwoordigen de mensen aan wie de stad in het verleden zijn ontwikkeling te danken heeft: vissers, havenarbeiders, kooplieden, boeren en – op de top van het monument – de werkende vrouw en moeder. Vooral de oudere inwoners van de stad kunnen zich goed met dit kunstwerk identificeren.

Aan de plaatselijke havenpier vallen de vier aluminiumplastieken **'Las Caracolas'** (4) – lett. 'De Slakkenhuizen' – op van Félix Juan Bordes Caballero uit Las Palmas (Gran Canaria). Ze werden zodanig geplaatst dat ze zowel vanaf de promenade als vanaf het water zijn te bewonderen. Ten slotte doemt bij de rotonde bij de Muelle Comercial, de lange pier van de handelshaven, **'El Marinero'** (5) op, de markante figuur van een zeeman, die werd gecreëerd door de op Fuerteventura wonende Lanzaro-

teño Emiliano Hernández. Het beeld wijst en kijkt in de richting van de zee. Voor veel Majoreros is dit zeer realistisch vormgegeven beeld het symbool van hun identiteit.

Figuratief en abstract

De Calle Primero de Mayo wordt niet alleen omzoomd door vele winkels, maar hier verheft zich in de nabijheid van de Rozenkranskerk ook het overheidskantoor van de Cabildo Insular (eilandraad). Levensgroot in brons gegoten zit voor het gebouw '**Manuel Velázquez Cabrera**' (6; Abb. s. S. 148), van de hand van Emiliano Hernández. De uit Tiscamanita afkomstige Manuel Velázquez Cabrera (1863-1916) wordt beschouwd als een van de vaders van de Canarische losmaking van de centrale regering in Madrid. Deze resulteerde in 1982 in een gedeeltelijke autonomie. Het was vooral aan hem te danken dat in 1912 de eilandraden werden ingevoerd op de Canarische Eilanden.

Met tien werken het veelvuldigst vertegenwoordigd in het Parque Escultórico, is de in Frankrijk wonende Roemeen Nicolae Fleissig (geb. 1948). Een mooi voorbeeld is zijn '**Tectonic**' (7), een donkere monoliet gehouwen uit het zeldzame gabbro, een granietachtig stollingsgesteente, op grote diepte gedolven in het bergland van Betancuria. Toegevoegde symmetrische elementen verbeelden de metamorfose van de natuur. Het werk staat op een vluchtheuvel aan de Calle Primero de Mayo, tegenover het warenhuis Nortysur.

Nog meer sculpturen

Diverse werken van Silverio López, die heen en weer pendelt tussen zijn thuiseiland Gran Canaria en Fuerteventura, verfraaien de dwars door de Puerto del Rosario lopende Calle León y Castillo. '**Homenaje a Suso Machín**' (8) noemde hij de zittende man op het plein voor de Rozenkranskerk, die de duiven voert en op onnavolgbaar authentieke wijze het leven van alledag in de stad representeert. Suso Machín was een schilder en dichter uit Puerto del Rosario (2010 overleden). Vlakbij staat voor het Casa Museo Unamuno levensgroot in brons het beeld van Miguel de Unamuno.

Verderop landinwaarts gaat de Calle León y Castillo over in een winkelstraat met aantrekkelijke winkels en restaurants. Daar is bij de ingang van de Calle Sevilla de abstracte, met Canarische symbolen versierde sculptuur '**Pinta de los Vientos**' (9) – lett. 'windtang' – een kijkje waard. Silverio López eert naar eigen zeggen met dit werk de productie van kaas op Fuerteventura. Het abstracte ontwerp van de windtang is een extreme variant van een windspel, waarbij de wind door een smalle opening wordt 'gedwongen'.

Dan nog een keer Emiliano García Hernández: waar de Avenida Juan de Bethencourt en de Calle León y Castillo samenkomen, schrijdt '**El Aguador**' (10) langs, een levensgrote bronzen figuur met twee zware watervaten in zijn handen. Waterdragers bedienden vroeger de welgestelde burgers van de stad van kostbaar, landinwaarts in de bergen uit bronnen gehaald drinkwater.

Voordat de culturele tour door het beeldenpark eindigt en het tijd wordt voor een pauze in een van de cafés, is er nog een aardig ommetje naar het noorden door de Calle Teresa López, waar het '**Caballo**' (11) – 'paard' – van Koldobica Jáuregui de aandacht trekt. De Baskische kunstenaar was een leerling van Eduardo Chillida (zie blz. 90). Uit twee boomstammen creëerde hij een boot die een paard vervoert.

de stad, waaraan veel bewoners nog steeds met weemoed herinneringen bewaren.

Zon, zee & strand

Het stadsstrand van Puerto del Rosario is de 900 m lange **Playa Blanca** aan de zuidelijke rand, ongeveer 3 km vanaf het centrum. Het is goed onderhouden, heeft wit zand en is praktisch ongerept, maar wordt toch weinig bezocht. Daaraan draagt zeker de locatie van de playa in de aanvliegroute van de luchthaven bij. Alleen in het weekend en tijdens de vakantie treft men hier overwegend de plaatselijke jeugd.

Aan het zuidelijke einde van de Playa Blanca staat het **Hotel Fuerteventura Playa Blanca** (Ctra. Playa Blanca 45, tel. 928 85 11 50), een voormalige Parador Nacional. Bij de Spaanse Paradores, die over het hele land verspreid liggen, gaat het altijd om chique hotels met een bijzondere architectuur. In dit geval verenigt het gebouw stijlelementen van zowel de Canarische boerenhoeven als die van de orientaalse karavanserai. Het sinds vele jaren door de eilandregering beheerde gebouw is na een periode van sluiting in 2014 weer als 'gewoon' hotel in gebruik genomen. Het is ideaal voor een rustig verblijf dicht bij de stad.

Overnachten

Tussen zakenlieden – **JM Puerto del Rosario 1**: Ruperto González Negrín 9, tel. 928 85 94 64, www.jmhoteles.com, 2 pk ca. € 100. Nummer één-adres in de eilandmetropool, een onvervalst stadshotel zonder restaurant en de gebruikelijke toeristische attracties. Vanuit de goed ingerichte kamers en suites – enkele beschikken over een klein balkon – is er uitzicht op de haven.

Voor stadsmensen – **Tamasite 2**: Calle León y Castillo 9, tel. 928 85 02 80, fax 928 85 03 00, 2 pk € 50-60. Dit zeer comfortabele gerenoveerde globetrotter-hostal ligtop een centrale locatie. De beste kamers hebben een balkon en kijken uit op de schaduwrijke, autoluwe laan.

Eerste pleisterplaats – **Roquemar 3**: Ruperto González Negrín 1, tel. 928 85 03 59, 2 pk ca. € 35. Reizigers lopen bij aankomst in de haven rechtstreeks op dit eenvoudige pension af. Nadeel: relatief luidruchtig door de ligging aan een drukke rotonde. Het hotel is een familiebedrijf, alle kamers zijn uitgerust met een bad en vele met balkon.

Eten & drinken

Schitterend – **Tasca La Lasquita 1**: Calle Almirante Lallermand 66, tel. 928 85 91 26, dag. 13-16.30, 21-23.30 uur, aug. gesl., hoofdgerecht ca. € 20. Dit gezellige restaurant is in overeenstemming met de tijdgeest en toch met een Canarische 'touch' ingericht; een van de beste restaurants van het eiland. Naast een moderne interpretatie van de Spaanse keuken biedt het ook wisseltentoonstellingen van moderne kunst.

Vis aan de haven – **Freiduría Tino 2**: Av. de los Reyes de España s/n, gerechten afhankelijk van de vissoort rond € 15. Absoluut authentieke, zeer eenvoudige visfrituur aan de kade. De verse vangst wordt zeer eenvoudig bereid en geserveerd met *papas arrugadas*. Met een klein terras.

De klassieker – **El Cangrejo Colorao 3**: Calle Juan Ramón Jiménez 2, tel. 928 85 84 77, zo.-avond gesl., hoofdgerecht € 9-11. Restaurants zoals deze zijn in het moderne Spanje zeldzaam geworden. Het gaat er hier een beetje stijfjes aan toe, de tafelkleden en servetten zijn er fris gesteven. Op tafel komen streekeigen correct bereide vis- of vleesgerechten. Er wordt ook altijd een voordelig driegangendagmenu aangeboden. Het prachtige zeezicht vanaf het terras krijgen de gasten er gratis bij.

Midden in het leven – **Los Paragüitas** 4: zie blz. 144. Vanaf het café op de Plaza España kan men in alle rust de bedrijvigheid rondom aanschouwen.

Winkelen

Markthal – **Mercado Municipal** 1: Plaza de España, ma.-za. 7-14 uur. De overvloed van de zuidelijke markten ontbreekt in de kleine stedelijke markthal; het aanbod is hier overzichtelijk. Aan de kant van de plaza wordt vis verkocht. Op de bovenverdieping, die vanaf de Calle Teófilo Martínez Ercobar door drie ronde bogen bereikbaar is, verkoopt men kaas, vlees, bloemen en delicatessen.

Eilandkunst – **Galería de Arte Tindaya** 2: Calle Barcelona 18, tel. 928 53 28 44, www.tindaya.net, ma.-vr. 17-21 uur. Kwaliteitskunst van de Canarische Eilanden in wisselende exposities. In de galerie presenteren reeds bekende schilders en beeldhouwers zoals Pepe Dámaso, Albert Agulló en Tony Gallardo hun werk.

Zoetigheden van gofio – **Artesanos del Gofio** 3: Calle Dr. Fleming 7, tel. 928 53 38 80, ma.-vr. 9-14, 17-20 uur. De kleine bakkerij produceert fijne koekjes en snoepgoed van de beroemde Canarische *gofio*, waaronder heerlijke combinaties met chocolade of karamel. Niet alleen om zichzelf te verwennen, maar – in een aantrekkelijke verpakking – ook zeer geschikt als geschenk.

Producentenmarkt – **Mercado Agrario Insular 'La Biosfera'** 4: Av. de la Constitución, op de bovenverdieping van het busstation, elke 1e en 3e za. van de maand 9-14.30 uur. Geitenkaas, fruit, vis uit Corralejo, zout, producten van aloë vera en kunstnijverheid worden hier rechtstreeks verkocht.

Natuurlijke kost – **Tienda Natural Padilla** 5: Av. de la Constitución 9, www.tiendanatural.net, ma.-vr. 9.30-13, 17-20.30, za. 10-13.30 uur. Biologische levensmiddelen, ook vers fruit en groente. Bovendien Eco-kleding en natuurlijke cosmetica.

Kunstnijverheid – **Tienda de Artesanía** 3: Winkel van het Centro de Arte Juan Ismael (zie blz. 147).

Actief & creatief

Ambacht leren – **Taller de Artesanía del Cabildo de Fuerteventura** 1: Av. de la Constitución 5, tel. 928 85 60 44, ma.-vr. 10-13, 16-20 uur. Wie langer op Fuerteventura verblijft, vindt het misschien leuk om de kunst van het *calado*-borduurwerk of een andere eilandtypische vaardigheid te leren. De kunstnijverheidsschool van de eilandraad biedt cursussen aan (meestal gratis, materiaalkosten zijn voor rekening van de deelnemers). De voertaal is Spaans, de deelnemers zijn meestal oudere lokale dames. Informatie wordt alleen persoonlijk en ter plaatse verstrekt.

Uitgaan

In het weekend is een bezoekje aan de hoofdstad de moeite waard, om er aan het nachtleven van de lokale bevolking deel te nemen. Dresscode: casual maar fijntjes.

Kunstkroeg – **Calle 54** 1: Calle Secundino Alonso 11, dag. vanaf ca. 23 uur. In een typisch Canarisch herenhuis met intieme binnenplaats is dit aangename café gehuisvest, waar altijd weer kunsttentoonstellingen en liveconcerten plaatsvinden.

Canarische scene – La Tierra 2: Calle Eustaquio Gopar 3, ma.-za. vanaf 22 uur. Hier ontmoeten de Majoreros die van blues en rockmuziek houden elkaar. Plaatstelijke muzikanten geven er in het weekend (vr.-za.) jazzconcerten.
Ook voor oudere jongeren – Mafasca 3: Calle La Cruz 21, dag. 22-5 uur. Muziekcafé ook voor een meer gesetteld, maar zich jong voelend publiek. Af en toe zijn er liveoptredens.
Latino – Mama Rumba 4: Calle San Roque 17, tel. 609 56 61 05, dag. vanaf ca. 23 uur. Een publiek van gemengde leeftijd swingt hier op vurige ritmes op de dansvloer. Vooral op zaterdagnacht een bezoek waard. Ook geschikt voor een laat afzakkertje.
Disco – Camelot 5: Calle León y Castillo 12, zo.-zo. 22-3.30, vr.-za. 22-5 uur. De geijkte plek voor de stadsjeugd, waar op twee verdiepingen wordt gedanst. De vaste muziekstijlen zijn hip-hop, house en R&B. Soms livemuziek.
Luisterrijk – Auditorio Insular 6: Calle Ramiro de Maeztu 1, tel. 928 53 21 86, www.cabildofuer.es/portal. De concertzaal biedt plaats aan ongeveer 600 toeschouwers. Het meest actuele programma (*agenda cultural*) is verkrijgbaar bij het bureau voor toerisme van Puerto del Rosario. Het kan ook van internet worden gedownload.

Info & festiviteiten

Patronato de Turismo

Calle Almirante Lallermand 1, 35600 Puerto del Rosario, tel. 928 53 08 44, fax 928 85 16 95, www.fuerteventuraturismo.com. Verkeersbureau van de eilandregering, ma.-vr. 8-15.15 uur. Kantoor op de luchthaven.

Oficina de Turismo Municipal

Rotonda de la Explanada, 35600 Puerto del Rosario, tel. 618 52 76 68, www.turismo-puertodelrosario.org. Dit is de stedelijke informatiekiosk; ma.-vr. 10-14 uur.

Festiviteiten

Festival de Música de Canarias: drie weken in jan. In het kader van het Canarische Muziekfestival zijn er naast de evenementen op de grootste eilanden Gran Canaria en Tenerife ook klassieke concerten in Puerto del Rosario (o.a. Auditorio Insular) en in andere plaatsen op het eiland. Het programma wordt gepubliceerd in de maandelijkse brochure 'La Agenda' (gratis bij de toeristenbureaus of te downloaden van www.cabildofuerteventura.org/portal).
Lebranchorock: in de paasvakantie. Spannend rockfestival. Jonge bandjes van de Canarische Eilanden en het vasteland spelen voor een groot publiek. Op de Plaza de Las Escuevas (ten noorden van de haven), met graffitiwedstrijd (voorwaarden van deelname op de website www.lebranchorock.com).
Fiesta de la Virgen del Rosario: twee weken rond 7 okt. Kermis ter ere van de patroonheilige van de stad, de Madonna van de Rozenkrans. In de weekenden is er een jaarmarkt bij de haven met dansavond. Hoogtepunt is de plechtige processie met traditionele klederdrachten en volksmuziek. Het is raadzaam om per bus te reizen, omdat delen van de stad zijn afgesloten.

Vervoer

Vliegtuig: zie blz. 22
Auto: In Puerto del Rosario kan men gemakkelijk parkeren. Gratis parkeerplaatsen zijn eventueel te vinden langs de kust of bij de haven. In de binnenstad moet men binnen de blauw gemarkeerde parkeerzones tijdens kantooruren betaald parkeren (parkeermeter). Binnen de geel gemarkeerde zones is het verboden te parkeren. Parkeergarages zijn te vinden in het winkelcentrum

Las Rotondas (Av. de la Constitución) en in de Calle Primero de Mayo.
Streekbussen: Het centrale busstation van de maatschappij Tiadhe bevindt zich aan de Avenida de la Constitución. Vanaf daar vertrekken bussen naar bijna alle delen van het eiland (zie blz. 140). Dienstregelingen op www.tiadhe.com.
Stadsbussen: Vanaf het busstation rijden bussen hun ronde naar o.a. het ziekenhuis, de Playa Blanca en naar het Centro de Arte Juan Ismael (tussen 7 en 22 uur, ma.-vr. elke 30 min., za.-zo. en feestdagen elke 60 min., enkele rit € 1). Info via tel. 928 85 01 10, routeplattegrond te downloaden van www.puertodelrosario.org (trefwoord *guaguas*).
Taxi: Calle Virgen del Rosario (vlakbij parochiekerk) en Calle Ruperto González (bij de haven). Taxicentrale: tel. 928 85 02 16 (6-24 uur) of 928 53 32 91 (24-6 uur).
Veerboot: zie blz. 140

Puerto Lajas ▶ H 3/4

Het tweede 'huisstrand' van Puerto del Rosario is het 700 m-lange **Playa de Lajas** met zijn donkere zand en fijne kiezelsteentjes. Het ligt 7 km ten noorden van de hoofdstad van het eiland, bij het vissersdorpje Puerto Lajas (900 inw.). De huizen liggen dicht bij elkaar, als ware het om de aangrenzende woestijn te trotseren. Meer abrupt kon de overgang van het dorp naar het vlakke, steenachtige kustplateau, dat het gebied ten noorden van Puerto del Rosario kenmerkt, nauwelijks zijn.

Tijdens het weekend leeft Puerto Lajas op met Majoreros, op de overige dagen is er weinig te beleven. Hier trekken de vissers nog hun kleine open boten het land op, waarmee ze bij kalme zee uit gaan vissen. Dat levert veel fotogenieke beelden op. Het is dan ook geen wonder, dat de visrestaurants achter de playa alom worden geprezen.

Puerto Lajas heeft een gerestaureerde **windmolen**, een bijzonder fraai exemplar van het type molina (zie blz. 165). Ze staat – reeds zichtbaar vanaf de FV-1 – net buiten het dorp op het vlakke, steenachtige kustplateau en is te bereiken via een korte onverharde weg, die begint bij de uiterst zuidelijke huizen.

Eten & drinken

Met het geruis van de zee – **El Galeón:** Playa de Lajas, tel. 606 73 96 96. Prettig visrestaurant met terras op het strand. Overwegend lokale gasten, goede prijs-kwaliteitverhouding (dagmenu € 8). Specialiteit van het huis is de *paella marinera* met allerlei zeevruchten. Wie liever vlees eet, kan hier typische gerechten bestellen zoals *Ropa vieja* (zie blz. 28).
Vis en vlees – **La Gambuesa:** Playa de Lajas, tel. 928 17 58 69, do.-di., hoofdgerecht vanaf € 7. Het zwaartepunt van de keuken ligt hier op vis en zeevruchten. Maar liefhebbers van geitenvlees en andere hartige vleesgerechten komen hier ook aan hun trekken. Vergelijkbare sfeer als in El Galeón.

Guisguey ▶ G/H 3

Ten noorden van Puerto Lajas loopt het stille dal van Guisguey uit in zee. Het is de moeite waard om een omweg landinwaarts te maken over de FV-214. Guisguey is bij de Majoreros zeer geliefd vanwege zijn prachtige landschap en onvervalste traditionele architectuur.

Goed onderhouden of zorgvuldig gerestaureerde boerenhuisjes vormen een haast idyllisch ensemble. De plaatselijke boeren verbouwen hun terrasvormige velden in de vruchtbare vallei nog in groten getale. Sommigen bedrijven ook droge akkerbouw (*enarenado*), waarbij ze het donkere, watervasthoudende lavagruis over hun akkers verspreiden. Een centrum heeft het lintdorp niet en ook pleisterplaatsen zijn hier tot op heden niet aanwezig. Na ruim 5 km gaat de FV-214 over in een onverharde weg, waarop het nauwelijks de moeite waard is om verder te rijden.

Overnachten

Onafhankelijk genieten – **Finca Casa Valen**: Aldea Guisguey 43, tel. 928 85 00 77, www.webrural.com, huisje vanaf € 65 (voor 2 pers.). Twee grote gerestaureerde boerenhuizen van verschillend formaat (max. 3 of 5 pers.) op het terrein van een voormalige finca. Gezellig ingericht, beide met sfeervol ingericht terras.

Tetir ▶ G 4

De bijna 900 inwoners van het 10 km landinwaarts van Puerto del Rosario in de bergen gelegen Tetir pendelen tegenwoordig grotendeels over de goed ontwikkelde FV-10 naar hun werk in de hoofdstad. Met zijn goed verzorgde huizen, het zorgvuldig aangelegde kerkplein en zijn als een laan aandoende hoofdstraat ziet het voormalige boeren- en ambachtsdorp er welvarend uit. Toeristen laten het dorp meestal links liggen, hoewel het vanwege zijn authentieke sfeer zeker de moeite van een bezoek waard is.

Het landschap van het omliggende bergdal, de *vega* (vruchtbare vlakte), waar ook de gehuchten **La Asomada** en **Los Estancos** liggen, wordt op initiatief van de eilandraad verfraaid. Het belangrijkste doel daarvan is om de deels deccennialang ongebruikte terrasvormige akkers met hun droge stenen muren voor verdere erosie te behoeden en te herstellen.

Iglesia Santo Domingo de Guzmán

Plaza de Tetir, open tijdens de markt
In 1777 werd aan de reeds tientallen jaren eerder in de eilandtypische ermitastijl gebouwde kerk de rang van parochiekerk toegekend. De klokkentoren met zijn rode natuursteen, die aan het eind van de 19e eeuw voor de façade werd geplaatst, is evenals de voorgevel van de parochiekerk van Puerto del Rosario (zie blz. 141) een voorbeeld van de op Fuerteventura zeldzame eclectische stijl. Binnen is het fraaie houten plafond de aandacht waard. Barokke volkskunst is te bewonderen bij het kleurrijk beschilderde altaarscherm (retabel) uit de 18e eeuw. De dieren- en plantenmotieven doen ook Latijns-Amerikaanse invloeden vermoeden. Aan de rechter zijwand bevindt zich een beeldende weergave van het Laatste Oordeel. In het rechter zijaltaar staat naast de lieve Vrouwe van Smarten een standbeeld van de heilige Andreas (met palmblad en schuin balkenkruis). Traditioneel vragen de inwoners bij droogte de apostel om regen.

Timplista

Plaza de Tetir
In het kader van het beeldhouwerssymposium van Puerto del Rosario (zie blz. 148) creëerde Juan Miguel Cubas een monument van marmer en basalt voor de timplespelers. Sindsdien siert het het kerk- en marktplein van Tetir. De autodidactische beeldhouwer uit Pájara ontdekte zijn talent pas op 30-jarige leeftijd bij toeval, tijdens de bouw van een stenen hut. Hij wilde met zijn beeld de gevoelens van de muzikanten uitdrukken bij het bespelen van dit typisch Canarische tokkelinstrument, dat in geen folkloreorkest mag ontbreken.

Tip

Pleisterplaats ▶ G 3

Als rustpunt na de wandeling naar de bronnen van El Chupadero (zie rechts op deze pagina) is de **Bar La Matilla** aan de doorgaande weg in de gelijknamige plaats aan te raden. De zeer athentieke kroeg, waar de plaatselijke mannenwereld hun biertje tegenwoordig vaak in alcoholvrije vorm drinkt, bereidt uitstekende *bocadillos* (€ 2-3 per stuk). De keuze aan beleg is divers, het lekkerste is de *lomo especial* (dun gesneden paprika-varkenslende met een spiegelei, uien en tomaten). Calle La Matilla, FV-10 (vanaf de parkeerplaats van de wandeling bij de westelijke invalsweg ca. 400 m het dorf La Matilla inlopen), tel. 928 86 52 77. Bushalte voor de deur.

Casa de Felipito ▶ G/H 3

FV-219 richting El Time, bij Km 2 rechts, dan nog 2 km (hiervan 1,5 km op goede onverharde weg), www.artesaniaymuseosdefuerteven tura.org, ma.-do. 10.30-18 (juli-sept. 11.30-17), vr.-zo. 8-22 uur, gratis toegang

Eenzaam op een aantrekkelijke locatie op een schuin naar zee aflopende hoogvlakte ligt de door de eilandregering deels gerestaureerde boerenhoeve. Het landgoed is zowel openluchtmuseum als picknickplek met grilplaatsen en wordt in het weekend door lokale gezinnen bezet. Een bezichtiging op andere dagen is aan te raden. Het door een muur omheinde boerderijcomplex was ooit eigendom van een zekere Felipito el Feo (Philipje de Lelijke), die volgens zeggen hier zijn visie realiseerde. In zekere zin schiep hij een vruchtbare oase in de woestijn. Vandaag de dag nog goed zichtbaar, irrigeerde een systeem van kleine sloten de diverse aangelegde *gavias* (terrassenakkers) met regenwater. Zowel de buitenmuur als de wanden van het huis zijn een extra blik waard, want Felipito, die overigens een erkend steenhouwer was, stapelde ze met uiterste zorgvuldigheid eigenhandig op van kleine stenen.

Tocht naar de Fuentes de El Chupadero en Las Mesas ▶ G 3

Wandeling heen en terug in totaal 1,5-2 uur, eenvoudig, per traject ca. 250 hoogtemeters stijgen en dalen

De drie bronnen van **El Chupadero** ontspringen op de zuidelijke helling van der Montaña de la Muda (689 m) op ongeveer 450 m hoogte. Nog zo'n 100 m hoger ligt de bergrug **Las Mesas**, die vanaf de Montaña de la Muda in westelijke richting loopt en de wandelaar geweldige uitzichten biedt.

Het startpunt van de wandeling is een parkeerplaats aan de FV-10 Puerto del Rosario – La Oliva, bij het westelijke plaatsnaambord van de nederzetting La Matilla. Een informatiepaneel markeert het begin van de door de eilandraad aangelegde wandelroute, tevens een natuurleerpad. Het gebied is vergeleken met andere delen van Fuerteventura opvallend groen. Bij interessante planten in de berm staan bordjes met de Spaanse en botanische naam. In de winter ontspruit in de vochtige rotsspleten menige stralende bloem.

Eerst over treden, dan over een breed pad leidt de route door verlaten terrassenvelden, omzoomd door een lichtgekleurde kalksteen rand, waarin fossielen van slakken en bijennesten te zien zijn. Door een steeds rotsachtiger terrein gaat het omhoog tot het bovenste gedeelte van een kloof, naar de zich daar bevindende eerste bron, de **Fuente El Risco** (20 min.). De natuurlijke bron voert alleen na winterse regenval water, dit in tegenstelling tot de zich de niet ver hierboven bevindende **Fuente La**

Pila, die meestal het gehele jaar door water levert. Dankzij een emmer en touw kan de veedrenkplaats ernaast met water van de bron gevuld worden. Bij de bovenste en tevens droogste bron, de **Fuente El Pocito**, treffen wandelaars de kleine, schaduwrijke picknickplaats Gambuesa aan. Vanhier heeft men een weids uitzicht in zuidelijke richting op de bergen van Betancuria.

Nog grootser is het uitzicht vanaf de bergrug **Las Mesas**, waarheen het nu steilere wandelpad vanaf de Fuente El Pocito verder leidt. Tijdens de klim passeert men een cirkelvormige, gepleisterde plaats, die op het informatiepaneel met het begin van het pad als *era* (dorsplaats) staat aangeduid. In feite zou het hier echter om de fundamenten van een voormalige kolenbranderij gaan. In de 19e eeuw, toen de bergketen nog bebost was, werd met de kalk uit waarschijnlijk een fossiele duin houtskool gebrand. Door deze duin wordt direct aansluitend gewandeld, kort voor het bereiken van de bergrug. Daarna gaat het linksaf verder op de graat. Na een uur eindigt het pad op een vlakke top aan de westelijke rand van de bergrug. Hier ontvouwt zich het uitzicht nu ver naar het noorden en richting de westkust achter de Montaña Tindaya. Verder klimmen is niet de moeite waard en bovendien heel gevaarlijk. Over dezelfde route gaat het weer terug naar het startpunt.

Winkelen

Echt handwerk – Mercado Artesanal en la Vega de Tetir: elke derde maand de tweede zo. op de Plaza de Tetir naast de kerk 9.30-14.30 uur (voor 11.30 uur is er weinig te beleven). Wie geïnteresseerd is in producten zoals kaas, groente, kruiden of gezouten sardines en kunstnijverheid van het eiland, is hier op de juiste plek. Ambachtslieden verkopen hun zelfgemaakte manden, weef- en borduurwerk. Er is ook een groot aanbod van moderne kunstnijverheid. Het begeleidende programma, dat zowel door de lokale bevolking als door toeristen wordt bijgewoond, omvat optredens van folkloregroepen, typisch Canarische competities (bijv. demonstraties van hondendressuur) en de gelegenheid om op een kameel te rijden. In december weerklinken mogelijk de archaïsche gezangen van El Rancho de Ánimas (zie blz. 88). Vraag van tevoren de exacte data op bij het verkeersbureau in Puerto del Rosario!

Festiviteiten

Fiesta de San Andrés: 30 nov. Uniek feest ter ere van St.-Andreas. Een bedevaartsprocessie, die regen afsmeekt, draagt het beeld van de heilige uit de parochiekerk naar een kleine ermita aan de zuidzijde van de Montaña de San Andrés, ten zuiden van Tetir. Daar blijft hij tot de volgende zondag en keert dan onder begeleiding van pelgrims terug naar zijn rechtmatige plaats.

Casillas del Ángel ▶ F/G 4

Kale heuvels omringen Casillas del Ángel (500 inw.). Vergelijkbaar met Tetir is het gunstig gelegen voor het verkeer van en naar de hoofdstad. Zo pendelen veel inwoners tegenwoordig naar hun werk in Puerto del Rosario. Het voormalige boerendorp hoort vanwege zijn karakter echter meer bij de dorpjes op het centrale plateau. Vroeger bevond zich rondom het plaatsje een belangrijk, uitgestrekt graanteeltgebied. De eenvoudige kleine boerderijen en enkele feodale landgoederen in de omgeving herinneren nog aan die tijd. In een daarvan kan men stijlvol overnachten.

Iglesia Santa Ana

Calle Entrada s/n, alleen tijdens de mis geopend

De parochiekerk domineert de plaats. De kerk werd in 1781 in barokstijl gebouwd, om een van Betancuria onafhankelijke parochie te kunnen vestigen. Een bijzonderheid is de massieve, geheel uit donker natuursteen opgetrokken façade, die naadloos overgaat in de centrale, speels aandoende dubbele klokkentoren. Zij contrasteert fraai met het verder sneeuwwitte gebouw.

Voor de kerk staat de in het kader van het beeldhouwerssymposium van Puerto del Rosario gemaakte sculptuur 'Monumento a la mujer campesina' van Juan Miguel Cubas. Het gebruikte materiaal is gabbrogesteente uit Vega de Río Palmas. Met de figuur, die een boerin bij de aardappeloogst toont, brengt

Casillas del Ángel – het dorre landschap kenmerkt het beeld

de kunstenaar een geslaagd eerbetoon aan de plattelandsvrouwen van Fuerteventura in vroeger tijden.

Eten & drinken

Stemmig rustiek – **El Labrador:** Ctra. General 130, tel. 928 53 81 51, di.-zo. 13-17, 21-24 uur, hoofdgerecht rond € 12. De typische eilandgerechten zijn in dit familiaal gerunde restaurant niet alleen een culinair genot, maar ook een lust voor het oog. Onder de specialiteiten onderscheidt zich in het bijzonder de *puchero*, een rijk gevulde stoofpot, die echter alleen op zondag verkrijgbaar is.

Info

Bussen: Lijn 1 Puerto del Rosario – Morro Jable rijdt elke 30-60 min.

Ampuyenta ▶ F 4/5

Ten zuiden van Casillas del Ángel komt de FV-20 door het heuvelland uit op de hoogvlakte in het centrum van het eiland. Het meest noordelijk gelegen dorp daar is Ampuyenta (200 inw.). Ook hier hebben de inwoners de landbouw reeds lang geleden opgegeven en werken zij in Puerto del Rosario. Enkele interessante bezienswaardigheden uit vroeger tijden trekken dagjesmensen.

Hospital de Caridad de San Conrado y Gáspar
Carretera General s/n

Het 'Hospital' in het centrum van Ampuyenta heeft nooit als zodanig gefunctioneerd. Op de gevel staat het jaartal 1891 als bouwjaar van het eigenaardige gebouw, dat met zijn drie 'schepen' en het kruis op de gevel aan een kerk doet denken. Door het opvallende kleurgebruik, wit met rode banden, valt het onmiddellijk op. De financiële middelen voor de bouw kwamen uit het testamentaire legaat van de arts Tomás Mena y Mesa (1802-68), die uit een plaatselijke familie van herenboeren stamde. Het grootste deel van zijn leven bracht hij door op Cuba, waar hij een uitstekende reputatie verwierf. Duizenden mensen genas hij daar van cholera, gele koorts en andere tropische ziekten. Van de rijken ontving hij vaak zeer royale vergoedingen, de armen behandelde hij gratis.

Het ziekenhuisproject in Ampuyenta – bedoeld voor twaalf bedden – liep uiteindelijk stuk op het verzet van de beslissingsbevoegden in de hoofdstad van het eiland, die geen ongewenste concurrentie tolereerden voor het plaatselijke ziekenhuis. Het gebouw is alleen van buiten te bezichtigen. Vandaag de dag heeft het geen functie, maar het kan als een zeldzaam voorbeeld van de eclectische bouwstijl op Fuerteventura worden beschouwd. Opvallend is het gebruik van bakstenen, die op de Canarische Eilanden pas in de tweede helft van de 19e eeuw gangbaar werden. Uit het vulkanische gesteente van de eilanden kan men, zoals men toentertijd ontdekte, zeer lichte bakstenen produceren.

Casa Museo Dr. Mena
Calle Virgen del Rosario 9, bij het sluiten van de redactie tijdelijk gesloten, actuele info via tel. 928 85 89 98 of www.artesaniaymuseosde fuerteventura.org

Schuin tegenover het 'Hospital' is het voormalige woonhuis van de dokter, wiens karaktervolle hoofd in brons gegoten naast de ingang wacht, wel geopend voor bezoekers. Hij liet het rond 1848 bouwen na zijn terugkeer uit Cuba. Hier hield hij zijn praktijk en leidde er tevens zijn landgoederen op Fuerteventura en Tenerife. Dankzij zijn formaat valt het gebouw duidelijk op tussen de omringende huizen. Tot 1999 werd het bewoond door de erfgenamen van de arts (de familie Alfaro), daardoor staat het onder de lokale bevolking bekend als de Casa de Los Alfaro. Daarna verwierf de eilandregering het gebouw, liet het restaureren en richtte de ruimten in met meubiliar typerend voor de 19e-eeuwse welgestelden. Daaronder bevinden zich ook diverse voorwerpen uit het persoonlijk eigendom van Dr. Mena.

Dankzij zijn familie en biograaf Manuel Barroso Alfaro zijn veel details over het leven van de arts bekend, zoals deze anekdote, die meer licht werpt op de persoonlijkheid van Mena. Met Francisco Rugama, de grootgrondbezitter van Casillas del Ángel, zou Mena aartsvijanden zijn geweest. Toen de boer echter zwaar ziek werd, genas de dokter hem, zonder geld voor zijn diensten aan te nemen. Volgens zijn zeggen deed hij dit omdat hij hem graag verder het leven zuur bleef maken.

Ermita San Pedro de Alcántara
Meestal gesloten

Iets van de hoofdstad afgelegen, achter het 'Hospital', is de kleine dorpskerk een omweg waard, ook al is deze meestal niet van binnen te bezichtigen. Zoals vele kerken op het eiland werd zij opgericht door franciscaner monniken. In 1698 werd zij voor het eerst op schrift vermeld, het bouwjaar is echter onbekend. Een witte, met kantelen gekroonde muur omringt het kerkhof. De barokke klokkengevel werd, afwijkend van de gebruikelijke bouwwijze, niet in het midden van de facade, maar aan de linker zijwand gebouwd.

Direct naast de ermita staat een kleine, gerenoveerde boerderij in een voor het eiland typerende stijl met klassiek houten balkon op de bovenste verdieping. Dit was vroeger een teken van de rijkdom van de eigenaar.

Eten & drinken

Heel speciaal – **Fabiola:** Calle Real 1, tel. 928 17 46 05, alleen do.-zo. geopend, hoofdgerecht € 19-22. Belgisch-Canarische keuken van hoog niveau, niet heel goedkoop, in een 200 jaar oud dorpshuis zonder bord op de deur. Alexandre van Simpsen is niet alleen een capabele ober, hij tekent als voormalig decorateur ook voor de smaakvolle inrichting. In de keuken regeert Eric Bisschop zoals voorheen in gerenommeerde restaurants in Frankrijk, Italië en België. Wie wil, kan na het diner in de bar-bibliotheek of op de gezellige binnenplaats nagenieten van een *copita*, een glaasje, zoals de inwoners liefdevol iedere drank (wijn, whisky, koffie …) noemen die ze buiten de maaltijden om drinken. Geen creditcards.

Info

Bussen: Lijn 1 Puerto del Rosario – Morro Jable rijdt elke 30-60 min.

Antigua ▶ F 5

De FV-20 loopt bijna in noord-zuidrichting over het eilandplateau. Als parels aan een snoer rijgen zich de verschillende plaatsen aan de doorgaande weg. Antigua is met 2300 inwoners de grootste plaats. Het is weliswaar het bestuurlijke centrum voor de verder oostelijk aan de kust gelegen badplaats Caleta de Fuste, maar is zelf uitgesproken niet-toeristisch. De inwoners zijn deels nog wel actief in de landbouw, velen forensen echter naar andere delen van het eiland, om daar in de bouw of het toerisme te werken. In tegenstelling tot andere kleine steden in het binnenland van het eiland biedt Antigua een aantal winkels. Van een echt stedelijk leven is hier echter geen sprake.

Tip

Lucha Canaria

De C. L. Unión Antigua meet zich in verschillende wedstrijden regelmatig met de teams van Fuerteventura en de buureilanden in het Canarisch worstelen (zie blz. 37). Wedstrijden in de arena (*terreno*) van Antigua zijn zeker een bezoek waard, al was het maar om de Majoreros van een geheel andere, door het toerisme onaangetaste kant te leren kennen. De wedstrijddata worden aangekondigd op posters in het dorp en op www.fuerteventuradiario.com, informatie ook via tel. 928 87 82 79. Terreno de Antigua, Polideportivo de Antigua, Calle del Deporte (bij de FV-413 richting Triquivijate).

Puerto del Rosario en het binnenland

Art-nouveauvilla uit omstreeks 1900 in Antigua, omringd door vijgencactussen

Hoewel Antigua tot de oudste nederzettingen op het eiland behoort en de bodem in de omgeving zeer vruchtbaar is, kwamen de boeren in de periode na de Conquista hier alleen naartoe om te zaaien en te oogsten. Zij waren verplicht om de rest van het jaar door te brengen in Betancuria. De daar gezetelde feodale heren hoopten hiermee hun machtspositie te versterken en bij een aanval van piraten over voldoende weerbare manschappen te beschikken ter verdediging. Pas rond 1560, toen een golf van immigranten uit Andalusië naar Fuerteventura kwam, vestigden de eerste bewoners zich permanent in Antigua.

Aan het begin van de 19e eeuw had Antigua de toenmalige hoofdstad Betancuria economisch allang overtroffen. Er had zich een nieuwe sociale klasse gevormd van kooplieden en rijke boeren. Toen zich in Spanje politieke vernieuwingen aankondigden, was dit het geschikte moment voor de nieuwe klasse om het verouderde feodale systeem van zich af te schudden.

In 1808 werd in Antigua een hervormingsbeweging opgericht, waarbij zich al snel het hele zuidelijke deel van het eiland aansloot. Het kwam tot een gewapend conflict tussen de hervormers en de trouwe volgelingen van de de feodale landheren, dat pas door het ingrijpen van een militair commando uit Tenerife kon worden beslecht. In 1815 ontbond de in Madrid weer aan de macht gekomen Bourbon-monarchie de regionale vergadering in Antigua. Toen in 1834 uiteindelijk in heel Spanje het feodale systeem bij wet werd afgeschaft, nam het civiele eilandbestuur tijdelijk zitting in Antigua. Slechts een jaar later werd deze functie overgenomen door Puerto de Cabras, het huidige Puerto del Rosario.

Iglesia Nuestra Señora de la Antigua

Plaza Cruz de los Caídos, meestal 's ochtends geopend

Andalusische kolonisten brachten de cultus van de Maagd van Antigua mee, die in Sevilla wordt vereerd sinds de Reconquista. Zij bouwden in de 16e eeuw een ermita voor haar. In de tweede helft van de 18e eeuw werd deze vervangen door de huidige, grotere kerk. De bouw viel samen met de oprichting van een eigen, van Betancuria onafhankelijke parochie. Dit was pas mogelijk geworden tijdens het bewind van de Spaanse hervormingsgezinde koning Carlos III. Voorheen had de bisschop van de Canarische Eilanden op verzoek van de feodale heren een dergelijk besluit weten te voorkomen.

De bezienswaardige kerk verheft zich in het centrum van het dorp aan de rand van een ruim opgezet plein met de allure van een tuin. Een opvallende ronde koepel bekroont de hoge klokkentoren. Binnen valt het donkere houten plafond op, met snijwerk in mudéjarstijl. Het gebruikte Canarische dennenhout kwam van Tenerife. Voor het eerst kozen de bouwlieden op Fuerteventura niet voor de inheemse houtsoorten van de palm en de tamarisk, die niet erg duurzaam waren gebleken. Het snijwerk op het verhoogde koor is bijzonder sierlijk uitgevoerd.

Het neoclassisistische hoofdaltaar werd vervaardigd uit kalksteen en kleurrijk beschilderd. Turquoise gevlekte zuilen moeten het edelere marmer verbeelden. In een nis herbergt het altaar het kleine beeld van de Maagd van Antigua, dat in ieder geval ouder is dan het huidige kerkgebouw. In 1626 werd het voor het eerst in de geschriften vermeld.

De heilige Josef (rechts) en Johannes de Doper staan aan weerszijden van de Maagd. Speciale aandacht verdient het 'Cuadro de Ánimas' (schilderij der zielen), een enorm schilderij uit de 18e eeuw aan de linkerwand van het schip met een voorstelling van het Laatste Oordeel. Het vormt een uitzondering onder de verder voor de kerken van Fuerteventura kenmerkende voorstellingen van de hel in het onderste gedeelte van het vagevuur.

Museo Molino de Antigua

Zie Op ontdekkingsreis blz. 164

Wandeling van Antigua naar Betancuria

2 uur, 350 hoogtemeters stijgen en 200 m afdalen, middelzwaar, terugreis met bus 2 (zie blz. 187) of taxi

Al eeuwenlang leidt de Camino de los Perregrinos (pelgrimspad) over de bergen naar Betancuria. Het tegenwoordig als **SL FV 29** bewegwijzerde en gemarkeerde pad is niet te missen. Startpunt is de **Iglesia Nuestra Señora de la Antigua**, van waar men het voorplein met het Cruz de los Caídos (Kruis van de Gevallenen) oversteekt. Na 30 m slaat men links af een weg in. Op de volgende kruising rechtsaf. Bij een watertank, waar de weg een bocht naar rechts maakt, loopt men rechtdoor verder over een weg en verlaat uiteindelijk de plaats. Bij de ▷ blz. 167

Op ontdekkingsreis

Molenroute – door de voormalige graanschuur

Tot in de jaren zestig van de vorige eeuw draaiden op de centrale vlakte van het eiland molens in de passaatwind om het hier verbouwde graan te malen. Enkele zijn inmiddels gerestaureerd en in Antugua en Tiscamanita in musea opgenomen.

Kaart: ▶ F 5/6

Duur: een halve dag
Route: FV-20 tot de Molino de Antigua (Museo del Queso Majorero) aan de noordelijke rand van Antigua. Tot het eindpunt van de tocht 12 km op de FV-20 richting het zuiden.

Openingstijden: Museo del Queso Majorero / Molino de Antigua (Ctra. de Puerto del Rosario of FV-20, tel. 646 97 22 02) en Centro de Interpretación Los Molinos (Ctra. de Antigua of FV-20, tel. 928 16 42 75) beide di.-za. 10-18 uur, 25. dec. en 1. jan. gesl., volw. € 2, kind tot 12 jaar gratis.

Windmolens zijn alomtegenwoordig op Fuerteventura. Vroeger werden ze gebruikt voor het malen van koren. Graan vormde het levensonderhoud van veel boeren op het eiland, dat werd beschouwd als de graanschuur van de Canarische Eilanden. Met de afname van de akkerbouw in de tweede helft van de 20e eeuw verloren de molens hun functie. Van de in totaal 38 bewaard gebleven exemplaren zijn vele nu in slechte staat. Recent werden enkele van hen echter gerestaureerd, door de eilandregering en op particulier initiatief. De meeste *molinos* staan op het centrale plateau, waar de passaatwind uit noordoostelijke richting voornamelijk in juli en augustus, dus precies na de graanoogst, krachtig overheen blaast. Meestal staan ze op een verhoogde plek en kenmerken zo het landschap.

Zoals bij Don Quijote

Aan de noordelijke rand van Antigua liet de eilandregering een landhuis met al zijn bijgebouwen renoveren. Het voormalige herenhuis, gebouwd in L-vorm en met een balkongalerij op de bovenverdieping, huisvest een kunstnijverheidswinkel (zie blz. 167). De windmolen ernaast, de **Molino de Antigua**, is opengesteld voor bezoekers en vertegenwoordigt met zijn vier wieken het type molino, dat karakteristiek is voor de centrale vlakte. Hij lijkt sterk op het type windmolen van de Castiliaanse region La Mancha, die wereldberoemd werd door Miguel de Cervantes' roman 'Don Quijote'. Op een ronde stenen basis zit een draaibaar houten dak, waaraan aan een zijkant het windrad is gemonteerd. Al naar behoefte kan het in de windrichting worden gedraaid. Om optimaal van de wind te profiteren, bespande de molenaar de vier houten wieken met gewaxt doek.

Het nieuwe hoofdgebouw, dat werd gebouwd naar voorbeeld van een Castiliaanse boerderij, werd onlangs verbouwd tot **Museo del Queso Majorero** (kaasmuseum). Het opende zijn deuren in juli 2014 en is geheel gewijd aan de thema's veehouderij, de geiten en de kaas van Fuerteventura, met proeverij en verkoop. Het museum is zeer ruim en modern opgezet met interactieve elementen.

Rondom het gebouw strekt zich een ruime, goed verzorgde cactustuin uit met enorme exemplaren van niet alleen cactussen, maar ook van andere droogteminnende planten zoals wolfsmelk, aloë en aeonium. In een klein Canarisch bos gedijen inheemse drakenbloedbomen en palmen.

De vrouwelijke molen

In Valles de Ortega getuige twee gerestaureerde molens, een **molina** (aan de FV-20) en een **molino** (bij de molina in het dorp in rijden, daar aan de linkerhand, beetje verscholen) van vroegere agrarische welvaart. Beide kunnen alleen van de buitenkant worden bekeken, men kan vrij rondom het gebouw lopen en fotograferen.

De molina betekende een technische vooruitgang ten opzichte van de Don-Quijotemolen. Vanwege de delicate, opengewerkte uitvoering werd haar

de vrouwelijke vorm van het Spaanse woord voor molen toebedeeld. Dit type molen werd in de 19e eeuw door Isidoro Ortega op La Palma ontwikkeld en werd al spoedig ook op Fuerteventura gebruikt. Het windrad zit hier op een houten stelling. De energie wordt via een aandrijfrad overgedragen op een verticale krukas, die op zijn beurt de beide molenstenen in beweging zette. De molina bereikte haar volledige vermogen al bij lage windsnelheden en kon ook worden gebruikt wanneer er minder graan was. Ze was echter zeer gevoelig voor windstoten, waardoor er dag en nacht een molenaar aanwezig moest zijn. Omdat bij de molina alle maalactiviteiten op een enkele verdieping plaatsvonden, bleef hem echter het moeizame op- en neersjouwen met volle zakken graan bespaard.

Snoepgoed van graan

In het voormalige molenaarshuis aan de noordelijke rand van Tiscamanita is het **Centro de Interpretación Los Molinos** (bezoekerscentrum) ondergebracht. Het gebouw heeft een opvallend mooie gedessineerde gevel. Deze werd zorgvuldig samengesteld uit natuurstenen van verschillende afmetingen. In het kader van de restauratie werden de houten ramen en deuren getrouw aan het origineel vervaardigd door de leerlingen van de plaatselijke ambachtsvakschool.

Een beschutte binnenplaats geeft toegang tot de vertrekken, waar tegenwoordig de artefacten van het museum worden tentoongesteld. In de nog steeds functionele keuken bereidt de museumsuppoost iedere ochtend *gofio*, waarbij zij geroosterd en gemalen graan samenkneedt met olie, water en suiker. Ze vormt een rol van het deeg en snijdt er blokjes van, die als marsepein. smaken Elke bezoeker mag ervan proeven.

Het museum verspreidt alle wetenswaardigheden over handmolens, hoe deze reeds door de oerbewoners werden gebruikt, en over de door de Europeanen ingevoerde *tahonas* (door dieren aangedreven molens). Pas in de 17e-18e eeuw werd het benutten van windmolens gebruikelijk. In windarme periodes gebruiken de boeren nog steeds de hand- en diermolens. Deze laatste worden, net als de windmolens, collectief gebruikt. Het gemeenschappelijke malen had een sociaal karakter. De molenaar ontving een deel van het meel en *gofio* of andere landbouwproducten. Pas in de 20e eeuw kwam geld in opkomst als betaalmiddel.

Achter het huis kan men de eivormige bakoven en de wat afzijdig staande windmolen van het type molino bezichtigen. De molen wordt eenmaal per week in beweging gezet om op traditionele wijze *gofio* te malen. Wie dat wil zien, kan van tevoren persoonlijk of telefonisch de exacte data opvragen. Vroeger brachten de boeren hun graan reeds voorbereid naar de molenaar. Hiervoor roosterden zij – om aanbranden te voorkomen – de met zand vermengde korenaren onder voortdurend roeren in een ronde container van klei of metaal (*tostador*) boven een houtvuur. Vervolgens moest het zand weer verwijderd worden. De graanzakken werden door de molenaar opgeslagen op de begane grond van de molen. Op de eerste verdieping ving hij het vers gemalen meel op, dat door een goot van de bovenste maalsteen omlaagviel.

Wie een souvenir van de Molenroute mee naar huis wil nemen, kan in het molenmuseum *gofio* kopen, vakkundig verpakt in verschillende hoeveelheden inclusief het originele recept voor 'gofio-marsepein' van de museumsuppoost.

Antigua

Wandeling van Antigua naar Betancuria

paar huizen van **El Hornillo** eindigt de weg. Het nu smallere pad gaat over de droge oostelijke helling van de centrale bergketen omhoog naar **Degollada Vieja** (583 m). Boven op de pas heeft men vanaf een voor de wind afgeschermde kleine uitzichtsplaats een prachtig uitzicht op de vallei van Betancuria. In noordelijke richting is de Morrete de Tegetuno (597 m) te herkennen. Op de westelijke helling van de heuvelrug, waar men nu vanaf loopt, gedijt een relatief weelderige vegetatie, die na de winterse regenval zelfs talloze bloemen voortbrengt. Bij de eerste huizen van Betancuria bereikt men een smalle weg, die al snel bij de hoofdstraat van het dorp uitkomt, waarover het rechtsaf naar het centrum gaat.

Overnachten, eten

Rustiek – **La Flor de Antigua:** Lugar El Obispo 43 (FV-416 richting Betancuria), tel. 928 87 81 68. Comfortabele vakantiewoningen voor maximaal 4 pers. Appartement voor 2 pers. € 40-55. In het gelijknamige restaurant binnen het gebouw (zo. gesl., hoofdgerecht € 10-12.) komen vaak grotere busgezelschappen eten. Vooraan is echter een afgescheiden ruimte voor de individuele gasten, waar men gezellig zit en in alle rust geniet van de rustieke gerechten, zoals inktvis op Galicische wijze of lamsvlees van het huis.

Typische gerechten – **El Artesano:** Calle Real 3, tel. 928 87 80 39, 2 pk ca. € 30. Het enige hostal in het binnenland van het eiland is centraal gelegen aan de doorgaande weg. De tien eenvoudige kamers zijn allemaal uitgerust met een eigen badkamer. Bij het hostal hoort een eenvoudig restaurant, waar een dagmenu verkrijgbaar is voor ca. € 8.

Winkelen

Handgemaakt – **Tienda de Artesanía del Molino de Antigua:** in het Museo Molino de Antigua (zie blz. 164). Deze ambachtelijke winkel is de grootste die door de eilandregering wordt gerund. De Tienda heeft mooie kunstnijverheid in de aanbieding, waaronder ook exclusieve stukken die elders nauwelijks verkrijgbaar zijn. Zo zijn er bijvoorbeeld smaakvolle zilveren sieraden met motieven van de oerbewoners of *chasconas*, molenachtige bordspelen, eveneens uit de tijd van de oorspronkelijke Canariers, en *zurrones*, drinkbuidels van geitenhuid. Daarnaast is er nog keramiek, houtsnijwerk, borduurwerk en batiks en allerlei andere moderne, creatieve werkstukken. Alle producten zijn voorzien van een certificaat (zie blz. 43).

Puerto del Rosario en het binnenland

Info & festiviteiten

Festiviteiten
Feria Insular de Artesanía: eind mei of begin juni tijdens een lang weekend. Kunstnijverheidsbeurs met producten van alle Canarische Eilanden. Ambachtslieden demonstreren hun werk en verkopen het resultaat daarvan. Daarnaast is er een uitgebreid begeleidend programma met folklore, Canarisch worstelen en een speelplaats voor kinderen. Laat in de avond kan men er dansen op het ritme van de salsa. Locatie van het evenement is het sportcentrum Polideportivo de Antigua (in het zuidoosten van de stad).
Fiesta Nuestra Señora de la Antigua: rond 8 sept. Meerdaagse kermis met culturele evenementen en sportieve competities. Aan de vooravond van de vereringsdag van de stadspatrones is er een groot popconcert, gevolgd door vuurwerk en dansplezier tot het ochtendgloren. Een plechtige processie trekt op 8 september 's middags door de straten van Antigua.

Vervoer
Bussen: Lijn 1 Puerto del Rosario – Morro Jable rijdt elke 30-60 min., lijn 16 rijdt 2-4 maal daags naar de luchthaven. Diverse haltes aan de doorgaande weg FV-20 (Calle Real).
Taxi: tel. 928 87 80 11.

Triquivijate ▶ G 5

Ongeveer 5 km ten oosten van Antigua ligt een stuk van de hoofdweg af en omringd door dorre heuvels het dorp Triquivijate. Vanwege de afgelegen locatie was het in de jaren tachtig van de vorige eeuw bijna door al zijn bewoners verlaten. Ook tegenwoordig vinden buitenlandse bezoekers maar zelden de weg hierheen. Toch wonen er inmiddels weer zo'n duizend mensen in Triquivijate. In de afgelopen decennia ontdekten niet alleen de lokale forenzen, maar ook buitenlandse alternatievelingen en kopers van een tweede huis het dorp. Ze renoveerden boerenhuisjes of bouwden nieuwe woningen en schiepen een eigen netwerk. Zo bevinden zich vandaag de dag bijvoorbeeld twee Duitse slagerijen in Triquivijate.

Overnachten

Idyllisch – **Piedra Blanca Bernegal:** tel. 928 58 00 30, www.lascasascanarias.com, bungalow vanaf € 50 per dag voor een week voor 2 pers. Ver weg van de drukte is een ontspannen vakantie hier gegarandeerd. Het voormalige, stijlvol gerestaureerde 18e-eeuwse landgoed biedt twee bungalows voor maximaal 6 pers. Door de eigenaar persoonlijk gerund. Zwembad met jacuzzi en zonneterras.

Landelijke rust – **La Rosa del Taro:** Atalaya de la Rosa del Taro, tel. 619 83 56 84, www.fuerterural.com. Twee vakantiewoningen op een afgelegen landgoed, gelegen op de hellingen van de plaatselijke berg van Triquivijate. Mensen die gebukt gaan onder de stress van het drukke moderne leven vinden hier de eenvoud terug. Mogelijkheden om zelf te koken aanwezig. Met ontbijt, waarin o.a. verse eieren van de eigen kippen zijn verwerkt. Het landgoed wordt gerund door de keramist en kunstenaar Silverio López Márquez, die ook keramiekcursussen van een week in de traditionele Canarische opbouwtechniek aanbiedt. De bedrijfsvoering is volgens ecologische principes: stroom wordt opgewekt door eigen zonnepanelen, het gezuiverde afvalwater wordt hergebruikt voor irrigatie van de tuin. Wifi beschikbaar.

Actief

Ruiterboerderij – **Crines del viento:** Triquivijate 119, tel. 678 21 31 08, www.crinesdelviento.com. Voor onervaren ruiters biedt de finca buitenritten van een uur, voor gevorderden zijn er dagtochten (ook 2-3 dagen).

Info

Bussen: Lijn 16 Puerto del Rosario – luchthaven – Antigua – Gran Tarajal rijdt 2-4 maal daags. Ma.-za. 3 maal daags een bus van Lijn 1 naar Puerto del Rosario – Antigua – Morro Jable via Triquivijate. De bushalte ligt aan de FV-413 aan de zuidelijke dorpsrand.

Valles de Ortega ▶ F 5/6

Ook aan de hoofdweg FV-20 en op het plateau, slechts 4 km ten zuiden van Antigua, ligt Valles de Ortega (650 inw.) met twee karakteristieke molens (zie Op ontdekkingsreis blz. 165). Evenals in het naburige, verder van de hoofdweg afgelegen **Casillas de Morales** zijn er nog slechts enkele boerderijen in bedrijf. Tussen de twee bijna aan elkaar gegroeide landbouwdorpen ligt een smalle strook akkerland, waarop de **Ermita de San Roque** (Camino Casillas de Morales s/n) staat. Hier ontmoeten de gelovigen van beide dorpen elkaar voor de mis. De kerk werd in 1732 gesticht door de adellijke familie Goia, aan wie het grootste deel van het omringende land toebehoorde. Ongeveer tien jaar daarvoor woedde er een epidemie op het eiland, waarschijnlijk de pest. Mogelijk wilden de oprichters een nieuwe bezoeking van de dodelijke ziekte in de op hun land gelegen dorpen voorkomen en wijdden zij daarom de ermita aan de pestheilige Rochus.

Eten & drinken

Geitengrill – **Mesón Casa Matoso:** Calle Gayria 9, tel. 928 87 85 67, wo.-ma. 12-17, 20-24 uur, hoofdgerecht vanaf € 8. Het luxueuze grillrestaurant met ruime eetzalen ligt midden in Valles de Ortega verborgen in een fraai natuurstenen gebouw. In het verder weinig aantrekkelijke dorp zou men zo'n hoogtepunt niet verwachten. Daarom zijn de lokale gasten hier voornamelijk onder elkaar. Specialiteit van het huis is – hoe kan het ook anders op Fuerteventura – geitenvlees in alle variaties. Maar ook de vis, zoals inktvis, is sterk aanbevolen.

Info

Bussen: Lijn 1 Puerto del Rosario – Morro Jable rijdt elke 30-60 min. Halte aan de FV-20 aan de westelijke rand van het dorp.

Agua de Bueyes ▶ F 6

Verder naar het zuiden is het landschap meer gestructureerd. De weinige huizen van het kleine dorp Agua de Bueyes (300 inw.) nestelen zich in een aantrekkelijke ondiepe palmenvallei met terrassenvelden, omringd door roodbruine heuvels. De FV-20 raakt het dorp alleen aan de rand, een doodlopende weg voert bewoners en nieuwsgierigen in de zelden door vreemden bezochte nederzetting. In het zuidoosten verheft zich aan de overkant van de FV-20 de machtige vulkaan **Caldera de Gairía** (▶ F 6, 461 m). Met zijn donkere kleur steekt hij indrukwekkend af bij zijn omgeving. Op zijn zuid- en oostflank zijn openingen in de krater, die de biotoop vormt voor een aanzienlijk bestand van de verder op Fuerteventura zeldzame balsemwolfsmelk (*Euphorbia balsamifera*). Om deze reden, en omdat hij bovendien als broedgebied van de aasgier dient, staat de vulkaan als Monumento Natural (natuurmonument) onder bescherming.

Ermita de Guadalupe
Meestal gesloten

Agua de Bueyes is een van de diverse plaatsen op Fuerteventura met een kerk waarvan de tuin wordt omsloten door een muur met kantelen. De Ermita de Guadalupe werd al in 1642 vermeld op een oorkonde. In haar huidige vorm werd zij pas in 1732 afgebouwd. Boven het boogportaal van de omheinende muur bracht de metselaar destijds drie medaillons aan met ornamentale versieringen, zoals deze verder nergens op Fuerteventura te vinden zijn. De reden daarvoor is raadselachtig, blijkbaar heeft nog geen kunsthistoricus getracht om de motieven te analyseren. Onder de lokale bevolking staat het Mariabeeld in de ermita bekend als de Virgen de la Lluvia (Regenmadonna). Volgens overlevering zou ongeveer tweehonderd jaar geleden tijdens een periode van aanhoudende droogte de beschermheilige in een processie over een verdroogde akker zijn gedragen, om maar iets tegen het gebrek aan water te ondernemen. Nog voordat men het beeld weer in de kerk had teruggebracht, zou het al zijn begonnen te regenen.

Info & festiviteiten

Festiviteiten

Fiesta del Agua: rond 28 feb. De kleurrijk gekostumeerde dorpsbewoners spelen ieder jaar het wonder van de Regenmadonna na. Gedurende de onstuimige feestelijkheden kloppen ze ritmisch op geitenbeenderen om de regen op te roepen. Daarbij weerklinken traditionele Canarische gezangen.

Vervoer

Bussen: Lijn 1 Puerto del Rosario – Morro Jable rijdt elke 30-60 min. Halte aan de FV-20 aan de oostelijke rand van het dorp.

Tiscamanita ▶ F 6

Aan de zuidelijke rand van de Caldera de Gairía ligt het dorp Tiscamanita met 500 inwoners. Veel van de oude, uit natuursteen opgetrokken boerenhuizen van het dorp staan tegenwoordig leeg en vervallen zienderogen. Desondanks is Tiscamanita nog steeds een van de agrarische centra op het eiland. In de relatief vochtige valleibodem van de aangrenzende *barrancos* (ravijnen) groeit graan. Windmolens halen er bodemwater omhoog van grote diepten. Hier en daar zijn akkers te zien, die met zwarte lavakorrels zijn bedekt – dit is een voorbeeld van *enarenado*, een methode in de droge landbouw.

Ermita de San Marcos
Calle San Marcos s/n

Aan de zuidelijke rand van het dorp staat de Ermita de San Marcos, te herkennen aan haar rode pannendak. Ook deze ermita wordt omgeven door een muur met kantelen (zie blz. 83). Dit maakt duidelijk dat de stichting plaatsvond onder invloed van de franciscaner orde. De eenvoudige voorgevel wordt geflankeerd door twee ongelijke kleine klokkentorens. Een schild boven het ronde boogportaal vermeldt 1699 als bouwjaar.

De immer populaire medicinale plant aloë vera in bloei

Centro de Interpretación Los Molinos

Zie Op ontdekkingsreis blz. 164

Winkelen

Aloë vera – **AVISA:** Ctra. FV-20, Km 30, tel. 928 16 42 w40, www.aloetiscamanita.com, ma.-vr. 8-18 uur. De kleine fabriek aan de zuidelijke rand van Tiscamanita staat te midden van dorre velden, waarop de vlezige woestijnplanten met hun lange, spitse bladeren op ecologische wijze worden verbouwd met behulp van de *enarenado*-methode. AVISA vervaardigt gel, vloeibare extracten en andere producten van aloë vera, die bij de ingang van de fabriekshal worden verkocht. Wie geïnteresseerd is kan een kijkje nemen bij de productie. Daar worden de bladeren na de oogst geschild, om bij de waardevolle gel binnenin te komen. Zorgvuldig moet er worden geroerd, tot de gewenste consistentie is bereikt. Tot aan de afvulling worden er eerst verschillende malen de verontreinigingen uitgefilterd.

Gofio – **Centro de Interpretación Los Molinos:** Bij de kassa van het molenmuseum (zie blz. 164) word *gofio*, de Canarische krachtvoeding, in diverse hoeveelheden verkocht.

Info & festiviteiten

Festiviteiten

Fiesta de San Marcos: 3e zo. van aug. Een processie met het beeld van deze plaatselijke beschermheilige trekt door de straten. Daarbij zingt en speelt de groep El Rancho de Ánimas (zie blz. 88) eeuwenoude liederen. In de vroege avond is er een grote barbecue.
Inmaculada Concepción: 6-8 dec. Feest van de Onbevlekte Ontvangenis, waarbij de groep El Rancho de Ánimas komt optreden, als zij tenminste niet op tournee zijn. Op 7 december, de vooravond van de belangrijkste feestdag, vindt de traditionele Salida del Rancho plaats, het 'uitlopen' van de groep door de dorpsstraten, waarbij voor de overleden zielen wordt gebeden.

Vervoer

Bussen: Lijn 1 Puerto del Rosario – Morro Jable rijdt elke 30-60 min. over de FV-20.

Tip

Aloë vera – een lokaal huismiddel

In veel plaatsen op Fuerteventura verkopen 'Aloe vera Points' cosmetische en culinaire producten, die extracten uit de 'woestijnlelie' bevatten. Veel wordt geïmporteerd uit Latijns-Amerika. Gegarandeerd op de Canarische Eilanden geproduceerde waren zijn te koop bij AVISA in Tiscamanita (zie boven). Als bijzonder effectief gelden de pure gels en extracten, die echter hun prijs hebben. Ze verschaffen verlichting bij huidirritaties, hoofdpijn, allerlei soorten van nervositeit, moeheid en nog veel meer. Onder de bevolking van Fuerteventura was de aloë-veraplant reeds lang bekend als remedie tegen van alles en nog wat. Ze staat tot op de dag van vandaag als handige 'huisapotheek' in vele tuintjes. Oorspronkelijk stamt de plant helemaal niet uit Fuerteventura, maar uit het oostelijke Middellandse Zeegebied. Waarschijnlijk kwam hij al met de eerste Europese kolonisten naar de Canarische Eilanden.

Tuineje ▶ F 6

Tuineje (950 inw.), de meest zuidelijk gelegen grotere plaats op de centrale vlakte, is ook een belangrijk verkeersknooppunt van Fuerteventura. Bij een splitsing in het midden van de plaats buigt de FV-20 af richting Gran Tarajal, terwijl de FV-30 naar Pájara en Betancuria de verbinding vormt met de bergen in het westen. Ondanks dat in Tuineje het stadhuis van een gemeente met 13.300 inwoners staat, waartoe ook Gran Tarajal en andere plaatsen aan de zuidoostkust behoren, is de lokale bevolking hier voornamelijk onder zichzelf.

Vroeger was Tuineje een centrum van graanteelt. Deze is inmiddels bijna volledig opgeheven. De resterende landbouwers leven nu voornamelijk van de tomatenteelt, die coöperatief is georganiseerd. Daarnaast is de geitenhouderij van een zeker economisch belang voor de bewoners van Tuineje.

Iglesia San Miguel Arcángel

Paseo la Libertad s/n, meestal gesloten

De Iglesia San Miguel Arcángel herinnert aan een roemrijk verleden. Haar twee even grote schepen worden op een ongebruikelijke manier gescheiden door een enorme, uit donker natuursteen samengestelde pilaar aan de voorzijde. De kerk was een van de tonelen van de verdediging van Fuerteventura tegen Engelse piraten in 1740 (zie blz. 72). Zoals te lezen is in de eilandarchieven, rukten de Engelsen bij hun eerste inval in de kerk van Tuineje een arm van een standbeeld van de aartsengel Michael. Met deze arm, zo wilde later het verhaal, had de heilige de eilandbewoners ondersteund in de strijd op de Llano Florido.

Overnachten

Op de boerderij – **Casa Rural Tamasite**: Tamasite 9, tel. 928 16 49 91, www.casatamasite.com, huis voor 2 pers. € 50 per dag. Met uitzicht op de vulkanische kegel Tamasite ligt deze meer dan 200 jaar oude boerderij aan de zuidelijke rand van Tuineje. Haat woon- en bedrijfsgebouwen werden omgebouwd tot zes comfortable vakantiehuizen, elk individueel ingericht in traditionele stijl. In de tuin ligt een klein zwembad met hydromassage en een voor iedereen toegankelijke barbecue.

Winkelen

Allemaal kaas – **Quesería Maxorata**: Ctra. FV-20 Tuineje-Gran Tarajal, Km 39/40, www.maxorata.es, ma.-za. 9-16 uur. Op het industriegebied Llanos de la Higuera produceert de grootste kaasmakerij van Fuerteventura verschillende soorten Queso Majorero uit geitenmelk. Directe verkoop, ook vliegbagagegeschikt verpakt.

Info & festiviteiten

Festiviteiten

Fiesta de San Miguel: 29 sept.-13 okt. De kermis ter ere van de patroonheilige, aartsengel Michael, gevolgd door een historisch spel ter nagedachtenis aan de overwinning op de Britse kapers van 1740 (zie blz. 72). Hoogtepunten zijn parades en festiviteiten op de laatste twee dagen van de viering.

Vervoer

Bussen: Lijn 1 Puerto del Rosario – Antigua – Morro Jable rijdt elke 30-60 min. Lijn 16 rijdt 2-4 maal daags naar de luchthaven, lijn 18 2-4 maal naar Pájara. **Taxi**: tel. 928 87 07 37 of 928 870 059.

IN EEN OOGOPSLAG

Het westelijke berggebied

Hoogtepunten ✦

Mirador de Morro Velosa: Op het aan de elementen blootgestelde uitkijkpunt bij Betancuria genieten van het grandioze panorama en de heerlijke wind. Zie blz. 179.

Betancuria: De oude hoofdstad van Fuerteventura is een beschermd monument en herbergt architectuur uit de tijd van de verovering van het eiland. Zie blz. 183.

Pájara: Dromerig bergstadje met een kerkgevel die aan Azteekse steenhouwerskunst doet denken. Zie blz. 196.

Ajuy: Wellicht het authentiekstej204 vissersdorp van het eiland. Wandelingen voeren naar avontuurlijke oude havendokken en het duister van een kustgrot. Zie blz. 201.

Op ontdekkingsreis

Stille getuigen van de veroveraars: Naast de prachtige bezienswaardigheden van Betancuria vertonen veel details, waar de achteloze bezoeker vaak aan voorbijloopt, sporen van de eerste Europese kolonisten op Fuerteventura. Zie blz. 180.

Palmoasen: Gekwetter van vogels en gekwaak van kikkers weerklinkt tijdens de wandelingen door de oasen bij de bergen bij Vega de Río Palmas en in de Barranco de la Madre del Agua. De palmen, tegenwoordig het florale symbool van de Canarische archipel, waren de eilandbewoners vroeger op allerlei manieren van nut. Zie blz. 188.

Bezienswaardigheden

Museo Arqueológico de Betancuria: Alle wetenswaardigheden over de oorspronkelijke bewoners van het eiland worden hier in vitrines en op panelen getoond. Een bijzondere schat: de vruchtbaarheidsidolen. Zie blz. 184.

Santuario de la Vega: In de bedevaartskerk in Vega de Río Palmas wordt de rotsmadonna vereerd als patroonheilige van het eiland. Haar albasten standbeeld werd waarschijnlijk door de Normandische veroveraars uit Frankrijk meegebracht. Zie blz. 187.

Te voet

Wandeling naar Peña Horadada: Vanaf Ajuy gaat het langs de grotten van de Caleta Negra aan de rand van de door de branding omspoelde kliffen naar een bizarre rotsboog bij een eenzame riviermonding. Zie blz. 204.

Wandelen op het Walvisvaarderspad: Eenn oude pelgrimsroute leidt naar de rotskapel Ermita Virgen de El Tanquito bij El Cardón. Zie blz. 205.

Sfeervol genieten

Rustiek met klasse: Genieten van haute cuisine in Vega de Río Palmas in de gezellige eetzaal of op de knusse patio van een oud dorpspand,. Zie blz. 193.

Door de wind geteisterd: Op het eerste gezicht lijken de desolate bergen rondom de Degollada del Viento onherbergzaam en bruin. Echter bij een nadere blik ontvouwen zich prachtige kleurschakeringen. Zie blz. 200.

Uitgaan

Casa Princess Arminda: Voor de gasten van het stijlvolle restaurant in Betancuria weerklinken gitaar en saxofoon, mandoline en timple. Het spectrum varieert van Canarische tot internationale muziek. Zie blz. 187.

Het groene gedeelte van het eiland

Het bergachtige, groene gedeelte van Fuerteventura wordt door velen beschouwd als de mooiste en vooral als de lieflijkste kant van het eiland. Weliswaar zijn ook hier de bergen vrij kaal, maar toch valt hier dankzij de hoge ligging meer neerslag en is het in het voorjaar voldoende vochtig om een tapijt van kleine bloeiende planten te laten ontspringen. Oaseachtige valleien, die zich plaatselijk tot bizarre rotskloven vernauwen, kronkelen door het landschap van het westelijke gebergte. In een van deze dalen, bij Vega de Río Palmas, vieren de eilandbewoners elk jaar in september hun grootste festival ter ere van de Rotsmadonna – de Fiesta Nuestra Señora de la Peña.

De meeste toeristen bezoeken het westen tijdens een dagtocht, want er zijn slechts weinig overnachtingsmogelijkheden. Ze genieten van de authentieke sfeer in de schilderachtige bergdorpen, eten in de pittoreske visrestaurants van Ajuy, de enige kustplaats in de verre omtrek, of besluiten tot het maken van een kortere of langere wandeling. Deze bieden grandioze uitzichten en kleine attracties langs het pad: duistere grotten, ruige rotsbogen, intieme bedevaartskapelletjes. Maar bovenal loopt men in deze regio in het spoor van de ontdekkingsreizigers, want het oudste deel van de geschiedenis van Fuerteventura speelde zich in deze omgeving af.

Vanuit Betancuria, vandaag de dag een slaperig dorpje met nauwelijks 200 inwoners, bepaalden de feodale heersers eeuwenlang het lot van het eiland. Uit deze periode zijn interessante monumenten bewaard gebleven, die men hier eigenlijk niet zou verwachten. Maar ook het kleine stadje Pájara, zogezegd het urbane centrum van het westen, heeft een roemrijk verleden en schittert met eerbiedwaardige herenhuizen en een raadselachtig gedecoreerde kerk.

INFO

Internet
De gemeente Pájara verstrekt informatie in het Spaans op www.pajara.es en op www.visitjandia.com.

Oficinas de Turismo
Voor Pájara is het verkeersbureau in Jandía verantwoordelijk (zie blz. 264). De gemeente Betancuria, die het noorden van het westelijke berggebied beslaat, beschikt over een eigen toeristeninformatiekantoor in de hoofdplaats, zie(blz. 187).

Heenreis en vervoer
Bus / Auto: Het westelijke berggebied wordt slechts zelden bediend door lijndienstbussen. Naar Betancuria en Vega de Río Palmas rijdt vanaf Puerto del Rosario 3 maal daags een bus, naar Pájara vanaf Gran Tarajal 2-4 maal daags. De huurauto is hier normaalgesproken het eerstekeus vervoermiddel.

Valle de Santa Inés ▶ F 4/5

Valle de Santa Inés en het direct aangrenzende **Llanos de la Concepción** (▶ F 4) zijn twee rustige boerendorpen in het uiterste noorden van het westelijke berggebied die in de afgelopen decennia vele inwoners hebben zien vertrekken. Tegenwoordig wonen in de

Indrukwekkende waterval bij de Playa del Valle

twee dorpen in totaal nog ongeveer 600 mensen. Valle de Santa Inés was een traditioneel centrum voor keramiek op de manier van de oorspronkelijke bewoners. Dat betekent dat het aardewerk zonder draaischijf werd gemaakt, een kunst die door de laatste ambachtslieden pas enkele jaren geleden werd opgegeven. Boegbeeld van Llanos de la Concepción zijn de overblijfselen van de voormalige graanteelt: twee windmolens. Een daarvan – met twee verdiepingen en vier wieken – is gerestaureerd.

Ermita de Santa Inés

Calle San Bartolomé s/n

Aan de zuidelijke rand van Santa Inés staat deze historische kerk. Mogelijk is zij gesticht ter ere van haar naamheilige door Inés Peraza, de echtgenote van Diego García de Herrera, die in de tweede helft van de 15e eeuw het eiland bestuurde. Het huidige gebouw met de barokke klokkentoren stamt echter uit de 17e-18e eeuw. Een plaquette naast de (meestal gesloten) ingang herinnert aan het vroegere belang van Valle de Santa Inés. Het dorp is een van de oudste nederzettingen van Fuerteventura. Nog in de 17e eeuw werden in de ermita twee van de vier raadsleden uit de vertegenwoordigers van de grootgrondbezitters geloot. Zij bleven telkens voor een jaar in functie. De twee overige raadsleden werden door de toenmalige hoofdstad Betancuria aangesteld.

Speciale aandacht verdient de uit hout gesneden paneeldeur in de voorgevel van de ermita. José Melián Martín, een beroemd ambachtsman uit Antigua, van wie ook de deur van de parochiekerk van Betancuria afkomstig is, vervaardigde deze in 1968.

Het westelijke berggebied

Playa de Santa Inés ▶ E 4

Vanaf Llanos de la Concepción leidt een weg door de Barranco del Valle naar het bungalowcomplex **Aguas Verdes** (Urb. Aguas Verdes) vlak bij de westkust. Onderweg ziet men aan de linker rand van het dal een voormalig badhuis liggen, waarvan het waterbassin ooit door een nabijgelegen zoute bron werd gevoed. De smalle beek, die in de wintermaanden door de barranco stroomt, laat bij het uitdrogen een zoutkorst achter, die als een zilveren lint glinstert in de zon.

Vanaf het einde van de weg wordt over een 1 km lange onverharde weg het direct bij het complex Aguas Verdes gelegen grove kiezelstrand Playa de Santa Inés bereikt. Aan het strand staan enkele vakantiehuizen. Het schilderachtige landschap is hier indrukwekkend. Direct onder het wateroppervlak liggen echter scherpe rotsriffen. Daarom, en vanwege de onvoorspelbare stromingen, is zwemmen bij deze playa het hele jaar door levensgevaarlijk, ook al wordt het 's zomers af en toe door de lokale bevolking wel gedaan.

Eten & drinken

Ruime porties – **Abuelo Alfredo:** Calle Real (centrum van Valle de Santa Inés), tel. 928 87 87 64, keuken dag. 12-17, bar 8-24 uur, dagmenu rond € 10, hoofdgerecht € 9-12. Smakelijke Canarische keuken. Specialiteiten zijn de viskro-

Hoog boven het centrale plateau genieten van het uitzicht bij de Mirador de Morro Velosa

Valle de Santa Inés

ketten, *sancocho* (zie blz. 28) en de geitenbout uit de oven. Het ruime restaurant heeft verschillende eetzalen, waar zowel reisgezelschappen als individuele gasten aan hun trekken komen.

Info

Bussen: zie Betancuria, blz. 187.

Mirador de Morro Velosa ✱ ▶ F 5

Ctra. FV-30 Antigua-Betancuria, tel. 928 17 65 86, www.artesaniaymuseus defuerteventura.org, di.-za. 10-18 uur, gratis toegang, souvenirwinkel

Een 608 m hoge pas maakt vanuit het noorden de toegang tot de vallei van Betancuria mogelijk. Niet ver ten noorden vanaf het hoogste punt van de pas buigt een korte toegangsweg af naar de Mirador de Morro Velosa op de top (669 m). Voor de architectuur van het uitkijkpunt, dat stamt uit de jaren negentig van de vorige eeuw, is Blanca Cabrera Morales uit Lanzarote verantwoordelijk. Zij liet zich inspireren door de stijl van haar beroemde oom César Manrique (zie blz. 241). Voor hem was de samensmelting van kunst en natuur het belangrijkste thema. Tot voorbeeld diende een Canarisch landhuis, dat als een adelaarsnest hoog boven de centrale vlakte van Fuerteventura zweeft.

Op de bovenverdieping serveert een cafeteria vanaf ongeveer 11 uur dranken en snacks. Het fantastische uitzicht door enorme panoramavensters krijgt men er gratis bij. 's Winters brandt er een open haard. Op het buitenterras kan men zijn gezicht laten strelen door de wind en een blik door de verrekijker werpen (€ 1). De grote zaal in het souterrain is voor tijdelijke tentoonstellingen bedoeld. In de ommuurde voortuin en rondom het complex zijn endemische Canarische soorten geplant. Na regenval verandert de omgeving van de mirador in een bloeiende weide. Vanaf de parkeerplaats zijn het slechts een paar stappen over een spoor naar de top van de Morro Velosa.

Voor het geval dat de toegangsweg naar de mirador een keer gesloten is: op de pas bieden aan beide zijden van de weg de aan de wind blootgestelde uitzichtsterrassen van de Mirador de Betancuria ook fraaie vergezichten. Twee meer dan levensgrote bronzen figuren kijken daar uit over de vlakte in de richting van Betancuria. Zij stellen de beide legendarische 'koningen' van de oorspronkelijke bewoners voor, Ayose en Guise, die ten tijde van ▷ blz. 183

Op ontdekkingsreis

Stille getuigen van de veroveraars – in Betancuria

Jean de Béthencourt, leenheer uit Normandië, stichtte in 1405 de naar hem vernoemde stad op Fuerteventura. Noord-Afrikaanse piraten brandden Betancuria in 1593 plat. Wie echter goed om zich heen kijkt, ontdekt nog sporen van de eerste Normandische kolonisten.

Kaart: ▶ F 5
Duur: een halve dag
Start: parkeerplaats bij de Iglesia Santa María
Iglesia Santa María: zie blz. 183

Naar verluidt wierf Jean de Béthencourt tweehonderd boeren en ambachtslieden uit het thuisland om Betancuria te koloniseren. Oude kronieken verhalen van 'drie verdiepingen tellende gebouwen, zoals die in Normandië'. Het beste kan men in de hoofdstraat **Calle Roberto Roldán** de gebouwen uit de beginperiode van de stad bekijken, die hier overigens slechts een verdieping hoog zijn. Dankzij hun stenen bouw overleefden zij de vuurzee van 1593 grotendeels onbeschadigd. Het linker buurhuis met de **Tienda de Artesanía** (zie blz. 186) op huisnummer 15 heeft nog een portaal met een hardstenen omlijsting in gotische stijl, die in de 15e eeuw in de mode was. Ook de stenen vensterbank van de rechter zijwand stamt waarschijnlijk uit deze tijd.

Accolade en ezelsrug – architectonische stijlelementen

Eveneens in de Calle Roberto Roldán, recht tegenover nummer 15, staat het gebouw van een voormalige bar (Bar Vicente), te herkennen aan het nog aanwezige naambord. Portaal en venster zijn versierd met accoladebogen. Reeds in de oudheid werden bogen – vooral in Perzië – als decoratief element opgenomen. Maar ook in de Moorse architectuur komen zij voor. In het zuiden van Spanje werden dit soort bogen een typisch stijlelement van de late gotiek, die nog duidelijk beïnvloed was door de Moorse periode. Tot aan 1492 bestond er in Andalusië nog een laatste Arabisch koninkrijk, Granada. In die tijd behoorde Fuerteventura al lang tot Castilië. Andalusische immigranten hebben waarschijnlijk in de 16e eeuw de accoladeboog ingevoerd op het eiland. Huisnummer 7 met zijn zeer sobere architectuur heeft daarentegen slechts een ruw aangegeven accoladeboog bij de ingang.

De toegang binnen in de **Iglesia Santa María** naar de sacristie wordt gemarkeerd door een zogeheten ezelsrugboog, een hoge, uitgerekte variant van de accoladeboog. Dit type boog wordt ook wel kielboog genoemd, omdat het eruitziet als de omgekeerde kiel van een schip. Net als de gotische boog voor het hoofdaltaar stamt hij nog van de eerste kerk, die vanaf 1410 werd gebouwd en in 1424-1430 zelfs de titel 'kathedraal' mocht dragen. Aan de andere kant gebruikte ook bouwmeester Pedro de Párraga nog in 1691 bij de wederopbouw van de kerk na de aanval van piraten enkele aanwijsbaar gotische stijlelementen: de aan de buitenkant gewelfde spitsbogen aan de torenvensters en de ramen van de sacristie.

Daarentegen is het gesneden houten beeld van de heilige Catherina, in een altaar aan de zijwand linksachter van de Iglesia Santa María, vrijwel zeker toe te schrijven aan de tijd van de Normandische kolonisten en hun 'kathedraal'. Het is daarmee een van de oudste kunstwerken op Fuerteventura.

Kathedraal voor zes jaar

Nadat de neef van Jean de Béthencourt, Maciot, in 1418 zijn feodale rechten op de Canarische Eilanden moest afstaan onder druk van Castilië, kreeg Alfonso de Las Casas de rechten over de nog niet veroverde eilanden. Deze nam onmiddellijk de verdere onderwerping van de archipel ter hand. De Normandiërs stonden hem daarbij echter in de weg, omdat ze nog steeds een grote invloed hadden in de regio.

Om tweestrijd te zaaien gebruikte Las Casas het schisma dat de katholieken sinds 1378 verdeelde. Op Lanzarote bestond op dat moment al een bisdom, gesticht door de twee Franse priesters die Jean de Béthencourt op zijn verove-

ringsexpeditie hadden begeleid. De plaatselijke bisschop had zich onder de tegenpaus Benedictus XIII in Avignon geschaard, die door Frankrijk en Castilië werd ondersteund. Tijdens het Concilie van Konstanz werd het Westers Schisma officieel door de verkiezing van de nieuwe paus Martin V in Rome beëindigd. Benedictus XIII en zijn opvolger Clemens VIII in Avignon wisten echter van geen wijken. In deze situatie overtuigde Las Casas in 1424 de curie in Rome ervan om op Fuerteventura een bisdom te stichten als tegenhanger van het bestaande bisdom op Lanzarote. Een familielid van Las Casas werd tot bisschop benoemd, maar trad nooit aan. Clemens VIII had inmiddels de uitzichtloosheid van zijn positie onderkend en trad af in 1429. De bisschop van Lanzarote schaarde zich onder Rome, waarmee het bisdom op Fuerteventura overbodig was geworden en in 1430 officieel werd opgeheven.

De monniken

Aan de noordelijke rand van Betancuria staat de vrij toegankelijk ruïne van het **Convento de San Buenaventura** (Ctra. de Antigua resp. FV-30). Zeven franciscaner monniken, die met de Normandische veroveraars waren meegekomen, begonnen in 1416 met de bouw van het eerste klooster op de Canarische Eilanden. Van hieruit bekeerden zij de oorspronkelijke bewoners tot het christendom. Van de voormalige kloosterkerk zijn alleen nog de buitenmuren overgebleven. In de plattegrond is duidelijk de vorm van een Latijns kruis te herkennen, typerend voor de franciscanen en andere bedelorden. Van het oorspronkelijke gotische gebouw bleven een portaal met spitsboog (linker buitenmuur) en een accoladeboog (rechter buitenmuur, boven het voorste venster) behouden, en de grafplaat voor het altaar.

Bij de piratenaanval in 1593 werd het complex gebrandschat, na de opheffing van alle kloosters in Spanje in 1836 werd het definitief verwoest. Alle interieurstukken van waarde belandden in andere kerken of in privécollecties. De bevolking gebruikte de gebouwen vervolgens als steengroeve. Tegenwoordig omringt een idyllische kleine tuin de ruïne. Ze draagt de naam van de conquistador Diego García de Herrera, die in 1485 in het franciscanenconvent werd bijgezet.

Een koppige kameel

Voor de kloosterruïne staat, gescheiden door een diepe beekbedding, de door een witte muur met kantelen omgeven **Capilla San Diego de Alcalá**. Op deze plek zou de later heiligverklaarde franciscaner monnik Didacus (Diego de Alcalá) zich in een grot hebben teruggetrokken en in extase van het gebed wonderen hebben verricht. Tot vandaag de dag houdt men in Betancuria vast aan het gebruik om aarde uit de omgeving van deze grot op de buik van zwangere vrouwen te strooien, opdat de geboorte zonder complicaties zal verlopen.

De uit Andalusië afkomstige Didacus was in 1445-1449 abt van het klooster van Betancuria. Kort na zijn dood ontstond een eerste kapel, waarvan nog een kleine deur met een gotische spitsboog in de linker buitenmuur over is. Om deze te bouwen, zo werd gezegd, zou de duivel door bezweringen gedwongen zijn de zware stenen hier naartoe te brengen. Vroeger werden echter ook koppige kamelen, die als lastdieren dienden, duivels genoemd. De huidige (meestal gesloten) kapel stamt voornamelijk uit de 17e eeuw. Gestileerde acanthusbladeren van gebakken klei – oude vruchtbaarheidssymbolen die mogelijk in verband staan met de wonderen van de heilige Didacus – sieren alle dakranden. Enkele daarvan zijn bewaard gebleven.

de verovering door de Europeanen over Fuerteventura regeerden (zie blz. 66).

Betancuria ✶ ▶ F 5

De voormalige hoofdstad van Fuerteventura ligt schilderachtig ingebed in een smalle vallei. Wie vanaf de pas bij Mirador de Morro Velosa over de haarspeldbochten van de FV-30 omlaag rijdt, heeft het mooiste uitzicht op de plaats. Palmen en tamarisken vinden hier genoeg water om weelderig te groeien. De omliggende bergen boden de eerste Europese kolonisten in de 15e eeuw niet alleen beschutting tegen de alles vernietigende noorderwind, maar ook tegen piraten, die de kusten regelmatig teisterden. Ondanks dat leed Betancuria in 1593 zware schade bij een overval van Noord-Afrikaanse Saracenen. De huidige gebouwen stammen grotendeels uit de daarop volgende periode van wederopbouw. Sedertdien is er weinig veranderd.

Tot 1835 resideerden hier de feodale heren van het eiland, toen moest Betancuria haar hoofdstedelijke functie opgeven en viel het in een diepe slaap. Inmiddels is het museaal aandoende stadje met zijn 200 inwoners in zijn geheel onder monumentenzorg geplaatst en wordt het in het kader van de eilandtours veel bezocht door dagjesmensen.

Iglesia Santa María

Plaza Iglesia, bezichtiging ma.-vr. 10.45-16.20, za. 11-15.20 uur, € 1,50
De parochiekerk Santa María (ook wel Iglesia Nuestra Señora de la Concepción) domineert de stad. Het als een versterkte kerk ontworpen gebouw met zijn dikke muren en hoog geplaatste, kleine vensters stamt uit de 17e eeuw. In die tijd brachten de inwoners van Betancuria zich bij piratenovervallen in de kerk in veiligheid. De Iglesia Santa María wordt via een portaal aan de rechterzijde van het schip betreden. Zij is opgetrokken in de stijl van de late renaissance, waarvan op de Canarische Eilanden slechts weinig voorbeelden zijn. Op het gevelportaal herinnert het wapen met de bisschopsmijter boven gekruiste sleutels eraan dat de voorgaande kerk in de 15e eeuw voor een korte periode de status van kathedraal had (zie blz. 181).

In het interieur van de kerk valt als eerste het gesneden houten plafond in mudéjarstijl uit 1645 van Canarische pijnboom op. Het houtsnijwerk in het achterste deel van het rechter zijschip is zeer rijk uitgevoerd. Daar hangt ook een groot olieverfschilderij met een voorstelling van het Laatste Oordeel – een op Fuerteventura veel voorkomend motief, dat in elf kerken terug is te vinden. In tegenstelling tot de gebruikelijke voorstelling werd in het onderste gedeelte van het vagevuur een hel voorgesteld. Waarschijnlijk is het schilderij afkomstig van een Vlaams atelier. Hetzelfde geldt voor de allegorische schilderingen op de preekstoel. Ze tonen het Lam Gods, de pelikaan bij het voeden van haar jongen met haar eigen bloed en een uit de as herrijzende vogel.

Het barokke hoofdaltaar werd in 1684 geplaatst. Het is gesneden uit hout en deels bedekt met bladgoud, deels prachtig beschilderd met fruit en landschappelijke indrukken. In het gemetselde stenen altaar van het linker zijschip staat een beeld van de Maagd van de Onbevlekte Ontvangenis (Concepción), de patrones van Betancuria, uit de overgangsperiode tussen renaissance en barok.

Schatten uit de Iglesia Santa María, maar ook uit vele andere kerken van het eiland, maken deel uit van de collectie van het **Museo de Arte Sacro**. De verzameling van het voorheen in een herenhuis, schuin beneden aan het kerkplein gevestigde museum is momenteel ondergebracht in de sacristie van de Iglesia Santa María.

Casa Santa María

Plaza Iglesia, www.casasantamaria.net, ma.-za. 10-15.30 uur, volw. € 5, kind tot 10 jaar € 2,50

Rondom het idyllische kerkplein resideerden vroeger de adellijke families van het eiland. Uit deze tijd is een aantal twee verdiepingen hoge herenhuizen bewaard gebleven. Een daarvan, het gerestaureerde Casa Santa Maria, is nu de favoriete bestemming van de georganiseerde busreizen. Ook voor de individuele reizigers is het huis een bezoekje waard.

Een klein museum toont landbouwgereedschappen zoals deze vroeger werden gebruikt. Daarnaast zijn er oude foto's van het eiland te zien. In de schaduwrijke tuin nodigen banken uit tot rusten. Eromheen zijn in de oude bedrijfsruimten ateliers ondergebracht, waar borduursters en wevers hun vaardigheden demonstreren. Een wijn- en kaasproeverij in de voormalige bodega van het huis is bij de toegangsprijs inbegrepen. Daarbij wordt zelfgebakken brood geserveerd met *mojo*, de typische Canarische saus. Met onregelmatige tussenpozen begint een audiovisuele voorstelling, die het huidige leven op Fuerteventura het jaar rond toont. Deze werd samengesteld door de fotografen Rainer Loos en Luis J. Soltmann.

Museo Arqueológico de Betancuria

Calle Roberto Roldán, tel. 928 87 82 41, www.artesaniaymuseosdefuerteventura.org, di.-za. 10-18 uur, 25 dec. en 1 jan. gesl., € 2

In een typisch oud stadshuis met luchtige binnenplaats is het Archeologisch Museum van het eiland gehuisvest. Twee bronzen kanonnen, trofeeën van een strijd tegen Engelse zeerovers bij Tuineje (zie blz. 72) flankeren de ingang. Het museum toont in twee zalen keramiek, gereedschap, sieraden en grafgiften van de oude Canarische bevolking, evenals gevonden beenderen. Panelen illustreren het leven van de oorspronkelijke bewoners. Een luxueus vormgegeven gidsje in het Engels of Duits (bij de ingang verkrijgbaar) biedt verduidelijking.

Bijzonder waardevol zijn de zes van geslachtskenmerken voorziene beelden (idolen) uit de **Cueva de los Idolos** in de Malpaís de La Arena bij La Oliva, die in het museum zijn te zien. Deze prehistorische cultus- en grafplaatsen werden vermoedelijk bezocht door kinderloze vrouwen om er vruchtbaarheidsrituelen uit te voeren.

De binnenplaats van het gebouw en een andere, vanaf de binnenplaats toegankelijke ruimte zijn gewijd aan gereedschap en keramiek uit de eeuwen na de aankomst van de Europese kolonisten. Achter het huidige museum zijn groots opgezette uitbreidingsbouwwerken gepland.

Overnachten

Berghut – **Casa de Los Padrones:** Parra Medina (aangegeven vanaf de FV-30 bij Km 19, aanrijroute over een 1,5 km lange onverharde weg). De enige berghut (*refugio de montaña*) op Fuerteventura, gelegen in een bebossingsgebied ten zuiden van Betancuria. Oud gerestaureerd stenen huis met slaapzaal voor 12 pers., leeftijd boven 12 jaar, zonder personeel. De hut is alleen toegankelijk met een toestemmingsformulier van de Cabildo Insular (Cabildo Insular de Fuerteventura, 35600 Puerto del Rosario, Calle Virgen del Rosario 7, tel. 928 53 36 02, www.cabildofuer.es (trefwoord MedioAm- ▷ blz. 186

Favoriet

Finca Pepe – de beste geitenkaas

Ter begroeting mekkeren de geiten in hun stallen. Een bok maakt capriolen. Wie in het westen geitenkaas wil kopen, is hier aan het juiste adres. Het voormalige franciscaner klooster van Betancuria gaf de hier geproduceerde kaassoort de toepasselijke naam El Convento. Men kan de kaas hier proeven. Bovendien serveert de bazin persoonlijk op verzoek koffie en koekjes met cactusmarmelade. Granja Las Alcaravaneras (de afslag van de FV-30 nementegenover het Convento de San Buenaventura (zie blz. 182) en de weg volgen), tel. 928 87 81 64, www.fincapepe.com, dag. 8-20 uur.

Tip

Picknick in het groen

Voor een behoorlijke picknick op Fuerteventura is een gerijpte queso Majorero ideaal. Amandelen en gedroogde vijgen passen uitstekend bij de geitenkaas, als alternatief zijn olijven en de zoete tomaten van het eiland geschikt. Een hartige bergham (*jamón serrano*) is heerlijk met honingmeloen. Daarbij passen donker boerenbrood (*pan moreno*) en een lichte rode landwijn – smakelijk!

Links naast het Archeologisch Museum van Betancuria nodigt een door palmen overschaduwde picknickplaats met tafels en banken uit tot een pauze. Nog idyllischer is het recreatiegebied **Castillo de Lara** (▶ F 5), direct ten zuiden van de stad gelegen (aangegeven vanaf de FV-30, te bereiken over een 1,5 km lange, maar goede onverharde weg). De uitgestrekte picknickplaats met barbecues, toiletten en kinderspeelplaats ligt in een groen dal in een door aanplanting ontstaan dennenbos. In de weekends komen hier veel lokale families, op andere dagen is het hier erg rustig.

biente, EquipamientosenlaNaturaleza), gebruik is gratis).

Eten & drinken

Rijk aan geschiedenis – **Casa Princess Arminda:** Calle Juan de Bethencourt 2, tel. 638 80 27 80, www.princessarminda.com, meestal dag. 12-17 uur, op aanvraag voor kleinere en grotere gezelschappen ook 's avonds, hoofdgerecht ca. € 12. In een stadspand niet ver van de kerk gelegen dat dateert uit de 15e eeuw. De keuken is trots op haar malse stoofpotten van lams- en geitenvlees, naar traditioneel recept bereid en verrijkt met verse kruiden. Huisgemaakte Canarische tapas voor de kleine trek. In het huis is ook een degelijk ingerichte tweepersoonskamer te huur (€ 55).

Dineren op de patio – **Casa Santa María:** Plaza Santa María 1, tel. 928 87 82 82, www.casasantamaria.net, dag. 11-16 uur, hoofdgerecht ca. € 20. Eilandgerechten van niveau worden in een van de wind afgeschermde, door bloemen omlijste patio van het gerestaureerde herenhuis (zie blz. 184) opgediend. Specialiteit is *cabrito al horno* (geitenvlees uit de oven) met *salsa de romero* ('pelgrimssaus').

Gemoedelijk – **Bodegón Don Carmelo:** Calle Alcalde Carmelo Silvera 4, tel. 928 87 83 91, ma.-za. 10-18 uur, hoofdgerecht ca. € 13, tapas € 3. Het liefdevol ingerichte restaurant in een klein stadspand met tuinterras is gespecialiseerd in tapas met marktverse ingrediënten. Ook vegetarisch. Wie een grotere trek heeft, bestelt geit. Heerlijke huisgemaakte desserts.

Winkelen

Garandeerd handgemaakt – **Tienda de Artesanía de Betancuria:** Calle Roberto Roldán, tel. 928 87 82 41, www.artesaniaymuseosdefuerteventura.org, di.-za. 10-18 uur, 25 dec. en 1 jan. gesl. De kunstnijverheidswinkel van de eilandregering nodigt zonder verplichtingen uit om de typisch regionale producten te bekijken. Verkocht worden hier hoogwaardige souvenirs zoals

borduurwerk, keramiek en vlechtwerk.
Kaaswinkel – **La casa del queso:** Calle Roberto Roldán, tel. 928 87 83 49. In de kleine *tienda* kan men voorafgaand aan de koop proeven. Wie wil, kan de specialiteiten ook samen met tapas in de bijbehorende cafeteria verorberen.

Uitgaan

Timpleklanken – **Casa Princess Arminda:** zie blz. 186. In de huisbar klinken vaak Canarische, Spaanse en internationale liederen, live uitgevoerd door lokale muzikanten. De gasten kunnen verzoeknummers aanvragen. In de zomer vindt er verzoek 's middags of 's avonds, als begeleiding bij de maaltijd, een fiesta plaats op de bloemrijke patio.

Info & festiviteiten

Oficina de Turismo

Calle Juan de Bethencourt 4, 35637 Betancuria, tel. 928 87 80 92, fax 928 87 82 33, www.aytobetancuria.org. Infokiosk op de parkeerplaats bij de Iglesia Santa María, dag. behalve zo. Een oud herenhuis wordt ingericht om binnen afzienbare tijd als toeristeninformatiebureau te dienen.

Festiviteiten

Fiesta de San Buenaventura: 14 juli. Op de veringsdag van de beschermheilige van het eiland schrijden hoogwaardigheidsbekleders met de veroveringsbanier van Fuerteventura vooraan de processie. De koning van Castilië verleende de banier in 1454 aan de feodale heer Diego García de Herrera als bevestiging van zijn leenrecht over het eiland, dat hij op 14 juli 1456 officieël in bezit nam. Op de ene zijde is het wapen van het eiland afgebeeld, op de andere zijde de heilige. Gescheiden van het religieuze deel van de feestelijkheden vinden er militaire parades plaats, waarmee de opname van Fuerteventura onder de Castiliaanse kroon wordt herdacht.

Vervoer

Bussen: Lijn 2 Puerto del Rosario – Vega de Río Palmas rijdt 3-4 maal daags.
Taxi: tel. 928 87 80 94.

Vega de Río Palmas ▶ E 5

Vanaf Betancuria loopt de FV-30 omlaag, nu met minder bochten, over de bodem van de vallei, die tot aan de uitmonding in zee merkwaardig genoeg meerdere malen van naam verandert. Bij Vega de Río Palmas (200 inw.) heet hij **Barranco de Las Peñitas** en is hij begroeid met palmen en tamarisken. Op terrasvormige akkers verbouwen de bewoners deels nog graan, aardappelen en peulvruchten. Windmolens pompen ter irrigatie het overvloediger dan elders op het eiland beschikbare grondwater omhoog.

Santuario de la Vega

Carretera General, di.-zo. 11-13, 17-19 uur

Voor de katholieke gelovige is Vega de Río Palmas met zijn bedevaartskerk het religieuze centrum van het eiland. Hier wordt de Virgen de la Peña (Rotsmadonna) vereerd, wier albasten beeld – vanwege haar kleine afmetingen ook wel liefkozend *la peñita* genoemd – waarschijnlijk door Jean de Béthencourt is meegebracht van zijn veroveringsexpedities aan het begin van de 15e eeuw.

Ze wordt beschouwd als de oudste heiligenfiguur van de Canarische Eilanden en is vervaardigd in ▷ blz. 193

Op ontdekkingsreis

Palmoasen – door de ravijnen van het berggebied

In Vega de Río Palmas en Barranco de la Madre del Agua gedijen vele palmbomen. Het oase-achtige gebied wordt vanwege zijn waterrijkheid tot op de dag van vandaag nog sporadisch voor terrassenlandbouw gebruikt. Het overgroeide stuwmeer Presa de Las Peñitas is een pleisterplaats voor trekvogels, tot vreugde van vogelaars. Een oude pelgrimsroute leidt naar de pittoreske rotskapel Ermita de la Peña.

Kaart: ▶ E/D 5/6

Duur: een halve tot volledige dag

Karakter: 2 wandelingen (1,5 uur resp. 30 min. heen en terug), die te combineren zijn tot een wandeling naar Ajuy (3,5 uur, 300 hoogtemeters dalen, middelzwaar).
Route: FV-30, tot de zuidelijke rand van Vega de Río Palmas
Uitrusting: verrekijker voor vogelobservatie

De Canarische palm wordt tegenwoordig vanwege haar schoonheid als sierboom aangeplant rond de Middellandse Zee. Van nature komt ze echter alleen voor op de Canarische Eilanden. Ze heeft een grotere bladerkroon en is gedrongener dan haar naaste familie, de dadelpalm uit Noord-Afrika. De 15e eeuwse kroniek 'Le Canarien' beschrijft het volgende: '... er is een prachtig dal, waar meer dan 800 palmen staan ... met beken vol water, die erdoorheen stromen ... en de palmen staan in groepen van 100 tot 120 bijeen ... ze hebben veel bladeren en hangen vol dadels ...' Waarschijnlijk wordt hiermee het dal van Vega de Río Palmas bedoeld, waar nu lang niet meer zoveel palmen staan als in de tijd van de Conquista.

Kroonuitval door watergebrek

Bij het zuidelijke plaatsnaambord van **Vega de Río Palmas** slaat een smalle dorpsstraat af in westelijke richting. Bij de laatste huizen bereikt deze na 1,2 km een brug, waarvoor rechts een breed voetpad begint (bord: SL FV 27). Het is er aangenaam lopen door de bijna altijd drooggevallen beekbedding van de **Barranco de Las Peñitas**. 's Winters na regenval kan de leemachtige bodem echter glibberig zijn. Schaduwrijke palmbomen en in onbruik geraakte terrasakkers omzomen de route. Buiten de eigenlijke valleibodem leiden de bomen, ondanks het in het dal overvloedig aanwezige bronwater, zichtbaar aan watergebrek. Vele hebben reeds hun kroonbladeren verloren. Het is hun noodlottig geworden dat ze tegenwoordig uitsluitend afhankelijk zijn van het grondwater. Toen de akkerbouw hier nog floreerde, werden de nuttige bomen min of meer bewust door de boeren samen met hun velden bevloeid. Maar nu wordt in de omgeving – zoals overal op het eiland – de landbouw op een veel geringere schaal dan vroeger beoefend. In de beekbedding zelf is er in ieder geval genoeg vocht om behalve de palmen ook tamarisken, Canarische wilg en zelfs riet en russen te laten groeien. Door het water gepolijst gabbrogesteente (het 'graniet' voor beeldhouwers, zie blz. 150) is onderweg overal aanwezig – uniek voor Fuerteventura en in deze uitgesproken vorm zelfs voor alle Canarische Eilanden.

De palm – een gewas

De dadels van de Canarische palmboom zijn ongeschikt voor consumptie, ze zijn bitter en houtachtig. Toch werd de boom traditioneel op vele manieren benut. Mandenmakers gebruikten de hoofdnerf van de bladeren, van de stam werden dakbalken of bijenkasten gemaakt, uit de wortelen werden vezels voor het draaien van touwen gewonnen. Zelfs de kale fruitstelen werden benut – om de straten mee te vegen. Tegenwoordig zijn de producten van de palm allang vervangen door industrieel vervaardigde importgoederen.

Vogelobservatie

Na 15-20 minuten bereikt men de **Presa de Las Peñitas**, een in de tijd van Franco aangelegd stuwmeer, dat al snel dichtslibde door het binnendringen van zand. Bovendien was het water, dat uit een zoute bron komt, onbruikbaar voor irrigatie. Vandaag de dag bezoeken diverse vogelsoorten hier graag de tamariskenbosjes, die inmiddels een deel van het vrijwel opgedroogd moerasgebied bedekken, om er te broeden. Frequente gasten zijn de fluiter, de Canarische pimpelmees, de madeiragierzwaluw, de palmtortel en de totaal niet schuwe, metaalgrijze klapekster met een donkere kop.

In de voetsporen van de pelgrims

De palmentuin laat men nu achter zich, de verdere weg is de moeite waard vanwege een heel bijzondere bestemming, de bedevaartskapel Ermita de la Peña. De vanaf hier meer steenachtige en schaduwloze route verlaat de beekbedding naar rechts en vertakt zich dan direct. Links gaat het langs de oever van het meer, eerst over een breed en dan over een smaller pad. Bij de resten van een halfronde muur moet men rechts aanhouden en na in totaal ca. 30 minuten looptijd wordt de bovenkant van de stuwdam bereikt. Men kan bij de splitsing ook rechtsaf de korte omweg langs de nabij gelegen, duidelijk herkenbare vogelkijkhut nemen en dan net ervoor linksaf slaan, steil omlaag naar de oever van het meer.

Onderaan de stuwdam zet de oude pelgrimsweg zich voort door het dal, waarvan dit gedeelte **Barranco del Mal Paso** (*mal paso* = slechte doorgang) heet. Het verloop van de route wordt nu steiler en avontuurlijker. Het dal vernauwt zich tot een imposante kloof, die geflankeerd wordt door lichte, blauwachtig schemerende rotswanden. Het is syeniet, een voor Fuerteventura unieke steensoort. Dit aan het graniet verwante dieptegesteente werd door tectonische verschuivingen naar het oppervlak van het eiland gestuwd.

Aan de andere uitgang van de kloof drukt de nietige **Ermita de la Peña** zich tegen de rotswand. Volgens een legende zou het beeld van de Rotsmadonna, dat tegenwoordig in het Santuario de la Vega wordt bewaard (zie blz. 187), hier halverwege de 15e eeuw zijn gevonden. Voor veel gelovigen, die naar Vega de Río Palmas reizen om de Madonna te aanbidden, is dat een aanleiding voor een korte pelgrimstocht naar de ermita. In een voorjaarsnacht werd, zo wil het verhaal, de franciscaanse monnik Juan de Santorcaz door zijn geloofsgenoten uit het klooster van Betancuria vermist. Hij zou geneeskrachtige kruiden gaan verzamelen. Herders maakten melding van felle lichten en een stralende ster in de Barranco de las Peñitas, waarnaartoe onmiddellijk een zoektocht onder leiding van de heilige Didacus op weg

ging. Men trof de vermiste in een vijver geknield en verdiept in gebed. Hij vertelde dat de lichten uit de rots waren gekomen. De volgende ochtend gingen de monniken aan de slag om het gesteente open te hakken. Ten slotte lukte het – volgens de legende – de heilige Didacus zelf om het madonnabeeld uit een spleet te hakken.

Wie zijn auto in Vega de Río Palmas heeft laten staan, kan nu het beste bij de ermita terugkeren. Wandelaars die willen doorlopen naar Ajuy, gaan verder door het spoedig weer breder wordende en met palmbomen begroeide dal. Het pad eindigt bij de ruïne van een boerderij. Een met stenen platen afgedekte waterleiding voert omlaag tot aan de bedding van de beek. Daar houdt men rechts aan. Verderop de route sluit vanaf links de FV-621 aan op het pad. Beneden in het dal, dat hier **Barranco de Ajuy** wordt genoemd, kan men zich verder oriënteren.

Idyllisch groen

Na ongeveer drie uur wandelen mondt van rechts de **Barranco de la Madre del Agua** uit in het dal. Automobilisten kunnen dit vanaf de FV-621 bereiken, waar tussen Km 2 en Km 1 een smalle asfaltweg schuin omlaag naar een tamariskenbosje op de bodem van het dal leidt en daar eindigt. Te voet gaat het over een zeer hobbelig zandspoor omhoog het dal in, langs enkele door palmbomen omzoomde terrassenvelden. Na ca. 400 m ligt aan de linkerhand de monding van de Barranco de la Madre del Agua, die het hele jaar door water bevat. Vroeger werd het door de boeren van Ajuy gebruikt om de akkers in het aangrenzende hoofddal te bevloeien. In de oaseachtige monding bleef een dicht bosje van palmen en mammoetgras behouden. In de schaduw daarvan nodigt een netwerk van vervallen kanalen en met mos begroeide waterreservoirs uit tot een verkenningstocht, begeleid door vogelgekwetter en het gekwaak van kikkers – een bijzondere ervaring op dit woestijneiland.

Wie zich door het struikgewas heenwerkt tot aan het bovenste gedeelte, komt bij de Madre del Agua (letterlijk: moeder van het water), een bronkop waar het kostbare nat uit de rots sijpelt. De ongebruikelijke naam duidt er mogelijk op dat de oorspronkelijke bewoners hier een vrouwelijke godheid aanbaden, die voor het water verantwoordelijk was. Vervolgens keert men terug naar de weg, waarover de niet-gemotoriseerde wandelaars na 30 minuten aankomen bij **Puerto de La Peña**, de aan zee gelegen wijk van **Ajuy**. Daar kan men worden opgehaald door een taxi.

de stijl van de Franse late gotiek. Oorspronkelijk bevond zij zich vermoedelijk in de 'kathedraal' van Betancuria. Tjdens de piratenaanval (1593) brachten gelovigen het beeld waarschijnlijk in veiligheid en verborgen het tijdelijk in de Barranco de las Peñitas. Rond haar ontdekking op die plaats is echter ook een legende ontstaan, die deze gebeurtenis ongeveer 150 jaar naar voren haalt. De heilige Didacus zou het madonnabeeld hoogstpersoonlijk uit een rots hebben gehouwen (zie blz. 190).

Het Santuario de la Vega stamt uit de 17e-18e eeuw. Dubbele zuilen, die onderaan de vorm van een ui aannemen, flankeren het renaissanceportaal met zijn paneeldeuren. Deze vormgeving is typerend voor de Spaanse 'koloniale barok', die men vooral in Latijns-Amerika tegenkomt. Door chinoisemotieven omlijste schilderijen sieren het hoofdaltaar (1769) rondom het beeld van de Rotsmadonna. Bovenaan is de doop van Jezus te zien, geflankeerd door engelen. Aan de zijkanten volgen dan de heiligen Petrus en Paulus, eronder links de Heilige Maagd van de Apocalyps en rechts Josefs Droom.

Een bijzondere artistieke prestatie is het met mudéjarhoutsnijwerk versierde plafond. Het wordt overspannen door het trogvormige en sobere gewelf van het schip zelf. Daarentegen is het boven het altaar rijk versierd met ornamentale en florale motieven. Boven de linker zij-ingang verbeeldt een olieverfschilderij de legende van de ontdekking van de Rotsmadonna. Het is een kopie. Het origineel is in het bezit van het Museo de Arte Sacro in Betancuria, dat momenteel is ondergebracht in de sacristie van de Iglesia Santa María.

De Ermita de la Peña omgeven door rotsen

Tip

Topkeuken

In een zorgvuldig gerestaureerd 17e-eeuws pand tegenover de bedevaartskerk van Vega de Río Palmas lonkt het restaurant **Don Antonio** (▶ E 5) met een fantastische keuken en veel sfeer. De in chique eilandstijl ingerichte bar is zeer geschikt voor een aperitief, voorafgaand aan het eten in de gezellige eetzaal. Aan de wanden is hier nog de traditionele bouwwijze met natuursteen te herkennen. Ook op de idyllische binnenplaats kan worden gegeten. Creatieve Fuerteventurakeuken met een voorkeur voor inheemse ingrediënten (zuiglam, geitjes). Plaza de la Peña, tel. 928 87 87 57, di.-zo. 10-17 uur, 3-gangenmenu voor € 45-55.

Info & festiviteiten

Festiviteiten

Fiesta Nuestra Señora de la Peña: derde weekend van sept. In 1675 verkreeg de Rotsmadonna de officiële status van eilandheilige. Sindsdien is Vega de Río Palmas ieder jaar in september het doel van een grote bedevaart (*romaría*). Pelgrims komen deels te voet, maar meestal per bus of auto, om aan dit evenement deel te nemen. Een mis ter ere van de Madonna gevolgd door een processie vormt het hoogtepunt van een dagenlang durend volksfeest, dat met dans, sportwedstrijden, vuurwerk en een optocht van praalwagens wordt gevierd.

Vervoer

Bussen: Lijn 2 rijdt 3-4 maal daags vanaf Puerto del Rosario (via Betancuria). Halte aan de FV-30 (Plaza de la Peña). **Taxi:** tel. 928 87 81 01.   ▷ blz. 196

Favoriet

Degollada de Los Granadillos – het ultieme uitzicht ▶ E 6

Vanuit de verte lijken auto's en bussen voor de rotswand te zweven. Pas op het tweede gezicht herkent men de avontuurlijke panoramische weg. Om echt van het uitzicht te genieten, kan men niet om een stop bij de Degollada de Los Granadillos heen. Chauffeurs en bijrijders komen hier op adem na een duizelingwekkende rit. Zij klimmen in enkele minuten over een stenen pad omhoog naar een aan de elementen blootgestelde rots en gaan daar eenvoudigweg op de stenen zitten, om in verwondering rond te kijken. FV-30 Vega de Río Palmas-Pájara, Parkeerplaats bij Km 25.

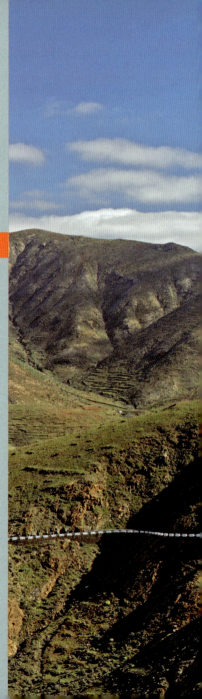

Het westelijke berggebied

Pájara ✹ ▶ E 6

Vanaf Vega de Río Palmas neemt de barranco een afkorting naar zee door een smalle kloof. Daarentegen kronkelt de doorgaande weg FV-30 zich avontuurlijk over een ongeveer 600 m hoge bergkam. Aan de zuidzijde daarvan ligt het kleine stadje Pájara (1100 inw.) tussen de berghellingen ingenesteld. Het is een van de belangrijkste historische plaatsen van Fuerteventura. Hier resideerde in vroeger eeuwen een aantal adellijke families, die in de omgeving uitgestrekte landerijen bezaten. Zij lieten in de eigenlijke stadskern hun sporen achter in de vorm van eerbiedwaardige stadspaleizen met typisch Canarische houten balkons en intieme binnenplaatsen. Voorbeelden daarvan zijn de Casa Isaítas en het gebouw waarin vandaag de dag Restaurant La Fonda is gehuisvest. Aan de rand van het stadje, in de Calle Guise (FV-30 richting Betancuria), staan ook enkele gelijkvloerse, voormalige adellijke landhuizen. Aan

De parochiekerk Nuestra Señora de Regla in Pájara heeft twee schepen

een zijde van het platte dak zijn deze voorzien van een extra kamer met een houten balkon – dit was het voormalige slaapvertrek van het feodale echtpaar.

Bestuurskundig behoort het schiereiland Jandía tot Pájara, dat dankzij de uit de daar aanwezige vakantieoorden rijkelijk binnenstromende inkomsten nu een van de rijkste gemeenten van de Canarische Eilanden is. Dit komt tot uitdrukking in de gerenoveerde huizenrijen en goed onderhouden groenvoorzieningen. De stad heeft zichzelf zelfs een openbaar zwembad veroorloofd, een grote luxe gezien het watergebrek op het eiland. Het bevindt zich achter de kerk.

Iglesia Nuestra Señora de Regla
Plaza Nuestra Señora de Regla, dag. 11-13, 17-19 uur, mis zo. 19 uur

In de overzichtelijk stadskern verheft zich een van de meest interessante kerken van het eiland. Vroeger stond Pájara in de schaduw van de naburige hoofdstad Betancuria. De gunstige ontwikkeling van de landbouw in Barranco de Pájara leidde echter in de 17e eeuw tot een zo snelle aanwas van de bevolking, dat de bouw van een nieuwe kerk nodig was. Het huidige hoofdschip ontstond tussen 1708 en 1711. Reeds twintig jaar later moest er een tweede, bijna even groot schip aan worden toegevoegd.

Aan het portaal van het hoofdschip doen de ornamenten aan Azteekse beeldhouwkunst denken. Het roodachtige natuursteen is vooral in de namiddag erg fraai, als ondanks de hoge bomen op het kerkplein een straaltje zonlicht op de façade valt. Niet alleen op de Canarische Eilanden, maar in heel Spanje heeft dit van het plaveisel van het voorplein tot aan het dak reikende portaal zijn gelijke nog niet gevonden. Vooral het bovenste gedeelte is zeer exotisch. Boven de ronde boog van de deuropening rust een driedelige architraaf, een op de antieke kunst teruggrijpende balk. Het reliëffries toont in het onderste gedeelte twee slangen, die zichzelf in de straat bijten. De gevederde ornamenten links en rechts daarvan heeft men niet kunnen duiden. Boven het fries bevindt zich een driehoekig fronton met een wielvormig verdeeld rozetvenster. Twee roofkatten, mogelijk poema's, klimmen op de buitenkant van het fronton. Bovenop zijn open punt rusten drie hoofden met vedertooi, waarin men indianen denkt te

herkennen. De middelste draagt vleugels en troont op een zonnevormige stralenkrans.

De theorie dat het portaal uit Mexico naar Fuerteventura zou zijn gebracht, is inmiddels weerlegd. De kalksteen waaruit het is vervaardigd is afkomstig uit de omgeving van Ajuy. Ook de steenhouwer kon onmogelijkerwijze uit Midden-Amerika afkomstig zijn. Recenter onderzoek kon onlangs aantonen dat Cesare Ripa, die in 1593 in Italië een handleiding had gepubliceerd, het gebruik van indiaanse motieven (hoofden met verentooi, geometrische zonnenpatronen, etc.) aanraadde. De 'Iconologia' van Ripa was in de tijd van de renaissance en de barok zo goed als de bijbel van de beeldende kunst. Zoals voorheen bleef echter onopgehelderd wie de opdrachtgever van het portaal in Pájara was. Hij had in ieder geval een tamelijk ongewone smaak voor kunst.

In het interieur van de kerk herbergt het barokke hoofdaltaar een laat-17e-eeuws beeld van de Virgen de Regla. De madonna is vermoedelijk afkomstig uit een Midden-Amerikaans atelier. Ze wordt ook in de Cubaanse steden Regla en Havanna als partoonheilige vereerd. Veel Canarios zijn in het verleden naar Cuba geëmigreerd, waardoor er altijd nauwe familiale en culturele banden bestonden.

Interessant is ook een kleine Christusfiguur in de rechternis van het hoofdaltaar – echte Canarische volkskunst. Een anonieme kunstenaar heeft hier onbekommerd twee iconografiën samengevoegd. Christus wordt hier zowel afgebeeld als de Verlosser, die met zijn linkervoet op de slang staat en daarmee over de zonde zegeviert, als ook als de Verrezene, wiens overwinning op de dood wordt gesymboliseerd doordat zijn rechterbeen op een doodshoofd rust.

Noria

Plaza Nuestra Señora de Regla, demonstratie ma.-vr.

Naast de kerk staat het moderne stadhuis met ervoor een gerestaureerde waterradbron (*noria*). Tot enkele decennia geleden waren bronnen zoals deze nog overal op het eiland in gebruik. Ze werden aangedreven door een ezel of een dromedaris. Het dier moest geblinddoekt zijn rondjes draaien en bracht daarmee een horizontaal gemonteerd houten rad in beweging, waarvan de rotatie op het verticale waterrad werd overgebracht. In opdracht van de gemeente Pájara demonstreert Benjamin Díaz Díaz elke ochtend (ma.-vr.) met zijn ezel Bombero deze oude methode. De demonstraties vinden vooral plaats op het moment dat de toeristenbussen tijdens hun georganiseerde eilandexcursies Pájara aandoen.

Overnachten

Oud stadspand – **Casa Isaítas:** Calle Guize 7, tel. 928 16 14 02, www.casaisaitas.com, 2 pk ca. 85 €. Prachtig, rustig pension miden in het centrum, met slechts vier eenvoudige, maar individueel en smaakvol ingerichte kamers. Uitstekend ontbijt met al naar gelang het seizoen wisselende ingrediënten, zoals handgemaakte geitenkaas, huisgemaakte jam en tomaten uit Fuerteventura.

Eten & drinken

Avantgarde – **La Fonda:** Av. de Regla 23, tel. 633 11 38 88, www.lafondapajara.es, di.-zo. 9-18 uur, hoofdgerecht

Waterradbron in Pájara – tegenwoordig alleen nog in gebruik voor de toeristen

Tip

Uitzichten over uitgestrekte eenzaamheid ▶ D 7

Met een schitterend panorama voert de FV-605 door een dor, in bruintinten gekleurd berglandschap van Pájara naar het ruim 20 km verder gelegen La Pared. Het hoogste punt wordt bereikt tussen Km 12 en Km 13 op de door de wind geteisterde pas **Degollada del Viento** (350 m), waar het loont even te stoppen. In het westen ligt direct grenzend aan de pas een militair gebied, dat niet toegankelijk is. In oostelijke richting kan men vanaf de parkeerhaven in vijf minuten een kleine top met ommuurde **mirador** beklimmen. Het uitzichtsplateau werd naar voorbeeld van de oud-Canarische *casas hondas* (zie blz. 221) half in de bodem ingegraven. Het uitzicht rijkt ver: naar het zuiden tot aan het duinenlandschap van de Istmo de La Pared en richting het noorden over de monotoon okergeel gekleurde bergen van Betancuria. Niet ver ten zuiden van de pas buigt aan de linkerkant de FV-618 af richting El Cardón, de omweg naar de gelijknamige Montaña is de moeite waard.

---

vanaf € 12. Maria Macarena Brito Castro tovert in haar rustiek ingerichte restaurant, dat in een oud herenhuis tegenover de kerk is gevestigd, creatieve Canarische gerechten op tafel. Ze legt daarbij de nadruk op het gebruik van lokale en biologische producten. Specialiteit zijn de spectaculair gepresenteerde saladecombinaties, zoals met verse groenten, kreeft en guacamole.

Kleine ontmoetingsplek – **Guayarmina**: Av. de Regla 11, tel. 928 16 15 64, di.-zo. 6-23 uur. Op het schaduwrijke terras van het café zit men gezellig en net buiten de drukte langs de weg naar Tuineje, met uitzicht op een groenvoorziening. Het assortiment aan gebak is groot, maar er zijn ook hartige snacks verkrijgbaar (vanaf € 3).

Biologische producten – **Casa Isaítas**: in de gelijknamige accommodatie, zie hierboven, hoofdgerecht ca. € 12. Rustieke, met werken van een lokale kunstenaar gedecoreerde eetzaal. Spaanse burgermanskost met indien mogelijk verse ingrediënten, waarbij aan biologisch verbouwde groenten, eieren van vrij rondlopende kippen, handmatig vervaardigde kaas en geitenvlees van het eiland de voorkeur wordt gegeven. Ook vegetariërs komen hier aan hun trekken. Royale porties.

Info & festiviteiten

Festiviteiten

Fiestas de Nuestra Señora de Regla: rond 2 juli. Meerdaagse festiviteiten ter ere van de patroonheilige van de stad. Op de eigenlijke vereringsdag trekt 's avonds tegen 20 uur een processie door de straten. De nacht daarvoor wordt om middernacht een groot vuurwerk ontstoken en aansluitend feest gevierd.

Vervoer

Bussen: Naar Morro Jable rijdt ma.-za. elke dag een bus van lijn 4 (via La Pared) en lijn 9 (via Gran Tarajal), 's morgens heen en 's middags terug. Verder rijdt lijn 18 ook 2-4 maal daags naar Gran Tarajal. De centrale bushalte bevindt zich in de Av. de Regla (bij de kerk).
Taxi: Av. de Regla (bij restaurant La Fonda), tel. 928 16 15 03.

Playa de Garcey ▶ D 6

Vanaf de FV-605 richting La Pared gaat er 3 km voorbij de afslag van de FV-621 naar Ajuy een breed, ongemarkeerd zandspoor rechtsaf. Hierover kunnen jeeprijders naar een afgelegen strand toe. Dat is weliswaar niet geschikt om te zwemmen, maar wel ideaal om naar de zee te kijken. Het spoor buigt voor de markante, bijzonder gelijkmatig gevormde **Montaña Mezquez** (414 m) naar het westen. Door een ondiep stroomdal, waarin – bijzonder voor Fuerteventura – een paar dorre vijgenbomen groeien, gaat het omlaag naar de kust. Men passeert links enkele fincas. Kort voor de monding van de barranco buigt het zandspoor naar links en gaat parallel aan de kustlijn verder. Blijf telkens op de breedste van de verschillende sporen rijden. Na ca. 7 km wordt de **Barranco de Garcey** bereikt. Vanaf hier zijn het nog slechts een paar passen tot het donkere kiezelstrand **Playa de Garcey**.

Rechts wordt het strand begrensd door een uitstekende rots, waarin zich een opvallende poort heeft gevormd. Terwijl de bovenste, uit kalkhoudend sediment bestaande gesteentelaag volledig behouden bleef, knaagde de branding een perfecte tunnel in de eronder gelegen basaltrots. Het lijkt als door mensenhand geschapen – een fotoonderwerp dat de rit er naartoe zeker waard is.

Voor de Playa de Garcey strandde in 1994 de American Star, een voormalig cruiseschip dat door een sleepboot naar een slooppaats in Thailand gebracht moest worden. De laatste overblijfselen van het luxueuze schip gingen in 2007 in de golven ten onder. Voorheen trokken hier jarenlang nieuwsgierigen naartoe en velen probeerden zelfs – ondanks het gevaar – erheen te zwemmen om voorwerpen uit het interieur van het wrak buit te maken als souvenir. Zeven mensen vonden daarbij de dood door onberekenbare stromingen rond de scheepsromp. Tegenwoordig is het ten strengste verboden om bij de Playa de Garcey het water in te gaan.

In zuidelijke richting grenst een gesloten militair gebied direct aan de Playa. De waarschuwingsborden, die het betreden verbieden, zijn zonder meer serieus te nemen. Bij overtreding dreigt een geldboete.

Ajuy ✳ ▶ D/E 5

Vanaf Pájara loopt de 8 km lange FV-621 door het brede dal van de tot op de dag van vandaag agrarisch in gebruik zijnde Barranco de Ajuy richting de westkust. Hij is hier de doodlopende en enige toegangsweg naar de verspreid liggende nederzetting Ajuy (100 inw.). Het gedeelte bij zee, **Puerto de La Peña**, is een rustig vissersdorpje, dat nog heel oorspronkelijk aandoet. In de weekenden arriveren de plaatstelijke vissers, die hier vaak een tweede huis hebben. Tussen mei en oktober serveren een paar eenvoudige restaurants vers gevangen vis. In de wintermaanden wordt nauwelijks gevist. Dan worden de kleine open bootjes gestald in de garages naast de visserskotten.

Puerto de La Peña kijkt terug op een bewogen verleden. Hier zou in 1402 de Normandiër Gadifer de La Salle – profiterend van de afwezigheid van Jean de Béthencourt (zie blz. 68) – op eigen houtje vanuit Lanzarote een eerste landingspoging op Fuerteventura hebben ondernomen. Hij moest zich echter zonder succes terugtrekken, omdat de inboorlingen zich fel verzetten. Later gebruikten de Europese kolonisten de baai voor de Playa de los Muertos als natuurlijke haven voor hun hoofdstad Betancuria.

Tip

Koffie en kunst

Een uitnodigende combinatie van kleine kunstgalerie, café en theesalon is de **Galería Tetería Puesta de Sol** in Ajuy. Naar het leuke, nieuwe pand leiden trappen omhoog vanaf het strand. Geliefd zijn ook de stoelen voor het gebouw. Ze bieden uitzicht over de baai vanuit een verhoogd perspectief, zeer antrekkelijk bij zonsondergang (*puesta de sol*). Calle Marinero 15.

Barranco de la Madre del Agua

Landinwaarts van Ajuy kan een wandeling gemaakt worden in een oaseachtige, waterrijke barranco (zie Op ontdekkingsreis blz. 191).

Zon, zee & strand

In de weekenden is het donkere zandstrand van Puerto de la Peña druk bezet met Majoreros. Zijn angstaanjagende naam **Playa de los Muertos** (dodenstrand) komt uit de tijd dat de kustplaatsen van Fuerteventura nog regelmatig door piraten werden overvallen, waarbij het vaak op een bloedige slachtpartij uitliep. Zwemmen wordt hier vanweg de vaak sterke branding als niet ongevaarlijk beschouwd. In de zomer is de playa meestal tussen 10 en 17 uur bewaakt. Dan geeft een informatiepaneel aan of zwemmen is toegestaan. Bij een rode of zwarte vlag is het levensgevaarlijk.

Eten & drinken

In het zand gebouwd – **Jaula de Oro**: Av. de los Barqueros, tel. 928 16 15 94, dag. 9.45-18 uur, hoofdgerecht € 8-12. Direct op het strand staat de gouden kooi – zoals de letterlijke vertaling luidt – met voor de wind beschutte tafels aan de zuidzijde en een ontspannen sfeer. Gevarieerde verse vis en zeevruchten, ook kleine gerechten (tapas, snacks). De dagschotels staan op borden met krijt aangegeven. Sinds decennia staat het door een lokale familie gerunde restaurant al bekend om zijn goede kwaliteit.

Bewezen keuken – **Cuevas de Ajuy**: Calle Gallegada, tel. 928 16 17 20, dag. 9-18 uur, hoofdgerecht vanaf € 6. In de weekenden is het kleine, sober ingerichte restaurant bijzonder in trek bij de Majoreros, zij waarderen de verse op verschillende wijzen bereide vis. Van het schaduwrijke terras kijkt men uit over het strand.

Festiviteiten

Fiestas de San Juan: rond 24 juni. Een traditioneel hoogtepunt van de meerdaagse festiviteiten ter ere van Johannes de Doper is de botenprocessie. Daarnaast zijn er sport en spel, muziek, folklore en viswedstrijden voor groot en klein. In de nacht voorafgaand aan Johannesdag ontsteekt men vuren op het strand. Vervolgens explodeert het vuurwerk omhoog uit zee.

Monumento Natural de Ajuy ▶ D 5

De bizarre, door de branding uitgespoelde rotsformaties aan de noordelijke rand van de Playa de los Muertos staan als natuurmonument onder bescherming. Op zeeniveau komen hier ongeveer 120 miljoen jaar oude kalksedimenten tevoorschijn. Nergens anders op de Canarische Eilanden zijn er vergelijkbare rotsen. Dit zijn afzettingen die op 2000-3000 m waterdiepte werden gevormd tijdens het krijt, toen de Canarische Eilanden nog niet bestonden. De fossielen die het gesteente bevat vormen hiervoor het bewijs. Door tectonische verschuivingen belandden de sedimenten tijdens de vorming van de Canarische Eilanden op de huidige locatie boven het zeewaterniveau. Daarvoor waren kennelijk zoutopslagplaatsen verantwoordelijk. Voor de West-Afrikaanse kust bevonden zich namelijk zouthoudende lagen op een diepte van 4000-5000 meter onder de zeebodem. Bij scheuren dringt het lichte, plastische zout naar boven en drukt de erboven liggende lagen gesteente daarbij omhoog.

Voorheen werd de kalksteen bij Ajuy gewonnen, gebrand en naar de buureilanden verscheept. Vanwege zijn bijzondere zuiverheid was deze zeer begeerd om er huizen mee wit te schilderen. In de baai stond de in de wintermaanden vaak zeer sterke branding de bouw van een steiger niet toe.

Zo ontstond in de 18e eeuw de haven **El Puertito** direct naast de steengroeve op de rotsachtige kust. Een voetpad leidt vanaf het strand omhoog naar een rotsterras boven de klif. Daar biedt de **Mirador de Ajuy** met drie verdiepingen letterlijk meer inzicht in het voormalige functioneren van het industriële monument.

Vanaf de bovenste etage kunt u omlaag kijken in de schachten van de twee oude brandovens. Een daarvan, de zuidelijke, was tot aan het begin van de 20e eeuw nog in werking. Beide vertegenwoordigen een rariteit: het gaat hier niet echt om gebouwen (zoals elders op Fuerteventura), maar om twee eenvoudigweg in de bodem gegraven, 12 m diepe schachten. Zoals men vanaf de middelste etage van de mirador kan zien, werden ze gestookt door een gat in de zijkant van de rotswand, waardoor ook de reeds gebrande kalk eruit gehaald kon worden. De ovens waren voor het laatst in particulier bezit van een zekere Don Federico, die door de dorpsbewoners bevreesd *rey de las cales* (de kalkkoning) werd genoemd. Daarentegen behoorde de steengroeve toe aan de gemeente, die voor elke afgegraven ton een vergoeding eiste.

Helemaal onderaan ten slotte, waar de mirador tegenwoordig boven de kolkende branding zweeft, bevond zich vroeger de laadbrug. Lang geleden viel deze, evenals de pier, ten offer aan de vernietigende golven.

Naar **Caleta Negra** (zwarte baai), dat zijn naam dankt aan de donkere rotsen, loopt het pad vanaf de bovenste etage van de mirador in hoogte ongeveer parallel aan de klif. Het traject wordt beveiligd door een reling. Bij een splitsing na ca. 100 m leiden links traptreden omlaag naar de **Cuevas de Ajuy**. Aan de ingang hieven de particuliere eigenaren van het terrein in de zomer van 2013 tol (€ 7). De kwestie wordt momenteel behandeld door de rechtbank, onlangs was de toegang weer gratis. De twee grotten werden vroeger gebruikt als opslagruimte. Dit uitstapje is alleen bij kalme zee mogelijk. De eerste grot is snel verkend, omdat grote rotsblokken en water de weg al spoedig versperren. Een witte pijl wijst naar een smalle doorsteek naar de tweede, grotere grot. Ook hier eindigt het onderzoek – met of zonder zaklamp – al na ongeveer 20 meter.

Gunstige lichtomstandigheden heersen vooral in de late namiddag, wanneer de stralen van de laaghangende zon weerspiegeld worden op de er tegenoverliggende rand van de Caleta Negra en afgebogen worden zodat ze de grotten inschijnen. Dan zijn aan het plafond zelfs hier en daar stalactietachtige structuren te herkennen.

Het westelijke berggebied

Wandeling naar Peña Horadada

Wandeling naar Peña Horadada ▶ D/E 5

Heen en terug 2 uur, licht

Een fotogenieke rotsboog is het doel van dit niet al te vermoeiende uitstapje. Op de splitsing bij de grotten van de **Caleta Negra** gaat het rechtsaf een paar meter omhoog naar een plateau. Parallel aan de klif loopt een spoor verder boven langs de baai. Aan de noordelijke rand van de Caleta Negra verspert een hek de weg. Hier loopt men rechts verder over een rijspoor, met de rug naar de kust, en komt na ca. 200 m bij een smal zandpad. Hierop links aanhouden, een hek passerend, over de zeer monotone, met stenen bezaaide vlakte **Tablero del Puerto**.

Plotseling komt dan het doel van de wandeltocht in zicht, de **Peña Horadada** (▶ E 5). De ook onder de naam Arco del Jurado bekend staande, meer dan 20 m hoge rotsboog staat volledig geïsoleerd op het strand, aan de monding van een ravijn. De branding heeft het al lang geleden van de omringende rotskliffen losgewerkt. Op deze markante plek zou Jean de Béthencourt in 1405 met zijn volgelingen aan land zijn gegaan en door de barranco rechtstreeks in het dal van Betancuria zijn geklommen om Fuerteventura te veroveren.

Licht dalend door de dicht met tamarisken begroeide vallei wordt de rotsboog nu snel bereikt. Afhankelijk van het seizoen vormt zich onder de boog een meer of minder grote, door leem roodachtig gekleurde poel. Deze wordt gevoed door zeer hoge vloedgolven en ook door de zelden in de barranco voorkomende overstromingen. Het ervoor gelegen kiezelstrand is niet geschikt om er te zwemmen.

El Cardón ▶ E 7

Het gehucht El Cardón (150 inw.) ligt afgelegen van de gebruikelijke toeristische routes. De inwoners leven verspreid over een vrij groot gebied tussen hun landerijen en wijden zich aan de tomatenteelt en de veehouderij. Een bezoek aan het plaatsje zelf is niet zozeer de moeite waard als de **Montaña Cardón** (▶ D 7, 691 m), die ten westen van El Cardón opdoemt. Op de relatief regenachtige hellingen groeien nog restanten van een ooit in de bergen van Fuerteventura wijdverspreide struikvegetatie. Bovenal gaat het daarbij om wolfsmelk. Sinds 1994 staat de berg met zijn aan de oost- en westzijde steile rotswanden voor een oppervlakte van 1266 ha onder bescherming als **Monumento Natural de Montaña Cardón**.

Het beste uitzicht op de bergkam heeft men vanaf de noordelijk van de Montaña Cardón lopende secundaire weg FV-618, die de aansluiting met de 'panoramaweg' FV-605 (zie blz. 200) naar El Cardón vormt. Kenmerkend is de fotogenieke rotspiek **Espigón de Ojo Cabra** (▶ D 7) op de noordelijke punt. De oorspronkelijke bewoners van Fuerteventura beschouwden de Montaña Cardón als magisch. Een oude mythe verhaalt van Mahan, een krijger met een reusachtige gestalte, wiens graf op de helling van de berg zou liggen.

Wandeling naar de Ermita Virgen de El Tanquito ▶ E-D 7

Heen en terug 1,5-2 uur, 150 hoogtemeters stijgen en dalen, middelzwaar

Het startpunt van de wandeling is een parkeerplaats met het bord 'Monumento Natural' aan de noordelijke voet van de Montaña Cardón bij de FV-618, ongeveer 2 km ten noorden van het dorp. Het pad is gemarkeerd als SL VF 53 (resp. PR FV 10). Na een stuk door een uitgedroogde beekbedding en over een zandspoor komt de route bij een oud, zorgvuldig aangelegd pelgrimspad. Over een kam klimt dit pad omhoog naar een zadel (20 min.). Er volgt dan een vijf minuten durende passage over een steile helling (gevaar voor uitglijden), waar het pad een stuk smaller is, maar niet meer zo sterk stijgt. Over een ander, meestal zeer winderig zadel loopt het nu weer bredere spoor naar een cirkelvormig plein met een houten paal. Op deze plaats houden de pelgrims nog af en toe hun *bailes de taifas*, traditionele dansen.

Het pad gaat nu verder over de westelijke zijde van de Montaña Cardón. Over de flank van de berg gaat het nog even een stukje steil omhoog. Steeds meer ontvouwt zich een geweldig uitzicht op de noordkust van het schiereiland Jandía en in de winter bloeien hier bovendien talrijke kleine, oogstrelende bloemen aan de rand van het

Wandeling naar de Ermita Virgen de El Tanquito

pad: wilde goudsbloemen en primula's, geraniums, slangenkruid en nog veel meer. Na 50 minuten wordt de **Ermita Virgen de El Tanquito** bereikt. De altijd met bloemen, kaarsen en votiefgaven versierde rotskapel ligt verscholen onderaan een steile rotswand. In twee fonteinen wordt water opgevangen, dat uit de basaltrots opwelt. Deze oeroude herdersbron was aanleiding tot de bouw van de pelgrimskerk. De plek is erg geschikt voor een kleine picknick, voordat het over dezelfde route weer omlaag gaat.

Festiviteiten

Romería de El Tanquito: laatste za. van mei. De inwoners van El Cardón begeven zich samen met pelgrims uit alle hoeken van het eiland op een bedevaart naar de Ermita Virgen de El Tanquito.

IN EEN OOGOPSLAG

De oost- en zuidoostkust

Hoogtepunten ✺

Las Playitas: Herinneringen aan de witte pueblos van Andalusië herleven in de smalle, pittoreske trappenstegen van deze kustplaats. Onder het oog van de dorpsbewoners komen de vissers in hun kleurrijke, open boten 's middags met hun vangst aan op de kade. Zie blz. 223.

Oasis Park: Midden in de woestijn ontstond bij La Lajita dankzij jarenlange, toegewijde arbeid een oase voor mens en dier. In de dierentuin brullen apen, krijsen tropische vogels en happen krokodillen naar voedsel. De flora in de botanische tuin houdt water vast voor de droge perioden. Zie blz. 233.

Op ontdekkingsreis

Museumsaline El Carmen: De zoutpannen van de enige nog in gebruik zijnde saline van Fuerteventura leveren met het 'schuimzout' een bijzonder product. Bezoekers kunnen hier alle stadia van het productieproces nader bekijken. Zie blz. 216.

Prehistorische vindplaatsen: Gerestaureerde huizen en geitenstallen geven in La Atalayita een levendig beeld van het leven van de oorspronkelijke bewoners. In de afgelegen archeologische vindplaats Los Toneles valt nog veel te ontdekken. Zie blz. 220.

Bezienswaardigheden

Pozo Negro: Een zwarte fontein gaf het idyllische kleine visserdorp zijn naam. Een kilometerslange lavastroom van de Malpaís Grande loopt tot aan het donkere kiezelstand. Zie blz. 219.

Te voet & per fiets

Sendero de La Guirra: Vanaf Caleta de Fuste loopt een pad over de vlakke rotsachtige kust, langs de vindplaatsen van fossielen, naar de zoutpannen van El Carmen. Zie blz. 212.

Fietstocht langs de oostkust: Per mountainbike gaat het van Caleta de Fuste via de Salinas del Carmen over hobbelige zandsporen en door dorre landschappen naar het vissersdorp Pozo Negro. Zie blz. 213.

Sfeervol genieten

Oorspronkelijkheid voelen: Een waar bastion van de alternatieve strandvakantie is de kleine vissersnederzetting Giniginámar met het romantische terrassenrestaurant Olas del Sur. Zie blz. 231.

Uitgaan

Flaneren als de lokale bevoling: Op de promenade van Gran Tarajal speelt zich tegen de avond het volle leven af. Iedereen die wil zien en gezien wil worden, is hier te vinden. Zie blz. 228.

Donkere stranden en meer

Op het vrij rotsachtige kustgedeelte tussen de luchthaven en het schiereiland Jandía ontbreken de lange, licht gekleurde zanderige playas, die op de andere delen van het eiland zo kenmerkend zijn voor het landschap. In plaats daarvan overheersen dorre vlakten en woeste vulkaanlandschappen het beeld. Tussen de scherpe bergruggen, die bijna uit de zee lijken te groeien, klemmen zich telkens weer donkergekleurde, zandige of kiezelachtige stranden. In het pittoreske Las Playitas en in Tarajalejo zijn aan zulke stranden kleine vakantieoorden ontstaan, ver weg van het massatoerisme, met aansluiting op authentieke, gegroeide dorpjes. Op andere plekken, zoals in de oorspronkelijke vissersnederzettingen Pozo Negro en Giniginámar, zijn voornamelijk dagjesmensen te vinden, op zoek naar de rust en eenvoud van deze playas. Er is echter een uitzondering: Caleta de Fuste, de met afstand grootste vakantieplaats van het oosten, heeft een goudgeel, goed beschut zandstrand, waar ook kleinere kinderen zich langs de kant en in het water heerlijk kunnen uitleven. De volwassen bezoekers worden aangetrokken door de jachthaven en de twee golfbanen.

Wie niet aan de oost- of zuidoostkust zijn vakantieverblijfplaats heeft, mag een dagtochtje naar dit deel van het eiland in geen geval aan zich voorbij laten gaan. Trekpleisters zijn de bijzonder fotogenieke Museumsaline, waar het felbegeerde gastronomische zout wordt gewonnen. Ook het dieren- en plantenpark van La Lajita – een liefdevol aangelegde oase te midden van de woestijn mag men niet missen. Prehistorische vindplaatsen, die getuigen van het leven en werk van de pré-Spaanse bewoners, spreken tot de verbeelding. Als een baken in de wind staat de vuurtoren op de Punta de la Entallada fier in een desolaat landschap. Zelfs de heenreis blijkt al een kleine avontuur. Wie een voorkeur heeft voor een meer stedelijke omgeving en het ritme van de plaatselijke dagelijkse routine wil meemaken, komt op een uitstapje naar de havenstad Gran Tarajal helemaal aan zijn trekken.

INFO

Internet

Informatie over de gemeente Tuineje, waartoe de plaatsen aan de zuidoostkust behoren, vindt men in het Spaans op www.tuineje.es.

Oficinas de Turismo

Touristeninformatiebureaus zijn er in Caleta de Fuste en in Gran Tarajal. Het bureau in Gran Tarajal is specifiek verantwoordelijk voor de plaatsen aan de zuidoostkust.

Heenreis en vervoer

Bussen: Naast Puerto del Rosario is Gran Tarajal het tweede knooppunt van de busmaatschappij Tiadhe op Fuerteventura. Er rijden regelmatig diverse buslijnen naar Pájara, Las Playitas en naar Puerto del Rosario (verschillende trajecten via Tuineje, Antigua, Caleta de Fuste, luchthaven). De bussen rijden van Gran Tarajal verder naar Morro Jable (via Tarajalejo/La Lajita), zie blz. 230.

Elegante zeilboten in de jachthaven van Caleta de Fuste

Caleta de Fuste ▶ H 5

In de catalogus van enkele touroperators wordt de plaats Caleta de Fuste (6000 inw.) ook onder de naam Castillo aangemerkt. De plaats heeft daarnaast nog tijdelijk de officiële naam Costa Caleta gedragen, echter deze bleef niet behouden. Met 16 duizend hotelbedden is Caleta de Fuste een van de grootste vakantiecentra van Fuerteventura. Dankzij zijn voor de Atlantische branding afgeschermde strand staat het bekend als een paradijs voor kinderen. Het lawaai van de nabij gelegen Aeropuerto de Fuerteventura is in de afgelopen jaren echter aanzienlijk toegenomen, ook 's nachts.

Overwegend Britse gezinnen vieren hun vakantie in de door veel groen omgeven bungalowcomplexen van de uitgestrekte nederzetting. Recent begint ook anderstalig Europees publiek de plaats (weer) te ontdekken, niet in de laatste plaats vanwege de twee vrij nieuwe golfbanen, waar vlakbij enkele luxehotels worden gebouwd.

Een oude dorpskern heeft Caleta de Fuste niet. In plaats daarvan zijn er diverse winkelcentra (Centro Comercial, C.C.), waar in elk centrum weer andere bars, restaurants en winkels onder een dak zijn verenigd. Het twee verdiepingen tellende Castillo Centro doet denken aan een Castiliaans landhuis met een grote binnenplaats, omzoomd door winkels en restaurants. Het assortiment richt zich uitsluitend op toeristen. Het centraal achter het strand gelegen C. C. El Castillo is een royaal opgezet, uitgestrekt complex, dat wat betreft flair echter niet met het Castillo Centro kan concurreren. Daarentegen zijn hier talloze winkels, autoverhuurbedrijven,

Caleta de Fuste

Bezienswaardigheden
1 Puerto del Castillo
2 Castillo San Buenaventura
3 Oceanarium Explorer
4 Hornos de Cal de la Guirra

Overnachten
1 Elba Sara
2 Sheraton Fuerteventura

Eten & drinken
1 La Frasquita

Winkelen
1 Mercadillo

Actief
1 Deep Blue
2 AquAVentura
3 Fuerte Fun Center
4 Fuerteventura Golf Club
5 Golf Club Salinas de Antigua
6 Miguel en Macario (kameelrijden)

Uitgaan
1 Centro Comercial Atlántico
2 Gran Casino Antigua Fuerteventura

een supermarkt, restaurants en bars gevestigd. Aanzienlijk groter en ook veel door de plaatselijke bevolking bezocht is het **Centro Comercial Atlántico** 1 (zie blz. 215) aan de FV-2 richting het zuiden. Het complex bestaat uit meer dan veertig winkels, verder zijn er nog restaurants, bars, zes bioscoopzalen en een bowlingcentrum. De direct ten noorden van Caleta de Fuste uit de grond gestampte nederzetting Nuevo Horizonte (ook wel Costa de Antigua) kwam nooit echt tot leven. Tegenwoordig zijn de meeste van de daar gebouwde bungalows particulier eigendom. Een strand heeft het bovenop de rotsachtige kust gelegen Nuevo Horizonte niet. In plaats daarvan bezit het een kunstmatig aangelegd zwemlandschap, dat echter na een korte periode in bedrijf te zijn geweest alweer werd gesloten.

Bezienswaardigheden

Puerto del Castillo 1

De Puerto del Castillo werd rond 1730 gebouwd, om de uitvoer van landbouwproducten uit het centraal gelegen deel van het eiland te waarborgen. Toentertijd was het een van de drie havens op Fuerteventura die van de feodale heer het recht op export hadden ontvangen. Deze functie heeft de haven inmiddels allang verloren. Tegenwoordig liggen hier rondvaartboten en motorjachten voor de zeevisserij. Toeristen die in Caleta de Fuste uit de bus zijn gestapt, komen graag met de 'Minitrain' hier naartoe, om over de pier te slenteren of om op het terras van het havengebouw met zijn opvallende koepeltoren plaats te nemen voor een drankje.

Naast de haven staat – als onderdeel van een vakantiepark en niet van binnen te bezichtigen – het **Castillo San Buenaventura** 2 (Playa del Castillo). De overheid liet de gedrongen vestingtoren bouwen ter bescherming van de in de haven liggende handelsschepen, nadat in 1740 een Engels invasiekorps het eiland was binnengevallen (zie blz. 72). De bekende militaire architect Claudio de Lisle werd belast met het ontwerp van de toren. Vanwege de ronde vorm noemt de lokale bevolking de Castillo San Buenaventura ook wel *quesera* (kaasstolp). De bouwwijze is identiek aan die van het fort van El Cotillo (zie blz. 116). Beide verdedigingsbouwwerken hoefden echter nooit in werking te treden, omdat er verder geen aanvallen meer plaatsvonden. Ondanks dat was er op Castillo San Buenaventura tot ver in de 19e eeuw een be-

zetting van vier soldaten, die de haven in geval van nood met twee gietijzeren kanonnen zouden kunnen verdedigen.

Oceanarium Explorer 3

Puerto del Castillo, tel. 928 16 35 14, marcan@abaforum.es, bezoek van het complex alleen in combinatie met een bootexcursie, bij voorkeur enkele dagen van tevoren reserveren (zie hieronder)

In de haven dobberen de kooien van het aquariumcomplex Oceanarium Explorer, waarin tijdelijk een verscheidenheid aan zeedieren uit de wateren van Fuerteventura woont: murenen, papegaaivissen en balistidae, kongeralen en diverse zeebrasemsoorten. Geleidelijk aan worden de dieren weer vrijgelaten en vervangen door nieuw gevangen vissen. In het octopusgebouw worden de bezoekers verrast door de intelligentie van inktvissen, die het deksel van een pot kunnen afdraaien om bij hun voedsel te komen. De meeste vissen kunnen worden gevoerd of aangeraakt, zelfs de roggen en haaien – wat wereldwijd een unicum is. Voor kinderen zorgt een bezoek aan het nagemaakte piratenschip met de bijbehorende rekwisieten voor veel extra plezier.

Na de rondleiding door het complex volgt een excursie van een uur per onderzeeboot met panoramavensters (dag. ca. elke 1,5 uur, eerste afvaart 10.30 uur, volw. € 20, kind 3-12 jaar € 10). Een ontmoeting met een van de gedresseerde zeeleeuwen, die uitzwemmen naar open zee en altijd weer naar het Oceanarium Explorer terugkeren, is daarvan een vast onderdeel. Wie meer tijd heeft, kan een twee uur durende tocht met een catamaran boeken, waarbij onderweg hoogstwaarschijnlijk dolfijnen, zeeschildpadden of zelfs walvissen zijn te zien (reservering verplicht, volw. € 40, kind 3-12 jaar € 20). Overige activiteiten die het Oceanarium Explorer aanbiedt, zijn onder meer waterfietsen, jetskiën en zeekajakken.

Hornos de Cal de la Guirra 4

Dicht bij het Centro Comercial Atlántico staat pal aan de vlakke rotskust een gerestaureerde kalkbranderij (volg de borden). Diverse kalkovens (*hornos de cal*), woon- en bedrijfsgebouwen behoren tot het complex. Ongebluste kalk was eeuwenlang een belangrijk exportproduct van Fuerteventura. De verschillende over het hele eiland meer of minder goed bewaard gebleven restanten van ovens getuigen hiervan. Op Gran Canaria, Tenerife en La Palma werd de kalk gebruikt als meststof, voor de samenstelling van cement en om huizen mee wit te kalken. Rond het jaar 1900 moesten de kalkbranderijen op Fuerteventura hun productie grotendeels staken, omdat de andere Canarische eilanden hun kalk goedkoper uit het buitenland konden importeren.

Zon, zee & strand

Het belangrijkste strand van Caleta de Fuste is het halvemaanvormige, gouden zandstrand **Playa del Castillo**. In de beschutting van de lange havenpier kunnen ook kleinere kinderen hier relatief veilig zwemmen in kalm water. Op een aantal plaatsen dringen tijdens de wintermaanden echter scherpe rotsen door het zand van de zeebodem heen, waarvoor men moet uitkijken. Direct ten zuiden worden voor het Fuerteventura Golf Resort de rustige baaien in de vlakke rotskust opgehoogd met kunstmatig opgespoten zand. Dit gedeelte staat bekend onder de naam **Playa de La Guirra** (▶ H 6).

Wandelen en fietsen

Wandeling op de Sendero de La Guirra ▶ H 5/6

**Duur ca. 2▶ur,
heen en terug 7 km**
Het brede wandelpad Sendero de La Guirra, dat ook per mountainbike toegankelijk is, verbindt Caleta de Fuste met de 3,5 km verder zuidelijk gelegen Salinas del Carmen. Het pad begint aan het einde van de promenade, die vanaf de Playa de La Guirra nog een stukje in zuidelijke richting langs de hotels van de Elba-groep loopt, aan de overkant van een meestal droge beek-

bedding. Nadat het pad de hotels achter zich heeft gelaten, gaat het verder door een verlaten terrein. Aan de linkerkant breken de golven op de vlakke rotskust, rechts strekt zich een slecht met dor struikgewas begroeide vlakte uit. Plaatselijke milieuactivisten strijden voor een bouwverbod voor dit gebied, omdat de kalksedimenten van La Guirra van bijzondere geologische waarde zijn. Ze bevatten een rijkdom aan fossielen, in tegenstelling tot de op Fuerteventura overheersende vulkanische gesteenten.

Mountainbiketocht van Caleta de Fuste naar Pozo Negro ▶ G 6

Duur 1 dag, traject heenweg (en terug over de FV-420 en FV-2) 45 km, veeleisend, fietsverhuur bij verschillende bedrijven en in enkele hotels in Caleta de Fuste

Men verlaat Caleta de Fuste in het zuiden over de Sendero de La Guirra (zie wandeling blz. 212). Vanaf Salinas del Carmen gaat het dan verder over de gemakkelijk begaanbare onverharde toegangsweg naar Puerto de la Torre. Vanaf hier wordt het traject aanzienlijk vermoeiender. Het zandspoor langs de kust is hier in een veel slechtere staat en alleen geschikt voor ervaren en ambitieuze mountainbikers. Bovenop de rotskust leidt het verder naar het vanaf hier ongeveer 10 km verwijderde visserdorp Pozo Negro. Onderweg vormt het dorre landschap het decor, waarbij af en toe een uitgedroogde barranco wordt overgestoken. Het is niet onmogelijk dat men de fiets af en toe over enkele zeer rotsachtige plekken heen moet tillen. Vanaf de Punta del Viento heeft men nog eenmaal een prachtig uitzicht langs de oostkust in noordelijke richting, voordat het zandspoor afdaalt naar Pozo Negro. Daar is er dan gelegenheid om te pauzeren, te zwemmen en iets te eten in een van de visrestaurants aan het strand. Voor de rit terug geeft men wellicht de voorkeur aan de meer landinwaarts lopende autoweg (eerst FV-420, dan FV-2). Weliswaar zijn er tot Caleta de Fuste nog zo'n 30 km te gaan, dus twee derde van de totale afstand, maar dit traject is aanzienlijk eenvoudiger.

Overnachten

De meeste accommodaties in Caleta de Fuste zijn in Britse handen. De volgende hotels zijn via Nederlandse reisorganisaties te boeken:

Kamer met uitzicht – **Elba Sara** 1: Ctra. de Jandía Km 11, www.hoteleselba.com. Aan de Playa de La Guirra, voor het Fuerteventura Golf Resort, staat dit comfortabele viersterrenhotel met modern ingerichte, ruime kamers met zeezicht. Gezinskamers en miniclub voor de kinderen (4-12 jaar).

Elegant en internationaal – **Sheraton Fuerteventura** 2: www.sheratonfuerteventura.com. Deze bekende internationale keten runt een groot hotel aan de Playa de La Guirra. Eveneens alle kamers met zeezicht. Met moderne

Wandelen en fietsen vanuit Caleta de Fuste

Tip

Op de bult van de kameel

Elke ochtend wachten op de Playa del Castillo in Caleta de Fuste de kameeldrijvers **Miguel en Macario** 6 op gezinnen die een ritje met een dromedaris willen maken. Dit levert altijd veel plezier op. Het over de bult gelegde zadel heeft aan de linker- en rechterzijde een zitplaats, zodat ook de jongsten veilig samen met een van de ouders mee kunnen doen. Deze zitconstructies worden op Fuerteventura *silla inglesa* (Engels zadel) genoemd. Ze werden al in de 19e eeuw ontwikkeld omdat de vroege toeristen problemen ondervonden met de 'normale' zadels op de schuddende bulten van de kamelen. Een rijtocht van bijvoorbeeld Puerto del Rosario naar Corralejo was in die tijd met zes uur per enkele reis toch behoorlijk vermoeiend. Aanmelding vooraf niet nodig, volwassenen afhankelijk van de duur van de rit ca. € 10, kinderen halve prijs.

wellness- en Thalassosalon Hespérides (vanaf 16 jaar), tuin, acht restaurants en bars.

Eten & drinken

Oorspronkelijk – La Frasquita 1: Playa del Castillo, tel. 928 16 36 57, di.-zo. 13-16, 18-22 uur, hoofdgerecht € 8-9. Lang voordat Caleta de Fuste uitgroeide tot een grote badplaats siste hier in het strandrestaurant de vers gevangen vis al op de grill. Ongedwongen sfeer.

Winkelen

Kleurrijke mix – Mercadillo 1: Weekmarkt, elke za. 9-13 uur aan de noordelijke invalsweg. Kunstnijverheid van de Canarische Eilanden, Afrikaanse houtsculpturen, sieraden van Duitse zilversmeden die op het eiland wonen. Tussen de vele kitsch kan men er naar mooie dingen zoeken.

Actief

Onderwater – Deep Blue 1: Barceló Club El Castillo, tel. 606 27 54 68 of 928 16 37 12, www.deep-blue-diving.com. De reeds lang hier gevestigde duikbasis staat onder Duits-Zweedse leiding en biedt Padi- en CMAS-cursussen. Er zijn mogelijkheden voor alle niveaus, zelfs kinderen (vanaf 8 jaar) kunnen hier duiken en het Bubblemaker-brevet behalen. Omslachtige duikexcursies vanaf het land zijn hier niet van toepassing, omdat de basis een directe toegang heeft tot hun boten in de jachthaven.

Met de snorkel – AquAVentura 2: Playa del Castillo, tel. 630 16 76 92 of 618 30 91 15. Snorkelexcursies voor het hele gezin voor de kust van Caleta de Fuste. Een leuke manier om samen betaalbaar de onderwaterwereld te verkennen. Engelstalig, 2 uur, volw. € 28, kind € 20.

Op de wind – Fuerte Fun Center 3: Playa del Castillo, tel./fax 928 53 59 99, www.fuerte-surf.com. Van een ontspannen kennismakingscursus tot het aanleren van nieuwe technieken voor gevorderden, het kan allemaal bij dit Duitstalige windsurfcentrum op het strand bij de jachthaven. Ook verhuur van uitrusting.

Balletje slaan onder de palmbomen – **Fuerteventura Golf Club** 4: Ctra. de Jandía Km 11 (aan de zuidelijke rand van Caleta de Fuste), tel. 928 16 00 34, www.fuerteventuragolfclub.com. Deze golfclub ligt ingebed in een speciaal aangelegde palmoase; 18 holes, greenfee ca. € 70.

Balletje slaan in de duinen – **Golf Club Salinas de Antigua** 5: Ctra. de Jandía Km 12 (aan de zuidelijke rand van Caleta de Fuste), tel. 928 87 72 72, www.salinasgolf.com. De club werd slim geïntegreerd in het duinlandschap. Greenfee ca. € 72.

Op de bult van de kameel – **Miguel en Macario** 6: zie Tip blz. 214.

Uitgaan

Het nachtleven van Caleta de Fuste speelt zich overwegend af tussen 21 en 3 uur in de plaatselijke winkelcentra. In de daar gevestigde cafés en bars overheersen de jonge Britse vakantievierders, die zich vermaken met sportuitzendingen, karaoke of livemuziek.

Onder de Majoreros – **Centro Comercial Atlántico** 1: Ctra. de Jandía Km 11. In dit winkelcentrum aan de FV-20 richting het zuiden is ook de lokale bevolking te vinden voor een nachtelijk biertje en muziek. Er is ook een grote bioscoop aanwezig.

Kansspel – **Gran Casino Antigua Fuerteventura** 2: Ctra. de Jandía Km 11, www.casinofuerteventura.es, apr.-okt. 21-5, nov.-mrt. 20-4 uur, gokautomatenzaal vanaf 10 uur. Bij het hotel Elba Carlota, met eigen bar- en restaurantgedeelte. Verschillende speeltafels en automaten, organisatie van toernooien.

Info & festiviteiten

Oficina de Turismo
Av. Juan Ramón Soto Morales, 35610 Caleta de Fuste, tel. 928 16 36 11, fax 928 16 86 11, www.caletadefuste.es, ma.-vr. 9-15 uur.

Vervoer
Minitrein: De 'Minitrain' is binnen de stad de verbinding tussen accommodaties, winkelcentra, haven en strand.
Bussen: Lijn 3 elke 30-60 min. naar Puerto del Rosario (via luchthaven, enkele rit € 1,40) en naar Las Salinas. Laatste vertrek in Puerto del Rosario ca. 23 uur. Haltes langs FV-2.
Taxi: aan de voorkant van het Centro Comercial El Castillo, tel. 928 16 30 04.

Salinas del Carmen ▶ H 6

De 3,5 km ten zuiden van Caleta de Fuste, aan de hier zeer vlakke, woestijnachtige kust gelegen kleine visserplaats Salinas del Carmen leeft alleen tijdens de weekenden op. Dan komen de lokale eigenaren van de van hun grootouders geërfde, prachtig opnieuw ingerichte huisjes om deze als buitenhuis te gebruiken. Ze schuiven hun kleurrijke open boten vanaf het strand in het water om hun favoriete tijdverdrijf, vissen, uit te oefenen. Aan de rand van het dorp ontstaan villa's, die als tweede woningen worden verkocht, voornamelijk aan Britten. De licht zandige tot kiezelachtige **Playa de Las Salinas** is vrij klein, maar goed onderhouden.

De naburige natuurlijke haven **Puerto de la Torre** is goed bereikbaar via het verlengde van de doodlopende weg naar Salinas del Carmen over een goed begaanbaar zandspoor. Ruïnes van een kalkbranderij herinneren hier aan economische activiteiten van weleer. Echte havenfaciliteiten zijn er ▷ blz. 219

Op ontdekkingsreis

Het witte goud – Museumsaline El Carmen

In de laatste nog werkende saline van Fuerteventura wordt zeezout – het zogeheten 'sal de espuma' (schuimzout) – op traditionele wijze gewonnen. Een leerpad door het terrein en een tentoonstelling in het Museo de la Sal leggen de verschillende stadia van de productie uit.

Kaart: ▶ H 6
Duur: 2 uur
Route: FV-2 richting Salinas del Carmen. Buslijn 3 elke 30-60 min. vanaf Puerto del Rosario / Caleta de Fuste
Info: Diseminado Salinas Carmen, tel. 928 85 89 98, www. artesaniaymuseosdefuerteventura.org, di.-za. 10-18 uur, 25. dec. u. 1. jan. gesl., volw. € 5, kind tot 12 jaar gratis
Eten & drinken: Cafeteria in het museumgebouw met tafeltjes in de openlucht en uitzicht op het terrein

Pas tijdens de industrialisering in de 19e eeuw ontstond de zoutmijnbouw. Daarvoor werd zout moeizaam uit lagunes in zee of zouthoudende bronnen gewonnen en had zijn prijs. Niet voor niets werd dit voedingsmiddel ooit het 'witte goud' genoemd. Zout is onontbeerlijk voor mens en dier. Vóór de uitvinding van koel- en vriestechnieken gold dit zeker ook voor de conservering van levensmiddelen. Sinds de oudheid is het zout omringd door tal van mythes. Als magische stof speelde het overal in Europa een rol in rituelen om boze geesten af te weren of om de vruchtbaarheid te verhogen. Omdat er vroeger een hoge belasting werd geheven op zout en het vaak werd gebruikt als een middel om politieke druk uit te oefenen, probeerden de meeste landen het, indien mogelijk, zelf te produceren.

Zout voor de sardines

De eerste saline op Fuerteventura werd al rond 1730 ten zuiden van Caleta de Fuste aangelegd door de toenmalige eilandheer Bautista de Lugo y Saavedra. Destijds waren de zoutpannen nog van leem gemaakt. Een nieuwe eigenaar, Manuel Velázquez Cabrera, schiep rond 1910 de **Salinas del Carmen** met hun fotogenieke muurtjes van basaltkiezelstenen tussen de meer dan 100 kleine bekkens, waarin tot op de dag van vandaag zeezout wordt gewonnen. Decennialang was de belangrijkste afnemer een visfabriek in Puerto del Rosario. Deze zoutte sardienes in – een belangrijk product voor Fuerteventura dat naar Spanje en Latijns-Amerkia werd geëxporteerd. Vanwege de teruglopende winst – inmiddels werd de markt gedomineerd door diepgevroren vis – moest het bedrijf in 1988 zijn deuren sluiten. Vanaf dat moment was de zoutwinning in de salines nauwelijks nog kostendekkend.

Een bijzonder industrieel monument

In 1995 kocht de eilandregering de saline van de erfgenamen om het als cultuurgoed te behouden voor toekomstige generaties. Sinds 2002 valt het terrein onder monumentenzorg. Tegenwoordig zijn de zoutpannen als **Museo de la Sal** een industrieel museum, dat een belangrijk aspect van het eilandverleden documenteert. De Salinas del Carmen produceren dankzij subsidies weer tussen de veertig en vijftig ton zout per jaar. Dat bleek in laboratoriumtests bijzonder rijk aan sporenelementen zoals jodium, magnesium of mangaan. Hierdoor is de verkoop als eersteklas product onder de naam *sal de espuma* (schuimzout) in het binnen- en buitenland, vooral in Frankrijk, op gang gekomen. Het leeuwendeel wordt echter op Fuerteventura verkocht.

In het hoofdgebouw van het museum, het huis van de voormalige salineopzichter, is een permanente tentoonstelling ingericht over het voorkomen, ontstaan, de cultuurgeschiedenis en het gebruik van zout, en tevens over het ecosysteem van de zoutpannen. Wisseltentoonstellingen, zoals over het vogelleven dat rond de zoutbekkens kan worden bekeken, maken het programma compleet.

De dierenwereld rond de saline

De saline is niet in de laatste plaats ook een belangrijk vogelreservaat. Ornithologen telden hier tot nu toe 53 soorten, waaronder zeldzame wilde eenden en ook de prachtige Iberische klapekster (*Lanius meridionalis*), die regelmatig in de zoutoplossing hun voedsel komen

zoeken. Ze vinden er pekelkreeftjes (*Artemia salina*), die zich aan het extreme zoutgehalte hebben aangepast. De kreeftjes worden slechts zo'n 2 cm groot en zijn erg schuw. Men krijgt ze maar zelden te zien. Aan hen danken de zoutpannen hun roodachtige kleur, omdat hun bloed zeer rijk is aan hemoglobine. Zo kunnen ze het lage zuurstofgehalte van de salines verdragen.

Het schuimzout

In de *tienda*, de museumwinkel, ligt het in de saline geproduceerde schuimzout uitgestald voor de verkoop. Het zou de uit Spanje en Frankrijk bekende, door fijnproevers hoog gewaardeerde zoutbloem (*flor de sal*) in alles evenaren. Dit zijn bloemvormige kristallen van een bijzondere zuiverheid en kwaliteit, die zodra het zout neerslaat uit het verdampte water in een dun drijvend laagje op het meer liggen.

De zoutwinning werkt in principe nog net zo als honderd jaar geleden, iets waarvan iedere bezoeker zich op een bewegwijzerde rondwandeling kan vergewissen. Dankzij de plattegrond en de begeleidende folder die bij de prijs zijn inbegrepen, is deze looproute ook zonder gids goed te begrijpen (verkrijgbaar aan de kassa, ook in Engels of Duits).

Voor de zoutwinning spoelt eerst het zeewater, aangejaagd door de noordoostelijke passaatwind, als een zeer zouthoudende damp ('schuim') in een **saltadero**, een opvangvijver. Het schouwspel kan vanaf de daar opgestelde bankjes het beste worden bekeken. Een smal overloopkanaal (*aliviadero*) leidt het water in drie grote **cocederos** (verwarmingsvijvers), waar het door de zonnestralen 8-10 dagen lang wordt verwarmd. Het moet een temperatuur van 30 °C bereiken, anders vindt er geen zoutvorming plaats. Vervolgens voeren leidingen de zoutoplossing in de vele kleinere, wat lager gelegen **tajos**, de verdampingsbekkens. Hieruit vissen de zoutzieders op warme dagen 's avonds voorzichtig met een soort hark de nieuw gevormde kristallen. Er mag zich in geen geval een vaste zoutlaag vormen. Die zou vervolgens naar de bodem zinken, wat minder waardevol zout zou opleveren.

Het 'oogstseizoen' is van mei tot oktober, als de passaatwind constant waait en de zonnestralen sterk genoeg zijn. Alleen dan ziet men ook de glinsterende, opgehoopte zoutkegels die aan de rand van de vijvers liggen te drogen.

Opslag en transport

In de gerenoveerde **Almacén de la Sal**, het zoutpakhuis aan de rand aan de zeezijde van de saline, wordt zoals vroeger het zout opgeslagen en daar ook voor de verkoop in porties verpakt. Voorheen, toen de doorgaande weg nog moeilijk begaanbaar was, laadden de zoutwerkers het met behulp van een lorrie pal naast de *embarcadero*, een kleine pier, over op de boot. Daarna werd het naar Puerto del Rosario vervoerd.

Naast het gebouw staat tegenwoordig het **skelet van een vinvis** (*Balaenoptera physalus*) van 19 m lengte, die in 2000 bij Majanicho aan de noordkust van Fuerteventura strandde. Alleen het skelet weegt al 5000 ton, het gewicht van het levende dier zal ongeveer 15 000 ton zijn geweest. De sculptuur is onderdeel van de **Senda de los Cetáceos**, een aan zeezoogdieren gewijde route, die over heel Fuerteventura loopt (zie blz. 259).

Tot besluit van de ontdekkingstocht kan men in het **museumcafé** een hapje of drankje nemen. Het café is ondergebracht in het tentoonstellingsgebouw en daardoor ook van buiten toegankelijk. Vanaf de tafels voor het gebouw genieten de gasten bij een *café con leche* of een koel drankje van het mooiste uitzicht op de salines.

nooit geweest, toch lagen er vroeger regelmatig vrachtschepen in de beschutte baai voor anker, om kalk te laden en naar de buureilanden te vervoeren. Aan de rand van het kleine, donkergekleurde kiezelstand zijn verscheidene nog vrij goed bewaard gebleven bunkers uit de Tweede Wereldoorlog te zien. Het Franco-regime liet deze bouwen omdat men vreesde voor een geallieerde landing op de Canarische Eilanden.

Museumsaline El Carmen
Zie Op ontdekkingsreis blz. 216

Drinken

Weg van de toeristische drukte – Los Caracolitos: Salinas del Carmen 22, tel. 928 17 42 42, ma.-di, do.-za. 12-23, zo. 12-18 uur, hoofdgerecht ca. € 12. Lokale dagjesmensen bezoeken deze strandtent graag in het weekend. Als voorgerecht zijn de viskroketten erg in trek. Voor daarna zijn er vis en zeevruchten in overvloed, ook voordelige langoesten. De specialiteit van het huis is paella. Goed assortiment tapas.

Festiviteiten

Fiestas de Las Salinas del Carmen: enkele dagen rond 16 juli. Een zeer bescheiden, maar des te interessanter feest is gewijd aan de patroonheilige van de vissers (zie blz. 36). Op de zondag voor of na 16 juli leest de pastoor van Antigua om ongeveer 13 uur een mis. Daarna vertrekt een processie uit de kleine, pas in 2008 ingewijde kapel van de Heilige Maagd, wier standbeeld voorheen in een particuliere garage was opgeslagen. De gelovigen zetten de madonna in een van de vijf vissersboten en varen met het beeld in een plechtige bootsprocessie de zee op. De dag voorafgaand aan de plechtige viering wordt een viswedstrijd gehouden, 's avonds gevolgd door een muziek- en dansevenement.

Pozo Negro ▶ G 6

Tijdens een van de laatste vulkaanuitbarstingen op Fuerteventura, ongeveer tienduizend tot vijftienduizend jaar geleden, vloeide een brede lavastroom door het dal van Pozo Negro en creëerde een onbegaanbare, in scherpe lavasteenschotsen versplinterde oppervlakte. Tegenwoordig loopt er een goede weg doorheen, die ongeveer 5 km landinwaarts bij de Granja Experimental, een experimentele boerderij van de eilandregering, afbuigt van de FV-2. Een uit donker vulkanisch gesteente gemetselde waterput aan de invalsweg van Pozo Negro ('zwarte put') representeert de naam van het authentieke vissersdorpje.

De laatste uitlopers van de lavastroom bereiken nog net de donkerkleurde, kiezelachtige playa. Reeds decennia geleden kwamen hele families vanuit het binnenland van het eiland hier in september naartoe om zeven of negen baden in zee te nemen. Volgens een oude traditie zou dit genezing van een verscheidenheid aan ziekten bewerkstelligen. Vandaag de dag is dit gebruik in de vergetelheid geraakt, maar de Majoreros komen nog altijd graag naar Pozo Negro om daar in zee te zwemmen. De verzorgde, witgekalkte vissershuisjes komen vooral in het weekend en tijdens de vakantieperiode tot leven.

Poblado de La Atalayita
Zie Op ontdekkingsreis blz. 220

▷ blz. 223

Op ontdekkingsreis

Prehistorische vindplaatsen – in de lavastromen van het oosten

De autorit naar de archeologische vindplaatsen in een tegenwoordig bijna onbewoond gebied werpt licht op het leven in de prehistorische tijd en maakt het levendig.

Kaart: ▶ G 6/7
Duur: een halve tot volledige dag
Karakter: er wordt over een aantal zandsporen gereden, een terreinwagen is daarom aan te raden. Als alternatief zijn de oud-Canarische dorpen La Atalayita en Los Toneles ook te voet te bereiken (1 km resp. 4 km vanaf de verharde weg).
Start: aan de afslag FV-2 / FV-420 bij Pozo Negro
Poblado de La Atalayita: FV-420, tel. 928 85 89 98, www.artesaniaymuseos defuerteventura.org, altijd toegankelijk, gratis entree; Centro de Interpretación (bezoekerscentrum) is bij het sluiten van de redactie gesloten.

Een groot deel van de oorspronkelijke bewoners van Fuerteventura leefde in de valleien in het oosten van het eiland, waar het hele jaar door water uit de bronnen kwam. Bij voorkeur vestigden zij zich op jonge lavastromen (*malpaís*). Deze hielden in de zomer het vocht lang vast en vormden goede weidegrond voor geiten. En dankzij de grotten en putten in de aarde boden ze ook beschermde woonplekken voor mensen.

Oude plaatsen – lang bewoond

Slechts enkele oud-Canarische nederzettingen op Fuerteventura werden systematisch onderzocht. **La Atalayita** is een daarvan. Tot in de 20e eeuw werd het nog gedeeltclijk door herders bewoond. In 1974 begonnen de wetenschappelijke opgravingen. Tegenwoordig is La Atalayita een openluchtmuseum en te bereiken over een 1 km lang, goed berijdbaar zandspoor, dat vanaf de FV-420 bij Km 3 afslaat richting Pozo Negro (bewegwijzerd).

Als bezoekerscentrum (*centro de interpretación*) met kleine tentoonstelling dient een naar het model van prehistorische woonhuizen nagebouwd, half in de bodem verborgen rond huis.

Lichtarm en verborgen wonen

De gerestaureerde stenen bouwwerken van La Atalayita bestaan uit zowel voormalige woningen als ook uit veekralen of ruimtes voor het drogen en bewaren van vlees. De bovengronds aangelegde huizen (koepelgebouwen) hadden alle een ronde of ovale, maar nooit een rechthoekige plattegrond. Daarmee onderscheiden zij zich duidelijk van recentere constructies. Vaak zijn er meerdere aan elkaar verbonden, die met smalle deuropeningen naar een soort van binnenplaats zijn gericht. Vensters hadden ze niet, maar wel vaak een lucht- of lichtschacht in het plafond. Een cementachtige massa uit leem met stukjes steen en schelp houdt de wanden van lavasteen bijeen.

Bij de *casas hondas* (diepe huizen) ligt de bodem tot op 1 m onder de grond. Daardoor lijken ze van buiten zeer laag, en waren ze dus vanuit de verte moeilijk door vijanden te zien. Binnen heersten zeer gelijkmatige temperaturen. Waar mogelijk, maakten de oerbewoners gebruik van natuurlijke holten in de afgekoelde lavastroom als woonruimte of stallen.

Route met vulkaanbeklimming

Een wandelpad loopt door de kleine nederzetting (gratis plattegrond en folder in het bezoekerscentrum). Bij de ingang staan twee recentere gebouwen: een herdershuis en een grote geiten- en kamelenkraal. Verderop liggen aan de kant van de weg hopen van schelpen en slakkenhuizen (*concheros*). Ze getuigen van het feit dat de oude Canariërs behalve geitenmelk en -vlees, vruchten en zaden ook zeevruchten aten – wellicht als onderdeel van magisch-religieuze gemeenschappelijke maaltijden. Verder langs de route zijn prehistorische, gedeeltelijk gerestaureerde bouwwerken te zien: veekralen, koepelgebouwen, en een grotwoning en een *casa honda*.

In de route kan de beklimming van de **Lomo de La Atalayita** (88 m) worden opgenomen (20 min. heen en terug). De vulkaankegel schermde het dorp af van de kust en hield het uit het zicht. Zo voelden de bewoners zich relatief veilig voor overvallen door piraten.

Van de gebaande paden af

Het grootste lavaslakkenveld van Fuerteventura, de **Malpaís Grande**, strekt zich ten noordoosten van de FV-2 uit vanaf het dal van Pozo Negro tot aan

de omgeving van Gran Tarajal. Vier vulkaankraters braakten de lavamassa uit. Te voet is dit terrein praktisch onbegaanbaar. Doornig struikgewas groeit tussen de scherpe brokkelige basaltschotsen. Wie wil, kan een kort uitstapje maken vanaf het terrein van de FEAGA (zie blz. 223, de Granja Experimental, daar parkeren). Aan de overkant van de FV-2 loopt een breed pad het onherbergzame gebied in.

Voor de oerbewoners was de Malpaís Grande een toevluchtsoord tijdens stammenoorlogen of aanvallen van piraten. Hiervan getuigen de grotwoningen in luchtbellen in de lava. Er schijnen zelfs tempels te zijn geweest, waar de Majos waarschijnlijk rituelen uitvoerden om hun voorouders aan te roepen. In elk geval wijst de naam van het gehucht Esquén daarop, dat waarschijnlijk is afgeleid van het woord dat de oerbewoners gebruikten voor tempel of heilige plek. De Normandische veroveraars lieten in Malpaís Grande het kleurstofleverende korstmos *Roccella tinctoria* verzamelen, dat tot in de 19e eeuw een belangrijk exportproduct van het eiland vormde (zie blz. 69).

Oventjes en kerftekeningen

Het prehistorische dorp **Los Toneles** ligt uitermate afgelegen en de toegangsweg is niet gemarkeerd. Wie de beschrijving volgt van de autorit vanaf het noorden over de FV-2, rijdt eerst tot de afslag naar Tecinosquey tussen Km 29 en Km 30, keert daar om, rijdt over de FV-2 weer zo'n 500 m in noordelijke richting en gaat dan rechtsaf een zandspoor op. Bij een splitsing na ongeveer 1 km houdt men links aan. Een paneel wijst daar op het natuurmonument **Cuchillos de Vigán**. De scherp in het landschap gesneden bergruggen, die aan beide zijden van het brede dalbekken van de **Barranco Valle de la Cueva** liggen, worden *cuchillos* (messen) genoemd.

De zandweg loopt door het dal. Na in totaal 3,2 km wordt de lavastroom bereikt, die ooit vanaf de Volcán de Toneles het dal in vloeide.

Op de bodem van de barranco verheffen zich bubbelachtige bouwwerken van steen, de *hornitos* (oventjes) – kleine vulkaankegels, die zich opwierpen over luchtbellen in de lavastroom toen hieruit de onder druk staande vulkanische gassen zich ontwikkelden. De holtes binnenin de hornitos werden door de oorspronkelijke Canariërs gebruikt als woningen. Ook fundamenten van gebouwen in de omgeving en een enorme schelpenhoop voor de eerste en grootste hornito duiden op prehistorische bewoning. Over het algemeen was het dorp waarschijnlijk vergelijkbaar gebouwd als La Atalayita. Mogelijk maakten de bewoners gereedschap, want aan het oppervlak van de lavastroom van Los Toneles bevindt zich obsidiaan, een hard vulkanisch glas, dat bij een snelle stolling van het vloeibare gesteente ontstaat. De oerbewoners van de Canarische Eilanden gebruikten obsidiaanscherven als snijgereedschap en wapens.

Bij de tweede hornito 50 m verderop zijn geometrische kerftekeningen te zien (aan de dalopwaartse zijde van een loodrecht, op het zuiden gericht oppervlak in het bovenste gedeelte). Op de verschillende Canarische Eilanden varieert de vorm van deze rotstekeningen. Ze kunnen de vorm hebben van spiralen, labyrinten, zonnesymbolen of abstracte tekeningen. In Los Toneles overheersen, zoals overal op Fuerteventura, de elkaar kruisende bundels van rechte lijnen. Mogelijk dienden ze om het territorium af te bakenen. Herders brachten tot in het recente verleden nog soortgelijke petroglyfen aan in hun schuilplaatsen als tijdverdrijf.

Overnachten

Herberg – **Albergue Rural Pozo Negro:** Playa del Pozo Negro, tel. 928 17 46 66, fax 928 87 82 00, slaapplaats met halfpension vanaf € 20. Door de gemeente Antigua gerunde jeugdherberg. De acht slaapzalen (plaats voor 75 personen) vullen zich 's zomers met jonge Canarios. Alleen na aanmelding vooraf.

Eten & drinken

Bij de vissers – **Los Pescadores:** Playa del Pozo Negro, tel. 928 17 46 53, dag. 10-22 uur, hoofdgerecht vanaf € 8. Hier komt zo mogelijk nog echt de vangst van de plaatselijke vissers op tafel, meestal gewoon gegrild of gebakken op de ijzeren plaat.

Strandsfeer– **Los Caracoles:** Playa del Pozo Negro, tel. 928 817 46 17, dag. 12-22 uur, hoofdgerecht vanaf € 7. Op het terras met uitzicht op zee en met het patina van decennia serveert het eenvoudige restaurant vis en zeevruchten, vaak ook paella of visstoofpot.

Actief

Off Road – **Backtrax:** Playa Pozo Negro 13, tel. 656 75 30 55, www.backtrax1.com. De Engelsman Nige Cullis leidt het motorcentrum samen met zijn vrouw Mandie, en met veel toewijding. Er worden begeleide tochten met terreinmotoren van het merk Suzuki verzorgd (vanaf 2 uur tot een dag, ook maatwerk). Bij de rit door de plaatselijke omgeving komen ook off-road-beginnelingen aan hun trekken. Op de voor ervaren off-roadrijders ontwikkelde noordelijke rit wordt 95% van het traject buiten de geasfalteerde wegen afgelegd – de tocht gaat door stroombeddingen en over zandvlakten. Op aanvraag ook bemiddeling tegen gunstige voorwaarden bij het vinden van accommodatie in Pozo Negro (herberg of vakantiehuisje).

Info & festiviteiten

Festiviteiten

FEAGA: op een weekend in eind april of begin mei. Vierdaagse landschapsbeurs op het terrein van de Granja Experimental (FV-2, Diseminado Pozo Negro), een experimentele boerderij van de eilandregering voor het uittesten van nieuwe teeltmethoden en veerassen, bij de afslag van de FV-2 naar Pozo Negro. Met een grote veemarkt: geiten, schapen, varkens en dromedarissen wisselen hier van eigenaar. Daaromheen is er een programma dat duizenden bezoekers trekt. Dezen kunnen genieten van typische culinaire specialiteiten van het eiland, kunstnijverheidsproducten kopen en optredens van folkloristische groepen zien. Hoogtepunt zijn de geitenmelkwedstrijden, die noch door de deelnemers, noch door de toeschouwers erg serieus worden genomen.

Vervoer

Bussen: Lijn 10 van Puerto del Rosario naar Morro Jable stopt 2-4 maal daags bij de afslag op de FV-2/FV-420 bij de Granja Experimental.

Las Playitas ✳ ▶ F 8

Met zijn kronkelende trappensteegjes, die direct vanaf de zee omhoog de steile hellingen op leiden, en met zijn dicht op elkaar gebouwde witte huizen met blauw omlijste vensters en deuren, is Las Playitas (800 inw.) uitgesproken idyllisch. De plaats lijkt rechtstreeks hiernaartoe te zijn verplaatst vanuit Andal-

Het pittoreske Las Playitas – vanaf de boulevard bij de haven is het uitzicht erg mooi

usië, waar er geen gebrek is aan *pueblos blancos* (witte dorpen). Las Playitas kan alleen worden bereikt via de 8 km lange FV-512, die vanaf de FV-4 naar Gran Tarajal in oostelijke richting afbuigt.

In het dorpscentrum wonen nog vissers, die in de middaguren hun vangst aan wal brengen. Dan is een wandelingetje over de zeepromenade naar de kleine havenpier de moeite waard om er naar de levendige bedoening te kijken. Meestal treft men daar dan ook de oudere dorpsinwoners aan, die samenkomen voor een praatje. Buiten de zomermaanden is het er erg rustig, ondanks dat met het Playitas Resort het 'grote' toerisme zijn intrede hier al heeft gedaan. Las Playitas is een aanrader voor vakantiegangers die niet van veel drukte houden en de nabijheid van een volwaardige plaats niet willen missen. Ten oosten van Las Playitas staat op de **Punta de la Entallada** een opvallende vuurtoren (zie Favoriet blz. 227).

Zon, zee & strand

Op het smalle strand voor de promenade kan men nauwelijks een handdoek neerleggen, het is niet echt geschikt om zwemmen. Gescheiden door een rotspunt ligt direct ten zuiden – pal voor het Playitas Grand Resort –

Adressen

te bereiken. Het resort bestaat uit het zeer comfortabele **Playitas Hotel** (2 pk vanaf € 56), dat zich in terrasvorm tegen een rotswand aan het strand vlijt en onder meer suites met met privézwembad biedt, het familievriendelijke **Playitas Aparthotel** (studio voor 2 pers. vanaf € 44) met units van verschillende grootte zonder verzorging, en de zeer royale **Playitas Villas** (voor 2 pers. vanaf € 150). Alle zijn uitgerust met een eigen zwembad. Het complex onderscheidt zich door een zeer veelzijdig, professioneel sport- en fitnessprogramma. Er is een zwembad van olympische afmetingen, een outdoor fitnesspark en nog veel meer. Op het terrein bevinden zich vier restaurants.

Eten & drinken

Visrestaurant – **Las Playas:** Av. Miramar s/n, tel. 928 87 03 67, wo. gesl., hoofdgerecht ca. € 10. Vanaf de aangrenzende pier volgen vis en zeevruchten de kortst mogelijke route naar de keuken. Het restaurant staat echter ook bekend om zijn goede tapas.

de 500 m lange **Playa de Las Playitas**. Vanuit het dorp is het strand niet rechtstreeks te voet te bereiken, maar alleen via een parallel aan de weg lopend betonnen pad. Dankzij de kunstmatige ophoging met zand is het donkere kiezelstrand vergroot. Bovendien beschermen de ervoor gelegen rotsen de kust tegen de beukende branding.

Overnachten

Familie en sport – **Playitas Resort:** tel. 928 86 04 00, www.playitas.info. Het uitgestrekte vakantiepark ten zuiden van Las Playitas is gemakkelijk te voet

Actief

Onderwater II – **Deep Blue:** Playitas Resort, tel. 653 51 26 38, www.deepblue-diving.com. Filiaal van het duikcentrum in Caleta de Fuste met gelijkwaardig aanbod (zie blz. 214).
Op twee rompen – **Cat Company:** Playitas Resort, tel. 616 61 93 13, www.catcompany.eu. Cursussen in catamaranzeilen en windsurfen. Gevorderden kunnen hier ook uitrusting huren.
Zachte greens – **Playitas Golf:** Playitas Resort, tel. 928 86 04 00, www.playitas.info. Greenfee ca. € 60. Spiksplinternieuwe 18-holesbaan, die speciaal ontworpen werd voor gol- ▷ blz. 228

Favoriet

Punta de la Entallada – de mooiste vuurtoren ▶ G 8

Op een afgelegen locatie presenteert de Faro de la Entallada zich als het symbool van de landtong. Wie hier naartoe rijdt, wil even lekker uitwaaien. De weg naar de spectaculair boven de klif hangende mirador is alleen geschikt voor wie vrij is van hoogtevrees. Het uitzicht over de dorre kust is echter ook fascinerend genoeg vanaf het terras van de vuurtoren. De faro wordt beschouwd als een van de aantrekkelijkste van zijn soort op de hele Canarische archipel. Op de gevel contrasteren grijze basaltsteen, rode porfier en witte voegen met elkaar. Vanaf de invalsweg van Las Playitas de borden 'Faro' volgen, ca. 6,5 km over een smalle secundaire weg. Info: www.artesaniaymuseosdefuerteventura.org.

fers van alle niveaus door de Schot John Chilver Stainer. Met een driving range, putting green en chipping green. Professioneel personeel.

Info & festiviteiten

Festiviteiten

Fiestas San Pedro El Pescador: rond 29 juni. Twee weken lang vereert Las Playitas de beschermheilige van de vissers, St.-Pieter, met viswedstrijden, voetbal- en dominotoernooien, jollenregatta en traditionele spelen. 's Avonds zijn er dansevenementen, openluchtbioscoop of Canarisch worstelen. Op de feestdag van de heilige is er een processie, gevolgd door een gezamenlijk grillfeest.

Vervoer

Bussen: Lijn 12 naar Gran Tarajal ca. elke 30-60 min., enkele rit € 1,40.

Gran Tarajal ▶ F 8

Na Puerto del Rosario is Gran Tarajal de belangrijkste stad voor de lokale bevolking. Deze is vanaf de doorgaande noord-zuidroute FV-2 te bereiken over de korte FV-4. In de op het zuiden georiënteerde, tegen een van de vele zuidoostelijke bergruggen (*cuchillos*) aangeleunde stad aan de monding van de Río Gran Tarajal, wonen ongeveer 7300 mensen. Velen werken er voor de visserijcoöperatie, waarvan de boten in de ruime, moderne haven dobberen. Er zijn talloze winkels, waar de bewoners van het zuidelijk deel van het eiland al hun dagelijkse benodigdheden kunnen verkrijgen. Overnachtingsmogelijkheden zijn er nauwelijks. De paar aanwezige dagtoeristen komen hierheen om in Gran Tarajal de authentieke Canarische sfeer te proeven. Een bezoek aan de goed onderhouden stad is vooral interessant op werkdagen in de ochtend- en de vroege avonduren. Dan komt ook de promenade, de **Avenida Paco Hierro**, tot leven. Daar kan men aangenaam in een van de straatcafés verpozen om het flaneren gade te slaan.

Iglesia Nuestra Señora de la Candelaria

Plaza de la Candelaria

Het meest markante bouwwerk van de stad is de parochiekerk uit 1900. Ze gaat terug tot een stichting van Matias López, een uit Cuba teruggekeerde emigrant. Destijds woonden er nog weinig mensen in Gran Tarajal, dat als ankerplaats fungeerde voor de landinwaarts gelegen moedergemeente Tuineje. López overtuigde de gemeenteraad van de noodzaak om de haven van Gran Tarajal uit te breiden. Tegelijkertijd investeerde hij zijn in Cuba verdiende vermogen in de ontwikkeling van de stad.

De schaduwrijke Plaza de la Candelaria is tijdens de siësta een populaire ontmoetingsplek. In een idyllisch klein park lijkt de *fuente* (fontein) de blik op bijna magische wijze aan te trekken – een luxe op het waterarme eiland. Zes uit steen gehouwen zeepaarden dragen de delicaat opengewerkte fontein.

El Palmeral ▶ F 8

Bij Gran Tarajal groeit het grootste palmbomenbestand van het eiland. Velden met vruchtbare rode aarde, dicht omringd door majestueuze bomen, omzomen de oevers van de Río Gran Tarajal. Ondanks dat is de naam van de stad niet afgeleid van de palmboom, maar van de tamarisk (Spaans *taray*). Beide plantensoorten bevolken de vochtige valleibodems, waar ze in het regenarme seizoen grondwater vinden.

Jarenlang leden de palmbomen watergebrek, daar de aangrenzende velden nauwelijks nog werden geïrrigeerd en de grondwaterstand daalde. Nu bewerken de boeren – gefinancierd door de EU – hun akkers weer met het voedergewas luzerne (*alfalfa*). Bovendien zorgen milieubeschermers voor extra water voor de palmen. Zo gaat het duidelijk weer beter met deze bomen.

Puristen onder de ecologen maken zich echter zorgen om het feit dat de ingevoerde dadelpalmen vaak samen gedijen met de endemische Canarische palm en hiermee hybriden vormt. Zelfs deskundigen zouden de beide soorten nog slechts met moeite van elkaar kunnen onderscheiden. Een andere reden tot zorg is het oprukken van de uit Azië geïntroduceerde rode palmkever, die op veel plaatsen zorgt voor het afsterven van de Canarische palm. In Gran Tarajal lijkt hij nog niet voor te komen, in tegenstelling tot op het schiereiland Jandía. Dicht bij de stad werd in het hier bijzonder schaduwrijke palmenbos de **Jardín Municipal** (Barranco Gran Tarajal) aangelegd, een stadspark met wandelpaden en een kinderspeelplaats.

Zon, zee & strand

Langs de boulevard ligt het 1 km lange, donkere zandstrand **Playa de Gran Tarajal**. In de zomer mag dit stadsstrand zich verheugen in een grote populariteit bij de lokale bevolking. Velen brengen hier zelfs de zwoele nachten in juli en augustus door, om te genieten van de verkoelende zeebries. Ondanks de nabijheid van de haven geldt de waterkwaliteit hier als goed.

Overnachten

Backpacker-pension – **Tamonante:** Calle Juan Carlos I. 17, tel. 928 16 24 72 of 607 77 49 76, fax 928 87 04 89. 2 pk ca. € 30. Aardig, goed onderhouden hostal voor wereldreizigers, die contact met de lokale bevolking zoeken. Elk van de acht kamers heeft een eigen badkamer. Gelegen in de hoofdstraat, die vanaf de zeepaardenfontein in de richting van de haven loopt. Het strand is niet ver weg.

Eten & drinken

Vers van de boot – **La Cofradía:** Muelle Portuario, tel. 928 16 20 34, do.-di. 8-23 uur, hoofdgerecht € 8,50-12,50. Tegen een relatief lage prijs zet het restaurant van de visserijcoöperatie de beste kwaliteit op tafel. De vissers van Gran Tarajal brengen overwegend *salmonetes* (rode mul) aan land, maar ook de beroemde *vieja* (papegaaivis). Gelegen aan het begin van de pier, parkeerplaatsen aanwezig.

Goede vis – **Faro La Entallada:** Muelle Deportivo, tel. 662 64 37 21, dag. 6-22.30 uur, hoofdgerecht € 11-13. Eenvoudig ingericht, maar altijd druk bezocht restaurant aan de pier van de jachthaven. Het beste kan men de vis bestellen die op dat moment vers wordt aangeboden. Specialiteiten zijn daarnaast inktvis en viskroketten, in het weekend heeft men ook paella, geiten- en lamsvlees.

Winkelen

Sieraden van het eiland – **El Táller:** Calle Matías López 10, tel. 928 16 22 45 of 649 44 72 95, ma.-vr. 9-13, 17-20, za. 10-13 uur. In de straat parallel aan de strandboulevard vervaardigt een edelsmid mooie stukken van goud en zilver. De inspiratie biedt Fuerteventura zelf met geiten, symbolen van de oorspronkelijke bewoners, zeeslakken en schelpen.

De oost- en zuidoostkust

Info & festiviteiten

Oficina de Turismo
Calle Artis Tirma, 35620 Gran Tarajal, tel. 928 16 27 23, www.tuineje.es. Infokiosk aan de promenade, ma.-vr. 10-14, 's zomers ook za. 10-13 uur.

Festiviteiten
Semana de la Juventud: tweede helft aug. De Week van de Jeugd biedt 14 dagen lang een gevarieerd animatieprogramma met voorstellingen van typisch Canarische, deels traditionele sporten zoals worstelen en stokgevechten, herdersstokspringen en ploegheffen.
Open Internacional de Pesca de Altura de Gran Tarajal: begin of half sept. Meerdaagse wedstrijd zeevissen. Vaak nemen zo'n 100 motorjachten van alle Canarische Eilanden deel. Doel is de vangst levend terug in zee te zetten (*tag and release*). Info: tel. 928 16 52 78, www.pescadealtura-grantarajal.com.

Vervoer
Bussen: Gran Tarajal is goed aangesloten op het wegennet. Onder meer rijden lijn 1 naar Puerto del Rosario (via Tuineje/Antigua) of Morro Jable elke 30-60 min., lijn 10 naar Puerto del Rosario (via Pozo Negro/Caleta de Fuste/luchthaven), lijn 12 naar Las Playitas elke 30-60 min. en lijn 18 naar Pájara 2-4 maal daags. Vertrek vanaf de Plaza Candelaria (bij de parochiekerk).
Taxi: Calle de Juan Carlos I. (bij de parochiekerk), tel. 928 87 00 59. Radio-Taxi Gran Tarajal: 928 87 07 37.

Giniginámar ▶ E 8

Een rij van witte, lage huizen ach-

In Gran Tarajal kan men ook 's avonds nog uit de wind gezellig buiten eten

ter het donkergekleurde kiezelstrand, waarop een paar kleine visserboten liggen – veel meer is er niet in Giniginámar (600 inw.). Landinwaarts, waar de 4 km lange toegangsweg FV-525 door de brede vallei van de Río de Giniginámar loopt, zoeken schapen- en geitenkuddes hun voedsel op de dorre hellingen. In het weekend komen hier lokale dagjesmensen, verder is er toeristisch niet veel te beleven. In de rustige, oorspronkelijk door Oostenrijkers gestichte woonwijk aan de rand van het dorp, wonen inmiddels ook Spanjaarden, die in de vakantieoorden van het schiereiland Jandía hun werk hebben.

Eten & drinken

Ver van alle drukte – **Don Carlos:** Av. Las Palmeras 2, tel. 928 57 22 48, di.-za. 16-23.30, zo. vanaf 11 uur, hoofdgerecht ca. € 12. Marita en Waldemar Edmar koken onberispelijk voor hun meestal Oostenrijkse of Duitse gasten met lokale ingrediënten. Uitnodigend ingerichte eetzaal, tuinterras met zeezicht. 's Zondags frühschoppen, 's middags koffie en gebak.
Verzorgd aan het strand – **Olas del Sur:** Calle El Carmen 5, tel. 669 89 25 49, di.-zo. 12-24 uur, hoofdgerecht ca. € 8. Op het verzorgde zeeterras kan men ontspannen tapas of vis eten. De waard kookt en bedient persoonlijk. Binnen een typisch dorpscafé, waar de plaatselijke mannen elkaar aan de bar ontmoeten. Ook eten om mee te nemen.

Tarajalejo ▶ E 8

Vanuit het noorden bereikt de FV-2 bij Tarajalejo na lange tijd weer de kust. Het landschap word hier vlakker. Met de 'plaatselijke' berg, de **Caracol** (464 m), passeert men de laatste van de hoge *cuchillos*. In Tarajalejo (1300 inw.) is de oorspronkelijke sfeer van het vissersdorp nog goed merkbaar, ook al heeft het toerisme zijn intrede gedaan en heeft het een Duitse kolonie met infrastructuur. Het plaatsje beschikt over een kleine, versterkte haven. Toch trekken de vissers hun open boten meestal voor hun huis op het strand. Aan de zuidelijke rand van het dorp heeft het strand een palmenboulevard, die flaneer- en zwemplezier garandeert zonder het lawaai van auto's. Aan de boulevard staan het enige hotel van Tarajalejo en een paar kleine appartementen.

Bezienswaardigheden

Centro Artis Tirma

Ctra. Puerto del Rosario (FV 2), aan de rotonde bij het CEPSA-tankstation, ca. 4 km ten noorden van Tarajalejo, tel. 928 16 11 17
Als witte sneeuw licht het centrum voor kunst en esoterie op middenin de woestijn. Vier gebouwen met de namen *fuego* (vuur), *aire* (lucht), *tierra* (aarde) en *agua* (water) liggen gegroepeerd rond een luchtige binnenplaats. De op Fuerteventura zeer gerenommeerde schilderes en beeldhouwster Elvira Isasi biedt nog weinig bekende kunstenaars hier de gelegenheid om te werken en exposeren. Ze organiseert seminars en evenementen en nodigt uit tot meditatie in de houten piramide in de tuin.

De in 2008 feestelijk ingewijde geopunctuur-steencirkel in de uitgestrekte tuin werd door de kunstenaar en geomantieër (aardheelkundige) Marko Pogačnik aangelegd als een harmoniseringsplaats voor de verhouding tussen mens en natuur. De naam van de nabijgelegen berg Montaña El Caracol (slak) vormde voor Elvira Isasi en Mona Bienek de aanleiding om een spiraalvormig labyrint voor contemplatieve wandelingen te creëren.

Juanito el Cartero
Aan de FV-2, bij het CEPSA-tankstation, zie ook hierboven onder Centro Artis Tirma
Midden op de rotonde aan de FV-2 staat het bronzen beeld van een naar het noorden kijkende man, die een grote zak in zijn hand houdt. Het is Juan Martín Hernández, die tussen de jaren veertig en tachtig van de vorige eeuw in het zuiden van het eiland de toen nog zeer schaars binnenkomende post bestelde. In het begin reed hij op een ezel, later bracht hij de post per auto langs. De mensen noemden hem liefdevol 'Juanito, de postbode' (*cartero*). Aan wie niet lezen en schrijven kon, wat toen vaak voorkwam, las hij de brieven voor en beantwoordde ze ook. Het beeld uit 2008 is van de beeldhouwer Silverio López (zie blz. 150).

Zon, zee & strand

De 1400 m lange **Playa de Tarajalejo** heeft donkergekleurd zand, dat gedeeltelijk wordt afgewisseld met kiezelstenen. Het meest geschikt om te zwemmen is het zuidelijkste deel van de playa, waar een in zee stekende rotspunt de branding tegenhoudt.

Overnachten

Designerstijl – **R2 Bahía Design Hotel & Spa:** Ctra. Tarajalejo, tel. 928 54 60 54, www.r2hotels.com, 2 pk vanaf € 75. Alleen de palmenboulevard scheidt het eigentijdse designhotel van de zee. Vooral stellen en singles zullen zich hier thuisvoelen. De 172 kamers en suites zijn smaakvol ingericht. Twee buitenzwembaden en een spa (€ 15) met sauna, stoombad, relaxbad en ijsfontein zorgen voor ontspanning. Tot het hotel behoort ook een watersportcentrum met uitgebreid aanbod (zie hieronder).

Eten & drinken

Eenvoudig en goed – **La Barraca:** Calle Isidro Díaz 14, tel. 928 16 10 89, ma.-za. 12-16, 18-22 uur, hoofdgerecht € 7-13. Dit typisch Canarische restaurant heeft een eenvoudige inrichting en een terras met een rieten dak aan zee. De specialiteit van het huis is *Parillada de Pescado* (mixed grill van vis, samensteling afhankelijk van de dagvangst), die voor 2 personen ongeveer € 15 kost.

Vriendelijke sfeer – **Adeyu:** Calle Isidro Díaz 3, tel. 928 16 10 85, di.-zo. 8-24 uur, hoofdgerecht € 7-13. Genieten van heerlijke tapas en betaalbare dagschotels gaat het best op het strandterras. Prettige bediening.

Actief

Sport compleet – **Watersports Fuerteventura:** Hotel R 2 Bahía Playa, tel. 928 16 13 99, www.watersports-fuerteventura.com. Hier kan men niet alleen wind- en kitesurfen, maar ook golfsurfen, catamaranzeilen en zeekajakken. Verschillende introductieworkshops en cursussen voor beginners en gevorderden. Het nieuwste materiaal van North en Mistral staat de watersporters ter beschikking. Eigen reddingsboot. Ook snorkelen is mogelijk (o.a. voor kinderen, zodra ze kunnen zwemmen). Daarnaast mountainbikeverhuur en fietsexcursies.

Duiken – **Harrys Dive Base:** Playa de Tarajalejo, tel. 928 87 54 44, www.harrysdivebase.com. De ervaren duikinstructeur Harry (Harald) Rund en zijn medewerkers gaan zowel naar nabijgelegen duikplaatsen zoals de havenpier van Tarajalejo of de Chupadero bij La Lajita, als naar de bekendste plaatsen rond het eiland. Complete uitrusting voor 15 duikers, cursussen (Padi, VDTL).

Coureur & Co. – Ocios del Sur: FV-618 Richting El Cardón, tel. 639 69 39 84, www.kartingfuerteventura.com, dag. 11-20, 's winters tot 19 uur. Goed onderhouden kartclub, ca. 8 km ten noorden van Tarajalejo. Ouders kunnen vanuit de kantine op het terras kijken hoe hun kroost rondjes rijdt in de kart, of zelf achter het stuur kruipen op de seniorpiste. Kinderen vanaf € 5.

Wandeltochten – TimeforNature: tel. 928 87 25 45, www.timefornature.de. Wolfgang Miebs en Sabine Stork bieten gegidste wandelingen aan met bijbehorend programma van 2 tot 3,5 uur lengte (vanaf € 44 p.p.). Bijna dagelijks (meestal niet op za.) staat er een ander hoogtepunt van het eiland op het programma. Ook individuele wandelprogramma's met overnachting in appartementen mogelijk. Aanmelden via het contactformulier of telefonisch.

Info

Bussen: Lijn 1 Puerto del Rosario – Morro Jable rijdt elke 30-60 min. over de FV-2. Er zijn verschillende haltes.

La Lajita ▶ D/E 8

De dorpskern van La Lajita (1800 inw.) ligt net naast de landweg FV-2, direct aan het strand te midden van een woestijnachtige omgeving. Vroeger lagen hier slechts een paar visserskotten. Tot op de dag van vandaag varen enkele oudere mannen met hun open boten uit om 's middags met hun vangst terug te keren. Meer recent ontstonden de rijtjeshuizen, waarin jonge Spanjaarden wonen die in de vakantieoorden op het schiereiland Jandía werken. De gepolijste plaza bij de kerk is de ontmoetingsplaats in de vroege avonduren.

Oasis Park ✷ ▶ D 8

Ctra. FV-2 Km 57,4, tel. 902 40 04 34, www.fuerteventuraoasispark.com, dag. 9.30-18 uur, volw. € 25, kind 3-11 jaar € 12,50 (incl. gratis transfer vanaf Corralejo, Caleta de Fuste, Costa Calma, Esquinzo, Jandía, rijschema op de website); de tickets zijn twee maanden geldig (in het kantoor laten afstempelen)

Palmbomen zorgen voor groen op de strook land aan weerszijden van de weg naar Morro Jable. Waterbesparende moderne druppelirrigatie maakt het mogelijk. In het 'bos' ligt het Oasis Park verscholen. Het veelzijdige, goed onderhouden complex is een attractie. In het **Parque de Animales** (dierenpark) leven meer dan 250 verschillende tropische soorten – vogels, reptielen en zoogdieren, met name apen. De exotische vegetatie roept de sfeer van het thuisland van de dieren op, hier op het droge woestijneiland Fuerteventura. In een droger deel van het park is de Afrikaanse savanne nagebootst. Hier lopen zebra's, giraffen, antilopen en gnoes rond. Meerdere malen per dag vertonen de zeeleeuwen, papegaaien, krokodillen en slangen hun kunsten in het kader van de speciale shows. In de **Reserva de Camellos** leeft een kudde bescheiden Fuerteventura-dromedarissen (zie Favoriet blz. 237).

Het beheer van de particulier geleide dierentuin hecht veel belang aan het respecteren van de dierenwelzijnswetgeving, heeft een eigen veterinaire dienst en heeft reeds verscheidene dieren uit onterende omstandigheden bevrijd, zoals twee chimpansees die als

Cactuslandschap in het Oasis Park

jonge dieren door kermisexploitanten als attractie werden gebruikt en hun eigenaren te groot werden. Een andere nu in het Oasis Park levende chimpansee woonde 25 jaar in een huishouding op Gran Canaria als lid van het gezin, werd vervolgens uit het huis verbannen en als een hond geketend, voordat zij werd opgenomen in het Oasis Park.

Voor de innerlijke mens zorgen in het park de cafeteria-restaurants Los Tucanes en Sabana met fastfood en snacks (vanaf ca. € 3). De Tienda de Artesanía verkoopt kunstnijverheid en andere souvenirs. In het Centro de Jardinería (tuincentrum, gratis toegankelijk vanwege de verkoop) heeft men een grote keuze aan planten. Van hieruit is het park ooit ontstaan, het is zeker de moeite waard er een kijkje te nemen.

Jardín Botánico

Een beetje afgelegen van de overige faciliteiten, van het Parque de Animales rijdt elke 10 min. een junglebus, inbegrepen bij de toegangsprijs van Oasis Park, www.jardinbotanico fuerteventura.com

In de verschillende afdelingen van de uitgestrekte botanische tuinen zijn inheemse planten, vetplanten uit de hele wereld en talrijke palmen te zien, die goed overweg kunnen met de waterschaarste op Fuerteventura. Het **Cactarium** herbergt meer dan 28 duizend exemplaren, die tot 2300 verschillende soorten behoren. Cactussen zijn geen inheemse planten, ze kwamen van nature alleen in Amerika voor. Op Fuerteventura gedijen ze dankzij het woestijnachtige klimaat echter zeer goed en ze zijn daarom ook vaak op het eiland als tuinplant te zien. In het **Palmetum** is de Canarische palm (*Phoenix canariensis*) met ongeveer achtduizend exemplaren goed vertegenwoordigd. Daarnaast worden zo'n zevenduizend andere palmen uit de hele wereld getoond, die tot tachtig verschillende soorten behoren. Ook hieronder bevinden zich enkele op het eiland zeer populaire sierplanten.

Een gemarkeerd pad leidt rond door de botanische tuinen. Aan de hand van panelen krijgt de bezoeker interessante informatie (ook in het Engels en Duits) over de vertegenwoordigde plantenfamilies en over andere onderwerpen, zoals de geologie van Fuerteventura. In het bovenste deel van de tuin vindt tweemaal per dag een roofvogelshow plaats. De paar gebouwen die in de Jardín Botánico staan, zijn dankzij hun traditionele architectuur onopvallend in het geheel geïntegreerd. Dit geldt ook voor het restaurant Patio Majorero, waar het lunchbuffet voor groepen bezoekers wordt geserveerd.

Aan de westelijke rand van de botanische tuinen ligt de nog in aanbouw zijnde **Jardín Canario**. De bezoeker krijgt in dit gedeelte van de botanische tuinen de inheemse vegetatie van de Canarische Eilanden in verschillende nagebootste habitats te zien, met speciale aandacht voor de op Fuerteventura endemische soorten. Juist de planten die hier thuishoren zijn vaak ernstig bedreigd. Daarom probeert men ze in het park uit zaad of stekken te vermeerderen, met als doel deze later weer op hun natuurlijke standplaats uit te planten. De botanische tuinen van La Lajita zien zichzelf als zadenbank en willen niet alleen graag een bijdrage leveren aan het behoud van inheemse planten, maar ook van andere bedreigde soorten uit droge gebieden in de wereld.

Eten & drinken

Vissersromantiek – **Casa Ramón:** Calle Fragata 9, tel. 928 16 10 69, di.-zo. 13-16.30, 18-21.30 uur, hoofdgerecht vanaf € 8. Lang bestaand restaurant met terras aan zee. Bij zonsondergang is het hier op zijn mooist. Op het menu staat vis, in het weekend ook paella.

Actief

Met de karavaan meetrekken – **Safari de Camellos:** Oasis Park, zie blz. 233. In het kamelencentrum van het dieren- en plantenpark staan ongeveer 250 dromedarissen (eenbultige kamelen) klaar. Elk uur vinden ritten plaats (dag. 9.30-17.30, 's zomers tot 19.30 uur, duur: 30 min.). Telkens zitten er twee personen links en rechts van de bult in het zadel, voor kleine kinderen wordt een extra zitje voor de bult aangebracht. Betalen kan men aan de kassa van het park (volw. € 10, kind 3-11 jaar € 5), daarna begint de tocht aan de overkant van de weg.

Info

Bussen: Lijn 1 Puerto del Rosario – Morro Jable rijdt elke 30-60 min., lijn 25 rijdt daar bovenop 2-4 maal daags van La Lajita naar Morro Jable (enkele rit € 3,15). De bussen stoppen aan de FV-2 direct bij Oasis Park.
Taxistandplaats aan de ingang (bij de kassa) van Oasis Park.

Favoriet

Reserva de Camellos – een bijzonder soort kamelen

Kleiner en bonter dan de Noord-Afrikaanse dromedarissen, die met de toeristen door de omgeving deinen, zijn die van het Fuerteventura-ras. De kamelen zijn bescheiden: de palmbladeren, die door ieder ander dier als te droog zou worden versmaad, zijn het favoriete voedsel van de inheemse dromedarissen, waarbij oude en jonge hengsten zich als eerste rondom het groen verdringen. Slechts 25 exemplaren van de Camello Majorero waren er op een gegeven moment nog over. Dankzij betrokken fokkers kan men tegenwoordig in het Oasis Park van La Lajita weer een grote kudde bewonderen.

IN EEN OOGOPSLAG

Het schiereiland Jandía

Hoogtepunt ☀

Playa de Cofete: Het misschien wel mooiste strand op het eiland is niet geschikt voor waterratten, maar wel voor gepassioneerde strandwandelaars en mensen die fascineerd raken door de aanblik van een schuimende branding. Zie blz. 279.

Op ontdekkingsreis

Lagunes en zoutmoerassen: Wad en moerasland komen niet alleen voor aan de Noordzee, maar, weliswaar van kleiner formaat, ook op Fuerteventura tussen Costa Calma en Playa Barca. Hier leeft een zeer bijzondere flora en fauna. Zie blz. 248.

Natuurpark Jandía: Alleen jeeprijders en sportieve mountainbikers komen op de verborgen plekjes van het schiereiland in het zuiden. In het natuurpark zorgen rangers voor de bescherming en verbreiding van cactusachtige botanische rariteiten en de zeldzame kraagtrap. Zie blz. 274.

Bezienswaardigheden

Ruta de las Esculturas: Met moderne sculpturen, die verspreid staan over de dorpen, gaf de gemeente Pájara zichzelf een nieuw imago. De beelden herinneren vaak aan het verleden en verwijzen tegelijk naar de toekomst, zoals bijvoorbeeld de Caminos in Jandía.
Zie blz. 259.

Te voet & per fiets

Over de Istmo de la Pared: Zandverstuivingen en duinen domineren de vlakke landengte, waarover het te voet of per mountainbike naar de winderige noordkust van het schiereiland Jandía gaat. Zie blz. 247.

Door de Barranco Gran Valle: Een oud perlgrimspad loopt dwars door de met geiten en wilde ezels bevolkte barranco en gaat over een bergpas naar het eenzaam in het noorden van Jandía gelegenen dorp Cofete. Zie blz. 272.

Sfeervol genieten

Lekker winkelen: Snuffelen in boetieks met hoge kwaliteit sport- en vakantiemode en fantasierijke sieraden: het Centro Comercial El Palmeral in Costa Calma heeft een grote aantrekkingskracht op shopaholics. Zie blz. 246.

Chiringuitos: Eenvoudig maar goed: de strandtenten die zich langs de Playa del Matorral in Jandía aaneenrijgen. Hier genieten de gasten van versgebakken vis of een koel drankje. Zie blz. 263.

Uitgaan

Surfersbar: Bekend tot ver buiten surferskringen is Fuerte Action Café-Bistro-Bar als *de* ontmoetingsplaats in Costa Calma. Zie blz. 247.

Muziek en tapas: Niet alleen de aardige kleine hapjes smaken hier zoals in Andalusië, ook de sfeer in de Posada San Borondón in Morro Jable roept herinneringen op aan het zuiden van Spanje. Zie blz. 269.

De 'zandbak' van het eiland

Goudgele zandstranden zijn het kenmerk van het langgerekte schiereiland Jandía in het zuidwesten van Fuerteventura. Vele kilometers lang omlijsten ze de kust, slechts hier en daar onderbroken door rotspunten en donkerkleurig lavasteen. Aan de zonnige zuidkant is het schiereiland een paradijs voor zonaanbidders, wind- en kitesurfers, duikers en golfers. Hier trekken de uitgestrekte, rustige vakantierplaatsen Costa Calma, Esquinzo/Butihondo en Jandía een overwegend Midden-Europees publiek. Buiten deze plaatsen zijn er voldoende eenzame stukken strand voor een ontspannen, soms ook kledingloos zwemplezier. Golfsurfers komen in het westen van Jandía en bij het exclusieve vakantieoord La Pared in het noorden van het schiereiland aan hun trekken. Alternatieve reizigers brengen hun vakantie graag door tussen de lokale bevolking in de authentiek gebleven havenplaats Morro Jable. Daar komen ook graag wandelaars uit de hotels van Jandía die in Morro Jable het komen en gaan van de vissers- en veerboten aanschouwen en in de pittoreske restaurants wat eten.

Dagjesmensen wacht het avontuur aan de bijna totaal verlaten westpunt van het schiereiland, die aan Afrikaanse woestijn- en steppegebieden doet denken, ware het niet dat de zee overal aanwezig is. Hier zijn geen goed begaanbare wegen, alleen de meer of minder hobbelige zandsporen doorkuisen dit gebied, dat met mountainbikes of terreinwagens kan worden verkend. Het westelijke gedeelte, de hoge, door wolken omgeven bergkam in het midden en de ruige noordkust van het schiereiland vallen onder natuurbescherming vanwege hun grandioze landschap en

INFO

Oficinas de Turismo

Het toeristeninformatiebureau in Jandía is verantwoordelijke voor het hele schiereiland (Av. del Saladar, Centro Comercial COSMO, Local 161, 35626 Jandía, tel. 928 54 07 76, www.visitjandia.com, ma.-vr. 9-15 uur).

Heenreis en vervoer

Bussen: Van Puerto del Rosario naar Morro Jable (via Costa Calma/Jandía Playa, soms via de luchthaven) rijden lijndienstbussen van maatschappij Tiadhe zeer vaak over de snelweg, 1 maal daags met omweg naar de Playa Barca (Los Gorriones).
Auto: De bijna onbewoonde westpunt van Jandía voorbij Morro Jable is alleen over zandwegen te bereiken. Omdat de autoverhuurbedrijven om verzekeringsredenen het rijden op zandwegen met gewone auto's verbieden, is het aan te raden voor een uitstapje naar dit gebied een terreinwagen te huren.
Veerboot: Autoveerboten van maatschappij Naviera Armas (tel. 902 45 65 00, www.navieraarmas.com) van Morro Jable 1 maal daags naar Las Palmas (Gran Canaria) en 3 maal per week naar Santa Cruz de Tenerife. Duur 3 resp. 6 uur, enkele reis vanaf € 16 resp. € 32. Verder een express-dienst van Fred. Olsen (tel. 902 10 01 07, www.fredolsen.es) 1-3 maal daags naar Las Palmas (100 min., enkele reis vanaf € 38). Tickets bij het havenloket of via internet.

de zeer bijzondere vogels en planten. Dit geldt ook voor het door de wind geteisterde duinlandschap van Istmo de La Pared. Deze gebieden wachten op een verkenning te voet. Geweldige uitzichten vanaf bergtoppen en -passen en schijnbaar eindeloze, door de branding omspoelde zandstranden, waar noch hectiek noch badgasten de idylle verstoren, belonen alle inspanningen.

Costa Calma ▶ D 8/9

Als een grote vakantieplaats zonder een oud stadscentrum, zo presenteert Costa Calma (5500 inw., 15.000 bedden) zich als het ware aan de ingang van het schiereiland Jandía en middenin het vlakke landschap gelegen. De vakantiegangers komen overwegend uit Duitsland en Groot-Brittannië. Zowel families als stellen en singles voelen zich aangetrokken door het aanbod. Winkels, cafés en restaurants concentreren zich in verschillende onafhankelijke winkelcentra, waar rondom een open of overdekte plaza meestal twee tot drie verdiepingen met winkelunits liggen. Al met al is Costa Calma een rustige vakantieplaats, waar men goed kan ontspannen.

Bezienswaardigheden

El Palmeral [1]

Over een lengte van bijna 2 km wordt de doorgaande weg FV-2 omzoomd door een palmenbos. Het houdt het verkeerslawaai tegen voor de stad en scheidt de hotelwijk aan zee van de woonwijk aan de overkant van de weg. De groene gordel bestaat uit verschillende soorten palmbomen en uit casuarina's, een boomsoort uit het Stille Oceaangebied, die op zouthoudende grond gedijt. Het bos dankt zijn bestaan aan de ittigatie met het afvalwater van de plaatselijke waterzuiveringsinstallatie.

Flora en fauna laten de bezoeker hier ontspannen. Aan weerszijden van de weg lopen op enige afstand brede paden, die uitnodigen tot wandelen en joggen. In de omgeving van de noordelijke rotonde (afrit Cañada del Río) is het bos parkachtig vormgegeven met bankjes en bloemperken, omlijst door hibiscus. In de groene idylle zijn interessante vogels te zien, zoals de op de Canarische Eilanden niet zeldzame hop.

Fobos [2]

Lanzarotes charismatische en veelzijdige kunstenaar César Manrique (1919-92) creëerde de 'Fobos' (de maan bij Mars, Phobos). Het windspel (*juguete del viento*) bestaat uit een van gegalvaniseerd ijzer vervaardigde constructie van sferische, zilverkleurige lintkogels. Het verwelkomt sinds 2006 elke bezoeker die via de noordelijke invalsweg naar Costa Calma komt. Het staat midden op de rotonde, waar de FV-605 afslaat richting La Pared.

Windspelen waren een van de specialiteiten van de architect, schilder en beeldhouwer. Het was voor hem de ideale manier om zijn idee te verwezenlijken om kunst en natuur met elkaar in harmonie te brengen. De mobiles veranderen van uiterlijk met de windrichting en -sterkte. De locatie aan de bijzonder winderige 'toegangspoort' van het schiereiland Jandía werd door de initiatiefnemers van de beeldenroute van de gemeente Pájara daarom met voorbedachten rade gekozen.

Hoewel de Fobos pas na de dood van Manrique werd vervaardigd, wordt het als een origineel werk beschouwd, omdat de kunstenaar nog tijdens zijn leven drie exemplaren goedkeurde, die naar zijn werktekening mochten worden gemaakt (de andere twee staan op Lanzarote en Gran Canaria).

Costa Calma

Bezienswaardigheden
1. El Palmeral
2. Fobos

Overnachten
1. VIK Risco del Gato
2. H 10 Sentido Playa Esmeralda
3. H 10 Tindaya
4. Sunrise Costa Calma Palace
5. Sunrise Costa Calma Beach Resort
6. R 2 Río Calma
7. Sotavento Beach Club

Eten & drinken
1. Me Gusta
2. Mediterran
3. Galería
4. Tapas de la Abuela

Winkelen
1. Centro Comercial El Palmeral
2. Mercadillo
3. Buchladen & Service-Center

Actief
1. Acuarios Fun Diving
2. Rapa Nui Surfschool
3. Xtreme Car Rental
4. Volcano Bike

Uitgaan
1. Fuerte Action Café-Bistro-Bar
2. Synergy

Zon, zee & strand

Costa Calma ligt aan het begin van een 11 km lange, goudgele strandzone, die slechts af en toe door rotsachtige delen wordt onderbroken. Het noordelijkste strand is de kleinere, levendige **Playa Cañada del Río**. Door een rotspunt gescheiden ligt aansluitend de grotere **Playa de Costa Calma**, waarachter men zich in een vlak duingebied kan terugtrekken. In zuidelijke richting volgen nog enkele andere gedeeltes, die nauwelijks of helemaal niet zijn bebouwd en daardoor weinig worden bezocht. Wie niet opziet tegen een wandeling van 4 km, bereikt vanaf hier langs de kust de Playa Barca (zie blz. 253).

Overnachten

Extravagant – **VIK Risco del Gato** 1: Calle Sicasumbre 2, tel. 928 54 71 75, fax

928 54 70 30, www.vikhotels.com. Junior suite voor 2 pers. vanaf € 180. Met zijn koepelvormige daken boven de suites, die allemaal zijn uitgerust met een patio en een tegen de wind beschut terras, is dit viersterrenhotel een architectonisch buitenbeentje. Het bijzondere suitehotel is reeds met vele milieuprijzen gedecoreerd. Milieuvriendelijke maatregelen zoals zonne-energie of warmtepompen zijn hier vanzelfsprekend. Met organisch afval wordt een eigen biogasinstallatie geëxploiteerd en afvalwater wordt na zuivering in een moerasplantenfilter gebruikt voor de bewatering van de tuinen. De faciliteiten omvatten: halfpension-restaurant Horst Walczok, uitzichtsbar El Mirador, wellnessgedeelte en tuin. Tot het hotel behoort ook het graag door niet-hotelgasten bezochte restaurant **La Terraza del Gato** (Calle Punta del Roquito, dag. 12-22 uur, hoofdgerecht vanaf € 15, hotelgasten kunnen het verrekenen met halfpension). De mediterrane gerechten op de menukaart veranderen afhankelijk van het seizoen en marktaanbod en zijn heerlijk bereid. Groot buitenterras. 's Avonds is er af en toe ook livemuziek.

Alle accommodaties in Costa Calma zijn te boeken via touroperators (zie blz. 25). Hier volgen de **websites** van een aantal populaire adressen:
H 10 – Het viersterrenhotel **H 10 Sentido Playa Esmeralda** 2 (www.h10.es) onderscheidt zich met een prachtig

Het schiereiland Jandía

zeezicht, een fantasierijk aangelegd terrassenzwemlandschap, een binnenzwembad en goed bekendstaand avondentertainment. Het **H 10 Tindaya** 3 (www.h10.es) presenteert zich als gezinsvriendelijk met ruime kamers, miniclub en animatieprogramma.

Beach and sunrise – De op Fuerteventura met verschillende gebouwen vertegenwoordigde keten (www.sunrisebeachhotels.com) heeft in Costa Calma het elegante **Sunrise Costa Calma Palace** 4 met golf-oefenterrein, tennisbanen, een Thalassotherapiecentrum en het middenklasse-familiehotel **Sunrise Costa Calma Beach Resort** 5.

In koloniale stijl – R 2 Río Calma 6: (www.rzhotels.com). Deze lokale keten heeft iets buitengewoons gecreëerd in koloniale stijl. Een Canarische terrasen zwemtuin vormt de verbinding tussen het hotel en de direct ervoor gelegen kleine zandbaai. Veelgeprezen halfpensionbuffet, wellnesssfaciliteiten.

Gerenommeerd – **Sotavento Beach Club** 7: (www.sotaventobeachclub.com). De met vier sterren bekroonde club behoort tot de wat oudere hotelcomplexen van Costa Calma, maar is in goede conditie. Ruime appartementen (met halfpension mogelijk), pal aan het strand gelegen, kindvriendelijk met veelzijdig animatieprogramma. Met tennisbaan Matchpoint en Zwemschool Sharky (zie blz. 258). Discotheek East Side Palace ligt binnen het complex. De vele stamgasten weten het aanbod te waarderen.

Kilometerslange stranden en turquoiseblauw water

Eten & drinken

Aangenaam – Me Gusta 1: Calle La Parabola, tel. 608 24 99 48, vr.-wo. vanaf 18 uur, hoofdgerecht vanaf € 10. In het voormalige Copa verwent een team van bekende en nieuwe stafleden de gasten met vergelijkbare specialiteiten als tevoren. Ook de legendarisch lamsbout wordt weer geserveerd. Wordt telkens weer aanbevolen door inwoners. Klein restaurant, sobere sfeer, maar uitgesproken verfijnde keuken. Twee wisselende dagschotels (vlees en vis), afhankelijk van het marktaanbod.

Vriendelijke – Mediterran 2: Calle Playa de la Jaqueta, tel. 699 13 68 40, dag. 17-23 uur, hoofdgerecht € 8-13. Typisch mediterrane gerechten van niveau, zoals lamsbout met sperziebonen in spek gerold, in een prettige, modern-kunstzinnige sfeer. Het wat verscholen in het particuliere bungalowcomplex La Abeja liggende restaurant wordt nog altijd als een goed bewaard geheim beschouwd. Mooie plek met tafels voor het gebouw.

Een kleine oase – Galería 3: Calle Risco Blanco, tel. 928 87 54 16, www.restaurant-galeria.com, di.-zo. vanaf 18 uur, hoofdgerecht € 8,50-16,50. Mediterrane keuken, ook met veel pasta's of vegetarisch. Grote keuze aan tapas. Bijzonder mooi zijn de plaatsen op het beschutte terras met uitzicht over de stad en de zee.

Klassiek geherinterpreteerd – Tapas de la Abuela 4: Calle Valle de los

fabelachtige omstandigheden bij Costa Calma

Mosquitos 2, tel. 928 87 51 58, hoofdgerecht € 8-12. Gastheer José tovert opmerkelijke tapasschotels op tafel en verfijnde hoofdgerechten, zoals zalm in bladerdeeg. Goede wijnselectie.

Winkelen

Voor chique mensen – **Centro Comercial El Palmeral** [1]: FV-2 in de nabijheid van de zuidelijke rotonde. Het meest exclusieve winkelcentrum van Costa Calma. Goed gevulde winkels zoals Fuerte Action Shop of Hodge Podge hebben met hun sportieve vakantiekleding een magische aantrekkingskracht op jonge en jong gebleven klanten.

Min of meer bruikbaar – **Mercadillo** [2]: Weekmarkt, elke wo. en zo. (behalve feestdagen) 10-14 uur op het plein bij de noordelijke rotonde (afslag Cañada del Río). Wie gericht zoekt vindt mooi, op de Canarische Eilanden vervaardigd textiel, keramiek en kunstnijverheid.

Men spreekt er Duits – **Buchladen & Service-Center** [3]: Calle Punta de los Molinillos 2, Centro Comercial Costa Calma, tel. 928 87 50 77, ma.-vr. 9.30-18, za. 9.30-13 uur. Grote keuze aan (Duitstalige) boeken en tijdschriften, bijv. over de Canarische Eilanden, cursussen Spaans, spelletjes en nog veel meer. Verder bemiddelt men er voor sportieve activiteiten, uitstapjes en huurauto's. Daarnaast geeft men – officieus – allerlei handige informatie over Fuerteventura.

Actief

Onderwater – **Acuarios Fun Diving** [1]: Sotavento Beach Club, tel. 928 87 60 69, www.acuarios-jandia.de. Olivia en Bernd leiden dit sinds vele jaren beproefde duikcentrum. VDST- en Padi-cursussen, regelmatig duikexcursies, ook 's nachts, vervoer per boot of met eigen duikbus. Gratis pendelservice naar Esquinzo en Jandía.

Op de plank – **Rapa Nui Surfschool** [2]: Shopping Center Bahía Calma, tel. 928 54 91 40, www.rapanui-surfschool.com. Hier kan men golfsurfen leren in kleine groepen of de verworven vaardigheden beproeven op de beste plekken in het zuiden van het eiland. Na het surfen word samen gefeest, bij voorkeur in de eigen Boardriders Bar. Een passende outfit vindt men in de Protest Boardwear Shop. Driedaagse cursus € 129, ook voor kinderen vanaf 7 jaar.

Met de funmobil – **Xtreme Car Rental** [3]: Calle LTU 3, Hotel Sunrise Taro Beach, tel. 928 87 56 30, www.xtreme-car-rental.com. Met de quad (inspannender) of buggy (ontspannener) op begeleide tochten over zand- en grindwegen zo'n 4 uur lang dwars over het schiereiland Jandía. Tocht voor een persoon € 75. Wanneer twee personen op een voertuig plaatsnemen, kost het € 100. Daarnaast begeleide triketochten via La Pared en Ajui naar Betancuria en via Antigua terug naar Jandía (rijbewijs B is voldoende, lange broek, jack en stevig schoeisel zijn verplicht). Pro Trike (bestuurder en een of twee bijrijders) € 170. Kinderen vanaf 7 jaar toegestaan, indien er een volwassene meerijdt op de achterbank. Transfer vanaf de hotels op het schiereiland Jandía, in Tarajalejo en Las Playitas mogelijk. Geen vrije verhuur van quads, buggies en trikes, in plaats daarvan wel mountainbikes, racefietsen en motoren.

Fiets totaal – **Volcano Bike** [4]: Hotel Fuerteventura Playa, tel. 639 73 87 43, www.volcano-bike.com. Verhuur en begeleide tochten, verschillende programma's voor mountainbikers, wielrenners en toerfietsers. Mountainbike 1 dag vanaf € 12, korting bij meerdere dagen verhuur.

Uitgaan

Surfersclub – **Fuerte Action Café-Bistro-Bar** 1: Centro Comercial El Palmeral, dag. 8.30-23 uur. 's Avonds bij een drankje laten de surfers hier hun belevenissen op de golven van die dag de revue passeren. 's Morgens komen velen graag nog even terug voor het ontbijt.

Chillout – **Synergy** 2: Centro Comercial Costa Calma, ma.-za. 20-3 uur. Gemoedelijke bar en lounge, waar het uit twintigers en dertigers bestaande publiek zich Roberto's extravagante cocktails goed laten smaken – vijfenzeventig verschillende creaties.

Info

Bussen: Lijn 1 (Puerto del Rosario – Antigua – Morro Jable) elke 30-60 min. Lijn 10 naar de luchthaven 2-4 maal daags. Een busstation bij het voetbalveld in de Avenida de Hapag Lloyd was bij het sluiten van de redactie bijna klaar voor de officiële opening.
Taxi: Av. Jahn Reisen (tegenover C.C. Sotavento), tel. 928 54 70 32 (tot ca. 23 uur).

Istmo de La Pared ▶ C/D 8/9

De slechts 6 km brede landengte Istmo de la Pared scheidt het schiereiland Jandía van de rest van Fuerteventura. Het vlakke gebied is bezaaid met talloze stuifduinen, die zich onder invloed van de passaatwinden voortdurend van de noordzijde van de istmus naar de zuidelijke rand bij Costa Calma verplaatsen. Het permanent in beweging zijnde zand creëert telkens weer nieuwe, bizarre vormen aan het oppervlak van de landengte.

Op de Istmo de la Pared gedijt een zeer bijzondere flora en fauna. Omdat herders hier hun geiten laten grazen, groeien er voornamelijk *Launaea arborescens*, dorre doornstruiken die bestand zijn tegen de vraatzucht van dieren. Na de eerste winterse regenval schieten er echter overal kleine bloeiende planten uit de grond. Ze hebben het droge seizoen als zaad overleefd. In de winter komen ook de bloemenbestuivende insecten als uit het niets tevoorschijn.

De Istmo de la Pared staat echter bovenal bekend om zijn vogelbestand. Het 45 km² grote duinlandschap werd door de EU aangewezen als speciaal reservaat en maakt deel uit van het **Parque Natural de Jandía** (zie blz. 58).

Wandeling over de Istmo de La Pared naar Agua Liques ▶ C/D 8

Heen en terug totaal 2,5 uur, eenvoudige wandeling ▷ blz. 251

Wandeling over de Istmo de La Pared naar Agua Liques

Op ontdekkingsreis

Lagunes en zoutmoerassen als vogelparadijs

Zowel de waddengebieden van de Playa Barca als de kwelders van de Barranco del Salmo bij Risco del Paso en de Saladar de Jandía zijn de moeite van een wandeling waard vanwege de zeevogels en de interessante, zoutminnende vegetatie.

Kaart: ▶ C/D 8-10

Duur: volledige dag
Start: strandwandeling vanaf Costa Calma (5 uur) of met huurauto of mountainbike over de FV-2 met uitstapjes
Uitrusting: zonnebrandcrème, evt. verrekijker om vogels te kijken

Bij eb wordt de lagune van Playa Barca een waar waddengebied. Grote delen van deze voor Fuerteventura unieke regio staan tegenwoordig, evenals de aangrenzende kwelders bij Risco del Paso en in de Barranco del Salmo, als onderdeel van het **Parque Natural de Jandía** onder natuurbescherming. Een privé-reservaat, dat sinds 2001 onder de internationale Ramsar-conventie valt, is de **Humedal Saladar de Jandía** bij de Playa del Matorral. Zoutmoerassen vormen op de Canarische Eilanden waardevolle ecosystemen, die behalve op Fuerteventura (hier voornamelijk op het schiereiland Jandía) alleen op Lanzarote en Gran Canaria te vinden zijn.

Het Canarische wad

Na ongeveer een uur lopen vanaf Costa Calma in zuidelijke richting langs het strand wordt de Playa Barca bereikt. Het roept bij eb herinneringen aan de wadden aan de Noordzeekust op, ook al zijn de afmetingen aanzienlijk bescheidener. Het beste kan men hier op blote voeten lopen. In het slib hebben kleine slakken en schelpen zich teruggetrokken. Alleen de randen van de schelpen aan het oppervlak duiden op hun aanwezigheid. Sporen van zeepieren zoekt men in het drogere gedeelte van het wad in de buurt van het land tevergeefs. Maar dichter bij de zee, waar het oppervlak vaker wordt overspoeld, laten de wormen hun kronkelige uitwerpselen achter. Daar liggen ook veel witte, 2 cm brede spiraalvormige schelpen van *Spirula spirula*, een kleine inktvissensoort, die deze in het lichaam gebruikt als een mechanisme om te stijgen of dalen, vergelijkbaar met de fossiele, prehistorische ammonieten.

Wanneer het zeewater het wad herovert, stroomt het door een netwerk van kleine kreken. Ertussen houden robuuste struiken stand op kleine zandheuvels, die op hun beurt door de wortels worden gestabiliseerd. Het is *Arthrocnemum glaucum*, een aan de zeekraal verwante vetplant. Vogels, waaronder watersnippen, plevieren en reigers, bezoeken het gebied alleen bij vloed. Dan pas is hun voedsel – schelpen, slakken en wormen – zichtbaar op de bodem van de lagune. Veel vogelsoorten verblijven gedurende het hele jaar op Fuerteventura, andere komen uit Europa als wintergasten of pauzeren er op hun doorreis naar de Afrikaanse overwinteringsgebieden.

Voor een eerste rustpauze is aan de Playa Barca in het Pro-Center in de palmentuin van het hotel Meliá Gorriones gelegenheid om iets te eten in de daar aanwezige surfersbar. Na nog een uur lopen langs het strand bereikt men de weinige huizen van **Risco del Paso**.

Door zout gekenmerkt

Tussen de twee duinen van Risco del Paso (zie Favoriet blz. 256) en in de ten westen daarvan gelegen monding van de **Barranco del Salmo** liggen achter het zandstrand ondiepe dalen met zoutmoerassen. Ze worden alleen bij springtij overspoeld, dus elke twee weken. Zodra het water verdampt is, blijft er een droge zoutkorst achter, waar de vegetatie mee kampt tot de volgende overstroming. Het struikachtige schorrenkruid (Suaeda vera), een andere vetplant, is zeer goed aangepast aan een dergelijke standplaats. De bloeiwijze doet aan korenaren denken. Ook de *Zygophyllum fontanesii* is hier goed vertegenwoordigd. Het is een jukbladige plant waarvan de roodachtige vruchten iets groter zijn dan de even vlezige, watervasthoudende bladeren. Die laatste vergelen bij aanhoudende droogte, om ten slotte uit te vallen. De plant doet dan aan overrijpe druiven denken. Het meest aantrekkelijke gewas van deze biotoop is de gele bremraap, die vaak wordt aangezien voor een orchidee. Alleen de bloemranken steken omhoog uit de modder. De wortels van de bremraap parasiteren op de omringende struiken, zodoende vormt hij geen eigen bladeren.

Strandwandelaars onder elkaar

Onderweg naar de Barranco del Salmo komt men veel strandwandelaars tegen en enkele zonaanbidders, die het zich op beschutte plekjes gemakkelijk maken. De meesten keren hier weer om en lopen terug naar Costa Calma (in totaal ca. 5 uur heen en terug). Slechts een enkeling neemt de uitdaging aan en gaat verder over het volgende, vrij afgelegen strandgedeelte aan de monding van de **Barranco de los Canarios**.

Deze laat men echter snel achter zich en na ongeveer drie uur lopen vanaf Costa Calma komt men bij het hoteldorp **Esquinzo**. Daar kan men bijkomen van de laatste etappe en een koel drankje nemen in een van de strandtenten, voordat het over het strand verder gaat richting Jandía.

Botanische rariteiten in Jandía – beschermd door LIFE

Uiteindelijk komt men na ongeveer vijf uur aan op de **Playa del Matorral** bij de vakantieplaats Jandía, die – hoewel veelbezocht – tot op de dag van vandaag omzoomd wordt door een lange, lage duinengordel. Landinwaarts gaat deze strook geleidelijk over in een breed, ongeveer een oppervlak van 1,3 km² beslaand zoutmoeras, de **Saladar de Jandía**. De vegetatie hiervan is vergelijkbaar met die van de Barranco del Salmo. Als dit wetland (*humedal*), bij uitzondering niet bij springtij wanneer het getijdenverschil tot 3 m toeneemt, onder water staat en zich tussen de zandeilandjes een netwerk van poelen vormt, doet het meer denken aan een droog heidegebied. In de lage struikjes (*matorral*) broedt de Canarische tapuit, een vogeltje ter grootte van een roodborstje, dat alleen nog op Fuerteventura voorkomt en sterk bedreigd is. Het kleurrijke mannetje is te herkennen aan zijn donkere kop en staart, zijn witte keel en zijn ietwat roestbruine borst.

De bebouwing van de kustlijn werd hier bijtijds verboden en de botanisch zeer interessante en gevarieerde zone werd onder bescherming gesteld. De milieu- en natuurbeschermingsdienst van de gemeente Pájara voerde hier in het kader van het EU-project LIFE in 1997-2000 een herstelproject uit. Bij dit programma werden aan de ene kant kunstmatige obstakels van het strand verwijderd, die het ongestoorde binnendringen van het zeewater bij stormvloed verhinderen. Aan de andere kant verrichtte men inspanningen om de geïntroduceerde, dus niet-inheemse planten en dieren uit het beschermingsgebied te verwijderen. Hiermee werden de benodigde voorwaarden gecreëerd, zodat de natuurlijke, maar door menselijk ingrijpen verstoorde flora en fauna van het zoutmoeras zich weer kon herstellen. Natuurbeschermers zijn echter van mening dat er nog veel meer moet worden gedaan om de unieke natuur langs de kust te beschermen. Het gebied wordt allang niet meer regelmatig overstroomd en droogt steeds verder uit.

In de duinen van **Jandía** nodigen verschillende strandcafés nog eenmaal uit tot een rustpauze, voordat men naar de drukke kustweg Avenida del Saladar loopt. Wie wil, kijkt nog even in een van de winkels langs de Avenida, voordat men met de bus weer terug naar Costa Calma gaat.

Deze populaire wandeling voert dwars over de Istmo de La Pared door zeer eentonige, maar indrukwekkende stuifzandgebieden tot aan de wilde, aan het spel van de wind en de golven blootgestelde noordkust. De heen- en terugweg verlopen over hetzelfde traject. In Costa Calma gaat het rechtsaf naast het winkelcentrum El Palmeral, vanaf waar men de smalle Calle Playa de la Jaqueta omhoog volgt. Men loopt rechtdoor de stad uit, doorkruist de voorlopig stilgelegde bouwput van de geplande ringweg rond Costa Calma en gaat in noordwestelijke richting verder op een zandspoor. Dit is ongeschikt voor gewone personenauto's, maar wel voor mountainbikes, terreinwagens en quads. Over het algemeen is er op dit traject zeer weing verkeer. Anders bestaat er ook de mogelijkheid om op enige afstand van het zandspoor verder te wandelen over enkele onduidelijke sporen of eenvoudigweg dwars over de zandvlakte te lopen.

Na ongeveer 40 minuten komt men bij een splitsing van wegen, daar houdt men rechts aan en gaat kort daarop bij een tweede splitsing weer rechtsaf. Het goed berijdbare zandspoor eindigt na ongeveer een uur bij een ruime keerplaats, waar ook de jeep- of quadrijders uiteindelijk moeten parkeren, want de verdere weg naar de noordkust omlaag is zeer hobbelig. Steenmannetjes geven de juiste richting aan. Men volgt een duidelijk herkenbare laagte, die op topografische kaarten als Cañada de Agua Liques (*cañada* = holle weg) staat aangegeven. Bij een splitsing links aanhouden. Ten slotte bereikt de monding van het ondiepe dal de zee na ca. 1,15 uur lopen.

Bizarre, fotogenieke zandformaties omringen de kleine baai van **Agua Liques,** de ruige branding maakt het zwemmen hier onmogelijk. Zelfs voor een picknick is deze plek maar beperkt geschikt, de op Fuerteventura alomtegenwoordige grondeekhoorns zijn namelijk bijzonder vriendelijk en gespitst op elke extra lekkernij. Zoals de naam van de baai ('helder water') al aangeeft, kwelt er zoet water op uit de nabije zandlagen bovenop het ondoordringbare basalt. Dit is waarom de herders vroeger hun op de Istmo de la Pared grazende geiten door de 'holle weg' hierheen leidden om te drinken.

Tot voor enkele jaren kwam de lokale bevolking graag naar Agua Liques, om er mosselen te rapen en deze direct ter plaatse rauw – zoals dat elders met oesters wordt gedaan – op te eten, ondanks dat ze zo een beetje bitter smaken. Een enorme, in de zon roodkleurig glinsterende hoop met schelpen getuigt van deze voorliefde. Daarna stelde de Canarische regering echter een sterke beperking op voor het verzamelen van schelpen schaaldieren, om de bestanden een kans op herstel te geven.

La Pared ▶ D 8

Heel eenzaam aan de noordkust van de gelijknamige istmus (landengte) ligt de kleine, exclusieve vakantienederzetting La Pared (450 inw.). Door het 'centrum' loopt de brede, als een chique laan vormgegeven Avenida del Istmo. Ze verraadt dat hier ooit grootse plannen waren. Tot uitbreiding naar een toeristische stad kwam het echter niet, in plaats daarvan bouwden overwegend buitenlandse eigenaren hier hun tweede huizen. Ze genieten van de rust en de sportieve faciliteiten in het dorp, dat omringd wordt door een verlaten landschap en bizarre kustgebieden, waar grote golven en sterke wind hun spel spelen. Het enige hotel in La Pared is tot nader order gesloten.

Zon, zee & strand

Vanaf de parkeerplaats aan de westelijke rand van La Pared zijn het maar een paar stappen over een zorgvuldig aangelegd voetpad tot de nabijgelegen klif. Daar vallen bij eb kleine zandbaaien droog. Bij vloed dringt de zee zich dan weer op tot aan de rotsen. Naar het belangrijkste gedeelte van de goudgele, volledig ongerepte **Playa del Viejo Rey** leidt een autospoor bovenaan de klif zo'n 500 m naar links. Zowel hier als op de andere plaatsen is zwemmen alleen relatief veilig bij de passaatwind uit het oosten, die vooral in de zomermaanden waait.

Bij de (gesloten) Golfacademie begint een weg, die in noordwestelijke richting naar de Playas de La Pared loopt (bord 'Restaurant Bahía La Pared'). De twee kleine kiezelstranden liggen in een inkeping in de rotsachtige kust. Vanwege de onberekenbare stromingen wordt zwemmen hier echter afgeraden.

Eten & drinken

Vis met zeezicht – **Bahía La Pared:** Playas de La Pared, tel. 928 54 90 30, dag. 12-22 uur, hoofdgerecht vanaf € 9, dagmenu ca. € 12. Aan het kleine dubbele strand ten noorden van het dorp ligt dit restaurant, dat op het hele eiland bekend staat om zijn vers gevangen vis. Veel lokale gasten komen hier eten en genieten van het aantrekkelijke uitzicht op zee, vooral bij zonsondergang. Ook aan de kinderen is gedacht – zij beleven veel plezier op de speelplaats en in het bijbehorende zwembad.

Actief

Zoals in het wilde westen – **Rancho Barranco de los Caballos:** FV-605 Richting Pájara Km 20, tel. 928 17 41 51 of 619 27 53 89, www.reiten-fuerte.de. Specialiteit van deze (Duitse) manege is de Spaanse rijstijl, die erg lijkt op het westernrijden. Er worden 2 uur durende buitenritten (€ 59) aangeboden op volbloed Andalusische paarden. Een zekere rijervaring is wel vereist. Op verzoek organiseren Anke en Walter ook avondritten bij volle maan. Verder zijn er begeleide kindertochten van diverse lengte (vanaf 10 min. voor € 10).

De golven bedwingen – Golfsurfen op het funboard is een *must* aan de winderige kust bij La Pared. Twee plaatselijke surfscholen met beide een vergelijkbaar programma verhuren uitrusting en geven les aan beginners en gevorderden (12 uur in drie dagen, ca. € 130): **Waveguru Surfcamp & Surfschool:** Av. del Istmo 17, tel. 928 54 91 22, www.waveguru.de. **Adrenalin Surfschool:** Valle Ancho 12, tel. 928 94 90 34, www.adrenalin-surfschool.com.

Surferstrefpunt

De vlotte kleine **Bar Plan B** aan de grote laan van La Pared wordt met veel persoonlijke aandacht gerund en ontwikkelde binnen de kortst mogelijke tijd tot *de* ontmoetingsplek van het dorp – niet in de laatste plaats vanwege de uitstekende koffie. Klein beschut terras met parasols, kunstgalerie binnen. Av. del Istmo 8, tel. 928 54 91 00, ma. 10.30-20, di.-zo. 10.30-23 uur. Het café heeft een Facebook-pagina.

Info

Bussen: Lijn 4 rijdt 1 maal daags ma.-za. van Pájara naar Morro Jable. 's Morgens heen en 's middags terug.

Surfen op Fuerteventura – zo fijn is het verder alleen nog op Hawaï

Playa Barca / Los Gorriones ▶ D 9

Ten zuiden van Costa Calma is het nog puur natuur, en dankzij strenge beschermingsmaatregelen zal dat ook zo blijven. Hier verandert bij eb de vanaf Costa Calma te voet of per auto vanaf de FV-2 over een smalle toegangsweg bereikbare Playa Barca in een enorm, tot 650 m breed wad. Bij vloed ontstaat er een ondiepe lagune (zie Op ontdekkingsreis blz. 248), die door een zanderige, 4 km lange smalle landtong van de open zee wordt gescheiden. In dit amfibische landschap is altijd genoeg plek voor zonaanbidders – hier ontstond slechts een hotel, daarna kwam er een bouwverbod. Bovenal staat de lagune bekend als een ideale wind- en kitesurfplek voor beginners. Buiten de beschutte lagune vereist het surfen daarentegen grote vaardigheid, wat profs vanuit de hele wereld naar de Playa Barca trekt.

Overnachten

Aan het surfstrand – **Meliá Gorriones**: Playa Barca, tel. 928 54 70 25, www.solmelia.com, 2 pk all-inclusive ca. € 175.

Als enige op de Playa Barca gelegen. Prachtige tuin met subtropische planten en drie zwembaden, goed uitgeruste kamers, veelzijdige animatie. Wie het exclusieve service-niveau erbij boekt, heeft toegang tot een eigen ontbijtruimte, een zonneterras met jacuzzi en een lounge met gratis beschikking over een computer.

Actief

Mega-surfcentrum – **Pro Center René Egli:** Playa Barca, tel. 928 54 74 83, www.rene-egli.com. Wie bij de Zwitserse René Egli surft – en dat zijn minstens 10.000 sportliefhebbers per jaar – kan kiezen uit 400 windsurf- en 180 kitesurfboards. Daarnaast staan er 1000 riggs en 400 kites ter beschikking. Naast verhuur ook cursussen voor alle niveaus. Douches, ligbedden (tegen vergoeding), beachbar en andere voorzieningen zijn aanwezig. Er wordt zowel binnen als buiten de lagune gesurft. Verder: Stand Up Paddling ('suppen') en strandzeilen. Alles wat een surfer maar nodig heeft staat klaar in de in totaal tien Fuerte Action Shops in Los Gorriones, Costa Calma, Esquinzo en Jandía.

Info & festiviteiten

Festiviteiten

Windsurf & Kiteboard Worldcup: half juli-begin aug. Vanaf 1986 worden er wereldkampioenschappen windsurfen gehouden bij de Playa Barca. Sinds 2001 zijn er ook kiteboadkampioenschappen. 's Zomers kan men hier altijd rekenen op een goede wind. Vijf wedstrijden tellen mee voor de wereldcup: voor windsurfers zijn dat speedsurfen, slalom 42 (downwind-slalomparcours) en freestyle, voor kitesurfers de disciplines speedsurfen en freestyle & course racing (snelheidsrace zowel op halve wind als in de wind). Voor de toeschouwers speelt alles zich af in de omgeving van het strand, in de feesttent worden de details getoond op de videowand. De partynachten zijn tot ver buiten Fuerteventura beroemd. Programma op www.rene-egli.com.

Vervoer

Bussen: 1 maal daags rijdt in de late namiddag lijn 25 (La Lajita – Morro Jable) naar Playa Barca (Los Gorriones).

Esquinzo / Butihondo ▶ C 10

Vooral buitenlandse vakantiegangers verblijven in deze door woestijnachtige berghellingen omgeven vakantieplaats. Ondanks dat Esquinzo en Butihondo niet ver verwijderd liggen van de vakantiestad Jandía, gaat het er hier – voor zover dat mogelijk is – toch veel rustiger aan toe. Op een volwaardige dorpskern en een breed gevarieërd vermaaks- en winkelaanbod buiten de hotels hoeft men niet te rekenen, maar daar staat tegenover dat ontspanning gegarandeerd is. In de oudere, oostelijke wijk **Esquinzo** staan kleinere appartementen- en bungalowcomplexen en een rijtje vakantiehuizen in particulier eigendom. In het westen liggen de aangrenzende grote hotelcomplexen van **Butihondo** (in reisbrochures ook Esquinzo of Playa de Esquinzo).

Zon, zee & strand

Esquinzo en Butihondo liggen bovenaan een niet al te hoge klif, aan de voet waarvan het 3 km lange, lichtgekleurde zandstrand **Playa de Esquinzo** zich uitstrekt. In de zomer is het strand hier erg breed, in de wintermaanden smaller.

Esquinzo / Butihondo

Het is ook erg geschikt voor kinderen. Bij de opgangen bevinden zich kleedcabines (tegen vergoeding), er zijn *chiringuitos* (envoudige strandtenten) en de gemeente verhuurt er ligbedden en parasols.

Overnachten

De meeste accommodaties in Esquinzo zijn te boeken via reisorganisaties (zie blz. 25). Het Monte del Mar is bijvoorbeeld zeer geschikt voor zelfstandig reizenden. Hieronder enkele populaire adressen:

Uitgestrekt – **Fuerteventura Princess:** www.princess-hotels.com. Terrastuinen boven het zanstrand karakteriseren het comfortabele hotel. In totaal 669 kamers, ook ruime familiekamers beschikbaar, liggen verspreid over een oppervlak van 5 ha. Het complex beschikt over vier tennisbanen.

Voor actievelingen – Het uitgestrekte **Robinson Club Esquinzo Playa** (www.clubrobinson.nl) biedt een uitgebreid sport- en entertainmentprogramma. Familiekamers voor maximaal vier personen. De club ondersteunt de herinvoering van de onechte karetschildpad op Fuerteventura (zie ▷ blz. 258

De Playa de Esquinzo betovert met zijn eindeloze weidsheid

Favoriet

Fotosessie in de duinen van Risco del Paso ▶ C 9

In het warme licht van de ondergaande zon worden de reusachtige duinen van Risco del Paso zeer fotogeniek. Als overgrote kammen buigen de twee giganten omlaag naar het strand. Wie ze wil beklimmen, maakt na twee stappen onderaan alweer rechtsomkeert. Toch is het geen optie om dit schouwspel der natuur de rug toe te keren zonder vanaf de schuine graten even op de late strandwandelaars en romantische stellen neer te kijken. Hun aantal is beperkt, want hotels zoekt men in de wijde omtrek tevergeefs. De duinen maken deel uit van het Natuurpark Jandía, waar niet mag worden gebouwd. FV-2 bis Km 71/72, vanaf daar richting Risco del Paso.

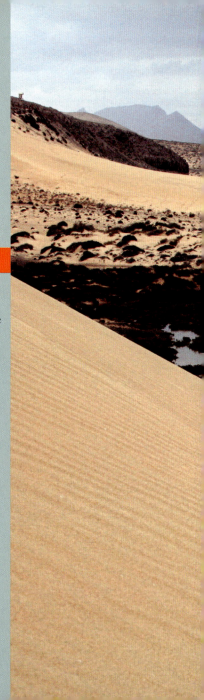

blz. 60), onder meer door de deelnemers aan dit project te huisvesten en te verzorgen.

Zeezicht – Monte del Mar: tel./fax 928 54 11 88, appartement voor 2 pers. vanaf € 40. Veel appartementen van dit niet al te grote complex hebben zeezicht. Vooral de maisonettes zijn bijzonder fraai. Met tennisbaan.

Natuurlijk – Het **Monte Marina** (www.monte-marina.com) is een puur naturisten-appartementencomplex, uniek op Fuerteventura.

Eten & drinken

Altijd weer heerlijk – Marabú: Calle Fuente de Hija 2, tel. 928 54 40 98, www.e-marabu.com, ma.-za. 13-23 uur, hoofdgerecht € 11-24. Beschaafd, met mooi tuinterras. Creatief-Canarische keuken van hoog niveau. Uitgelezen wijnen.

Actief

Sportieve mix – Matchpoint Sports: Hotel Fuerteventura Princess, www.matchpoint-world.de. Dit bekende Duitse sportdienstverleningsbedrijf onderhoudt tennisbanen in de hotels Fuerteventura Princess, Jandía Princess en Allsun Esquinzo Beach. Men verhuurt banen (ook in hotels in Costa Calma en Jandía), verzorgt tenniskampen en professionele opleidingen en exploiteert een sportwinkel. Daarnaast biedt men nog: fietsen, nordic walking en zwemles in **Zwemschool Sharky**.

Duiken – Ocean World: Club Magic Life Fuerteventura Imperial en Esquinzo Beach Hotel, www.oceanworld.de. Duikcentrum met twee bases. Cursussen (VDTL, SSL), duiken en verhuur van uitrusting. Heeft een eigen klein hotel in Jandía (zie blz. 262).

Uitgaan

Cocktails – Bar Safari: Apartamentos Monte del Mar (zie boven), www.barsafari.com, dag. 16-1 uur. Binnen stemmige sfeer, buiten een mooi en beschut terras. Al sinds vele jaren favoriet. De lijst met cocktails bevat zowel klassiekers als eigen creaties.

Info

Bussen: Lijn 1 Puerto del Rosario – Morro Jable elke 30-60 min. Verder nog lijn 9 en 25 naar Costa Calma / La Lajita resp. Morro Jable. Diverse haltes langs de oude weg FV-602 en de grote hotels.

Jandía ▶ C 10

De grootste badplaats van Fuerteventura is de aan het einde van de noord-zuid-as FV-2 gelegen hotelstad Jandía, op de borden soms aangegeven onder de oude naam Solana Matorral, en in de reisbrochures ook als Playa de Jandía of Jandía Playa. In het noorden domineren de hoogste toppen van de bergkam op het gelijknamige schiereiland de stad. Van september tot juni zijn er overwegend West-Europese vakantiegangers in Jandía te vinden, in de zomervakantie komen talloze Spanjaarden hierheen. Hotels en winkels bevinden zich bijna uitsluitend aan de andere zijde van de kustweg, de **Avenida del Saladar**. Deze heeft een aangenaam grote afstand tot het strand, dat desondanks vanuit alle accommodaties in de langgerekte plaats gemakkelijke lopend te bereiken is. Tussen strand en Avenida strekt zich een lage duinenrij uit, die landinwaarts overgaat in het zoutmoeras Saladar de Jandía (zie Op ontdekkingsreis blz. 248).

Jandía

Gestrande potvis – ecologisch gedenkteken in Jandía

Caminos 1
Rotonda Aldiana
De Cubaanse beeldhouwster Lisbet Fernández Ramos (www.lisbetfernandez.com) schiep het kunstwerk 'Caminos' (paden), dat als onderdeel van de **Ruta de las Esculturas** sinds 2007 de vluchtheuvel aan de invalsweg van Jandía siert, waar de snelweg overgaat in de hoofdstraat. Rood en zwart lavasteengruis vormt het fundament. Het is gelegd in de vorm van yin en yang – de twee oosters-filosofische basisprincipes, die het mannelijke en vrouwelijke principe symboliseren – en draagt 30 levensgrote kinderfiguren uit terracotta. Voor een paar van hen stonden kinderen uit Pájara model voor de kunstenares, bij anderen baseerde zij zich op kinderfoto's van huidige persoonlijkheden uit de gemeenschap. Allen kijken naar de hemel, dus naar de toekomst.

Cachalote 2
Av. del Saladar
Het skelet van een 15 m lange potvis (*Physeter macrocephalus*; Spaans *cachalote*) verheft zich aan de rand van het zoutmoeras El Saladar in de omgeving van de vuurtoren achter de Playa del Matorral. Het dier strandde begin 2005 bij Matas Blancas (Costa Calma), nadat het al op zee was overleden. Mariene biologen van het Canarias Conservación (www.canariasconservacion.org) prepareeren het skelet en monteerden het op twee stalen zuilen. Andere geprepareerde walvisskeletten staan in het Museo de la Sal (zie blz. 217), bij de Punta de Jandía (zie blz. 273) en aan de zeepromenade van Puerto del Rosario. Samen vormen zij de **Senda de los Cetáceos,** een over het eiland lopend milieuleerpad, dat tot doel heeft om vooral het bewustzijn van de invloed van menselijke activiteiten op het mariene

Jandía

Bezienswaardigheden
1. Caminos
2. Cachalote
3. Zoo

Overnachten
1. Coronado
2. Ocean World
3. RIU Palace Jandía
4. Stella Canaris
5. Iberostar Playa Gaviotas
6. Iberostar Fuerteventura Palace
7. Iberostar Playa Gaviotas-Park
8. Robinson Club Jandía Playa
9. Fuerteventura Princess
10. IFA Altamarena

Eten & drinken
1. Steak House (Rock Café)
2. Mano's Bar

Winkelen
1. Avenida del Saladar
2. Mercadillo

Actief
1. Promenade

Uitgaan
1. Mafasca
2. Tequila

ecosysteem te verhogen. Er zullen nog ongeveer acht skeletten worden toegevoegd in verschillende kustplaatsen.

Zoo 3

Av. del Saladar 23, dag. 9-17 uur, volw. € 7, kind € 3, voor gasten van de Stella Canaris weekkaart € 3,50

Niet alleen voor kinderen is de dierentuin naast het Stella Canaris (zie blz. 262) een belevenis. Ook volwassenen genieten van deze weelderig met palmbomen en andere exoten beplante oase in de woestijnachtige omgeving, met fonteinen en bankjes die in de schaduw van de palmen staan. In ruime volières en voor bezoekers toegankelijke kooien (*zona salvaje*) krijsen kleurrijke vogels uit alle delen van de tropen en subtropen. Daaronder bevinden zich papegaaien, parkieten, kraanvogels en pauwen. Maar ook slangen en kleine

zoogdieren leven in het park. Elke dag om 11 uur is er een krokodillenshow te zien, die voor kinderen toch wel spannend kan zijn. De toegangsprijs is relatief hoog, waarschijnlijk omdat de particuliere dierentuin uitsluitend met deze inkomsten wordt gefinancierd.

Zon, zee & strand

Jandía beschikt met de **Playa del Matorral** (▶ B 10) over een uitstekend wit zandstrand. Het westlelijke gedeelte is vrij druk. Daar staan enkele hotels direct aan het strand en er is een zeepromenade, die tot aan Morro Jable doorloopt. Verder naar het oosten scheidt het 250 m brede, onder natuurbescherming staande zoutmoeras El Saladar de playa en de kustweg van elkaar.

De Playa del Matorral heeft zeer goede faciliteiten met kleedhokjes (tegen vergoeding) en een door de gemeente georganiseerde verhuur van ligbedden en parasol (twee ligbedden en een parasol € 12 per dag).

Overnachten

Speciaal – **Coronado** [1]: Calle El Sol 14, tel. 928 54 11 74, www.solitour.com. Appartement voor 2 pers. vanaf € 67. Individueel, servicegericht complex van hoge kwaliteit op uitstekende locatie boven de klif tussen Jandía en Morro Jable. 18 smaakvol ingerichte wooneenheden, alle met geluidsisolatie en inkijkvrij terras aan zee. Alleen via internet te boeken. Met eigen restaurant (zie Eten & drinken).

Niet alleen voor duikers – **Ocean World** [2]: Calle Flamenco 2, tel. 928 54 03 24, www.oceanworld.de, 2 pk € 75-90. Gerenoveerd, rustig en enigszins van strand en hoofdweg afgelegen complex met slechts 17 kamers en klein zwembad. Behorend bij de gelijknamige duikbasis (zie blz. 258), maar ook geschikt voor individuele vakantiegangers, die liever niet in de grote vakantiecomplexen willen verblijven. Restaurant (zie Eten & drinken), fietsverhuur (zie Actief).

De meeste accommodaties in Jandía zijn te boeken via reisorganisaties (zie blz. 25). Hieronder de **websites** van enkele populaire adressen:

RIU in Jandía – Een van de beste hotels op Fuerteventura is het **RIU Palace Jandía** [3] (www.riu.com) met ruime, comfortabele kamers en suites, natuurstenen panorama-sauna en glazen buitenlift aan het strand.

Tropisch gevoel – **Stella Canaris** [4]: www.stellacanaris.es. Verschillende accommodatietypes van appartement en rijtjesbungalows tot aan suites zijn aanwezig in het enorme, in een tropisch park ingebedde, zeer kindvriendelijke vakantiedorp. Met Zwemschool Sharky (zie blz. 258).

Iberostar – Gezinnen genieten van het viersterrencomfort van deze hotelketen in het **Iberostar Playa Gaviotas** [5] (all-inclusive), terwijl in het **Iberostar Fuerteventura Palace** [6] vooral stellen zich op hun gemak voelen. In het **Iberostar Playa Gaviotas Park** [7], een comfortabel suitehotel, nodigt het Thai ZEN SPAce uit tot holistisch welbevinden op Aziatische wijze – wellness nieuw en authentiek geïnterpreteerd. Alle drie de hotels zijn te boeken via www.iberostar.com.

Gezellig – **Robinson Club Jandía Playa** [8]: www.clubrobinson.nl. Een Duitse clubklassieker, waarin vooral singles en stellen een actieve, gezellige vakantie doorbrengen. Direct aan de Playa del Matorral gelegen.

Ruim opgezet – **Fuerteventura Princess** [9]: www.princess-hotels.com. De club ligt aan de rand van de Playa del Esquinzo. Groot complex met uitgebreide faciliteiten en activiteitenprogramma in een prettige sfeer.

Palmbomen en strand – **IFA Altamarena** [10]: www.lopesan.com. Een van de weinige hotels pal aan het strand, maakt indruk met zijn palmentuin.

Eten & drinken

Trendy – **Steak House (Rock Café)** [1]: Av. del Saladar, naast het Stella Canaris (zie hierboven), tel. 667 47 45 24, dag. 12.30-2 uur, pizza ca. € 8, steaks ca. € 12. Tot 24 uur komen hier de steaks van de grill en pizza's uit de oven. Er is bijna elke avond live rockmuziek en ook de cocktails smaken er goed. Vooral voor mensen die hun tienerjaren achter zich hebben gelaten.

Strandbar – **Mano's Bar** [2]: zie Tip.

Klassieker – **Restaurant Coronado** [1]: in het vakantiecomplex Coronado, zie Overnachten, www.restaurantecoronado.com, zo.-di. en do. 19-23, vr.-za. 19-23.30 uur, Bar do.-di. 17.30-24 uur, hoofdgerecht vanaf € 12,50. Hier krijgen de gasten Spaanse en internati-

onale klassiekers geserveerd met de beste ingrediënten. Er is een selectie van fijne voorgerechten en soepen. Als hoofdgerecht zijn er verse vis en heerlijke vleesgerechten, vaak met een Aziatisch tintje. Perfecte service.
Mediterraan – **Ocean World** 2: in het gelijknamige hotel, zie Overnachten, di.-zo. 12-14, 18-22 uur, hoofdgerecht € 8-16. Vriendelijk restaurant, dat ook door niet-hotelgasten graag bezocht wordt. Er zijn vaak thema-avonden met Spaanse specialiteiten. Ook vegetariërs eten hier hun buikje rond.

Tip

Chiringuitos

Aan de Playa del Matorral in Jandía serveren verschillende *chiringuitos* – strandbars – gegrilde vis, snacks en drankjes. Het mooiste zit men in **Mano's Bar** 2 ter hoogte van het walvisskelet. Deze heeft een beschut en zonnig terras en is dus in de winter de ideale plek voor een lunchpauze. Gegrilde vis of pizza kosten er ca. € 7, goed belegde *bocadillos* heeft men al vanaf € 2.

Winkelen

Met en zonder belasting – **Avenida del Saladar** 1: Langs de centrale Avenida rijgen zich niet alleen de gebruikelijke souvenirwinkels en strandboetieks aaneen, maar ook chique merkwinkels voor kleding, sieraden en cosmeticaproducten. De Canarische Eilanden zijn een belastingvrije zone, waardoor hier menig koopje valt te halen. Het is wel belangrijk om goed op de hoogte te zijn van de prijzen, want niet alles is echt goedkoper dan thuis.
Rommel – **Mercadillo** 2: weekmarkt, elke do. 9-14 uur naast het COSMO Shopping Center. Kitsch in alle sorten en maten, maar met wat geluk vindt men ook soms mooie of bijzondere dingen: kunstnijverheid, batikkleding, modesieraden en nog veel meer.

Actief

Een straat met vele functies – **Promenade** 1: zuidzijde, parallel aan de Av. del Saladar. De promenade wordt omlijst door palmen en bankjes en heeft gescheiden stroken voor voetgangers, fietsers, inline-skaters en joggers. Met slechts een goede 1 km lengte is het echter een vrij kort stuk.
Fietsen – **Schnixx Bike** 2: in hotel Ocean World, Calle Flamenco 2, tel. 685 40 74 83, www.biketour-fuerteventura.com. Duits fietsverhuurbedrijf. Begeleide tochten en verhuur van fietsen van het merk Cube vanaf € 10 per dag.

Uitgaan

In verhouding tot de omvang van deze vakantieplaats is het nachtleven in Jandía relatief bescheiden. De twee discotheken vullen zich in het weekend voornamelijk met lokale jongeren.
Hier gaat het los – **Mafasca** 1: Av. del Saladar, bij het vakantiedorp Stella Canaris (zie blz. 262), vr.-za. 22-5 uur, in het hoogseizoen ook op andere dagen. Bekende discotheek. Voor 2 uur is het niet de moeite waard hierheen te komen. Maar daarna is het jonge publiek niet meer te houden.
Dansen tot je erbij neervalt – **Tequila** 2: Centro Comercial Casa Atlántica, vr.-za. vanaf 22 resp. 23 uur. Discobar, waar tot diep in de vroege uurtjes wat te doen is. Wie het liever wat rustiger aan doet, geniet op het terras van een koel drankje.

Info

Oficina de Turismo

35626 Jandía, Av. del Saladar, Centro Comercial COSMO, Local 161, tel. 928 54 07 76, www.visitjandia.com, ma.-vr. 9-15 uur.

Vervoer

Bussen: Voor verbindingen zie Morro Jable (zie blz. 270). In Jandía stoppen de bussen langs de Avenida del Saladar (voor het winkelcentrum COSMO en Casa Atlántica) en voor Stella Canaris.
Taxi: Av. del Saladar, bij de winkelcentra COSMO en Casa Atlántica, tel. 928 54 12 57.

Wandeling over de Pico de La Zarza ▶ B/C 9/10

Met terugweg 4,5 uur, 800 hoogtemeters stijgen en dalen, middelzwaar, goede conditie vereist, wandelroute zie kaart blz. 277

De met 807 m hoogste berg van Fuerteventura, ook wel Pico de Jandía genoemd, verheft zich achter de hotels van Jandía. Weinig spectaculair komt hij nauwelijks boven de aaneengesloten bergkam uit, die in oost-westelijke richting over het schiereiland Jandía loopt. Des te indrukwekkender is het uitzicht vanaf de top. Die is de zware beklimming over de langgerekte zuidflank zeker waard.

Voor deze wandeling zijn de vroege, koelere ochtenduren het meest geschikt. Dan is ook de kans het grootste dat het uitkijkpunt op de top vrij van wolken is. Vooral in de zomers rollen rondom het middagsuur de passaatwolken vaak over het bergmassief als een wals. Aan de zuidzijde zijn dan regelrechte cascadeachtige wolkenformaties te zien. Ze leveren veel vochtigheid, waardoor al naar gelang de hoogte, vooral boven de 400 m, een steeds rijkere begroeiing gedijt – een extra attractie op deze tocht.

Het startpunt van de wandeling is de rotonde aan het oostelijke einde van de Avenida del Saladar, bij het Barceló-hotelcomplex. Daar gaat men bergopwaarts en slaat op de eerstvolgende weg links af. Deze gaat in een boog naar de *Tanque Agua* (wateropslag), een plat wit gebouw op de helling boven de hotels. Zo'n 150 m voor de keerlus bij de wateropslag is er rechts een afslag naar een hobbelig, als PR FV 54 bewegwijzerd zandspoor, de route omhoog naar de Pico de La Zarza. Automobilisten kunnen hier langs de weg parkeren.

Gestaag stijgt het brede zandspoor. Na ongeveer een uur lopen steekt het pad een zadel over en passeert na 1,5 uur een groter veld met Canarische wolfsmelk. In deze omgeving is ook zeer vaak melkdistel te vinden, die met zijn gele bloemen en gevederde bladeren aan de West-Europese paardenbloem doet denken. De Lanzarote-rolklaver met oranjegele vlinderbloemen en de *Echium decaisnei*, een sterk vertakte struik met volle witte bloemaren, gedijen ook goed in dit gebied.

Verderop slingert het pad omhoog over een met grove keien bezaaide helling, waar in groten getale de bolvormige struiken van de *Nauplius sericeus* groeien, een endemische plant op Fuerteventura, die vanwege zijn aantrekkelijke gele bloemen ook vaak als sierplant in tuinen is te zien.

Bij een splitsing (2 uur) houdt men rechts aan, de rijweg eindigt kort daarna. Een voetpad, dat door steenmannetjes wordt gemarkeerd, leidt verder omhoog naar de top van de **Pico de La Zarza** (▶ B 9, 2,5 uur). Bijna loodrecht valt de steile wand aan de andere zijde omlaag naar de stranden van de noordkust van Jandía – een adembenemend uitzicht. Bij helder weer is in het westen de vuurtoren op de Punta de Jandía te

Wandeling over de Pico de La Zarza

zien. Even daarvoor ligt het 'amfitheater' van Cofete.

De bergkam van het schiereiland Jandía zou volgens de historische berichten na de Conquista en vermeldingen van vroegere reizigers nog tot in de 19e eeuw bebost zijn geweest. Veekuddes met hun herders en verzamelaars van brandhout voor de kalkovens hebben er sedertdien voor gezorgd dat de droogteminnende variant van de beroemde Canarische laurierbosvegetatie – eigenlijk een soort struikvegetatie – die hier ooit groeide, tot op enkele kleine restanten na is verdwenen. De naam van de berg (zarza = doornstruik) herinnert daar nog aan. Sinds enkele jaren probeert het biologische station van de eilandregering met behulp van zaden en uitlopers van de laatste in het wild groeiende exemplaren dit type flora weer te herstellen. In dat kader werden bijvoorbeeld 150 jonge planten van verschillende soorten op de Pico de La Zarza in de dorre aarde aangeplant.

Op het schiereiland Jandía kan men goed paardrijden

Het schiereiland Jandía

Morro Jable ▶ B 10

Het haven- en vissersdorp Morro Jable, dat in de directe nabijheid van Jandía ligt, was vroeger de enige noemenswaardige nederzetting op het schiereiland Jandía. Als gevolg daarvan is hier nog een authentieke, oude dorpskern aanwezig. De meeste van de rond de 7800 inwoners van Morro Jable zijn echter pas recent vanuit andere delen van het eiland, vanaf het Spaanse vasteland of uit Zuid-Amerika hierheen getrokken. Ze werken in de toeristische voorzieningen van de vakantieplaats Jandía.

Aan de monding van de Barranco de las Damas, waar zich tot voor enkele decennia terug de oude, kleine vissershaven bevond, werd kunstmatig de **Playa de La Cebada** opgespoten. Dit smalle strand gaat in oostelijke richting

Levendige flaneerdrukte op de promenade tussen Morro Jable en Jandía

naadloos over in de veel bredere **Playa del Matorral** die voor Jandía ligt. Een strandpromenade verbindt de beide plaatsen. Aan de boulevard in Morro Jable liggen de visrestaurants naast elkaar. Op de terrassen kan men buiten etenstijd ook gewoon voor een kopje koffie of een drankje gaan zitten. Zowel de lokale bevolking als de toeristen gaan graag flaneren op de promenade.

Homenaje a los pescadores 1
Plaza Pescadores
Op het Plein van de Vissers, de oude centrale plaza van Morro Jable, herinnert de sculpturengroep 'Homenaje a los pescadores' (2007) aan de ooit belangrijkste bron van inkomsten van het dorp. Voor de meer dan levensgrote bronzen beelden beruikte de beeldhouwer Rafael Gómez González (geb. 1972) drie vissers als model, die de kunstenaar vanwege hun expressieve gezichten had uitgekozen. De beelden representeren drie generaties. De sculptuur maakt deel uit van de 'Ruta de las Esculturas'. Aan het plein nodigt de gezellige bar Plaza met zijn terras en veel lokaal publiek uit om te gaan zitten. Verder landinwaarts is direct aan de Plaza Pescadores een mooie kleine tuin gelegen.

Puerto de Morro Jable 2

Aan de westelijke dorpsrand ligt de in de jaren tachtig van de vorige eeuw gebouwde haven. Vooral in de namiddag tegen 14 uur, wanneer de vissers hun vangst aan wal brengen, is deze de moeite van een bezoek waard. In de moderne hal van de visserijcoöperatie worden de vissen schoongemaakt en *en gros* verkocht aan hotels en restaurants. Particuliere klanten kunnen in de Pescadería (ma.-za. 8-13 uur) terecht voor een maaltje verse vis. De grote buitenste pier van de haven is gereserveerd voor de veerboten naar Gran Canaria en Tenerife. Aan de steigers in het westelijke deel van de haven liggen de excursieboten en de jachten van sportvissers. Atlantische zeezeilers doen Morro Jable slechts sporadisch aan. In het havengebied bevindt zich ook het kweekcentrum voor jonge exemplaren van de onechte karetschildpad (zie blz. 60). Deze leven hier in zoutwaterbassins, tot ze groot genoeg zijn om – voorzien van een microchip – te worden vrijgelaten in de Atlantische Oceaan

Morro Jable

Bezienswaardigheden
1. Hom. a los pescadores
2. Puerto de Morro Jable

Overnachten
1. Alberto
2. Soto
3. Maxorata

Eten & drinken
1. Saavedra Clavijo
2. Posada San Borondón
3. Charly
4. Cofradía de Morro Jable

Winkelen
1. Cabrito Fuerteventura
2. Mercado Municipal

Actief
1. Magic
2. Peace of Mind
3. Subcat
4. Pedra Sartaña
5. Otro Modo Surfschool

(tel. 630 25 03 81, ma.-vr. 10-13 uur, toegang gratis, een donatie is welkom).

Overnachten

Veel stamgasten – Alberto 1: Av. del Faro 4, tel. 928 54 51 09, www.aptosalberto.com, studio voor 2 pers. € 40-50, appartement voor maximaal 4 pers. € 50-65. Het bescheiden complex ligt tegen de helling boven het dorp en biedt een prachtig uitzicht. Het gebouw met gemeenschappelijk zonneterras wordt op zeer persoonlijke wijze gerund.

Functioneel – Soto 2: Calle Las Gambuesas, tel. 928 54 14 19, fax 928 54 15 89, studio voor 2 pers. € 40, appartement voor maximaal 4 pers. € 50-75. In een modern gebouw zijn 23 ruime vakantiewoningen ingericht met balkon. Huurauto's kunnen gereserveerd worden via het eigen autoverhuurbedrijf (www.autossoto.com).

Voor reizigers – Maxorata 3: Calle Maxorata 31, tel. 928 54 10 87, 2 pk ca. € 30. Eenvoudig, centraal gelegen hostal. De kamers hebben geen eigen balkon, maar er is een met bougainvillea begroeid dakterras.

Eten & drinken

Altijd goed bezocht – Saavedra Clavijo 1: Av. Tomás Grau Gorrea, tel. 928 16 60 80, dag. 10-23 uur, hoofdgerecht € 7,50-17. Van alle in vis gespecialiseerde restaurants aan de zeepromenade is dit zeer populair. Vraag naar de vangst van de dag. Ook vleesliefhebbers

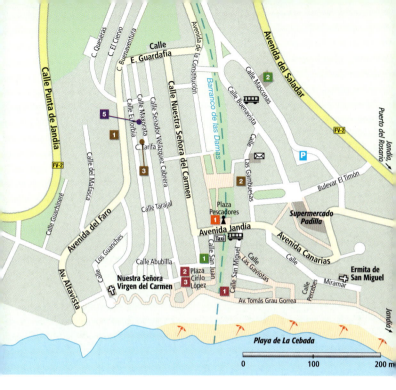

komen hier aan hun trekken. Goede wijnselectie, uitstekende prijs-kwaliteitverhouding. Binnen niet roken. Ruim terras met kustpanorama.

Muziek en tapas – **Posada San Borondón** 2: Plaza Cirilo López 1, tel. 928 54 14 28, ma.-za. 18-2 uur, tapas (*media ración*) € 3-9. Pittoreske bodega aan een kleine, schaduwrijke plaza. In Andalusische stijl, met aan het plafond hangende hammen. Ook veel lokale gasten weten deze bijzondere sfeer te waarderen. In het weekend (meestal do.-za.) livemuziek, zoals Spaanse folklore of latin. Ook een goed adres voor een drankje na het diner.

Heeft zichzelf bewezen – **Charly** 3: Plaza Cirilo López 3, tel. 928 87 60 66, hoofdgerecht € 8-15. Lang gevestigd, tamelijk eenvoudig ingericht restaurant. Vraag naar de dagverse vis, die op klassieke wijze naar Canarische traditie wordt bereid.

Zonder franje – **Cofradía de Morro Jable** 4: zie Tip blz. 270.

Winkelen

Geitenlogo – **Cabrito Fuerteventura** 1: Calle Nuestra Señora del Carmen, ma.-za. 10-21 uur, www.cabrito-fuerteventura.com. El Cabrito, het Fuerteventura-geitje, groeide uit tot het populairste logo van Fuerteventura met een sterk herkenningseffect. Het siert kledingstukken (T-shirts, petjes etc.), rugzakken en tassen en allerlei accessoires en cadeau-artikelen. In totaal zijn er zo'n 300 artikelen verkrijgbaar. De trendy stukken worden niet alleen verkocht in de hoofdvestiging

Tip

Eten bij de vissers

In het sobere restaurant **Cofradía de Morro Jable** 4, dat door de plaatselijke visserscoöperatie wordt gerund, komt de vis direct van de boot af in de keuken terecht. Aan de toegangsweg naar de haven. Muelle, tel. 928 54 01 79, dag. 12-16 uur, hoofdgerecht vanaf € 6.

---

in Morro Jable (met boetiek voor kinderen), maar ook in een paar andere filialen op het eiland, bij officiële verkooppunten en online.
Vers van de eilanden – **Mercado Municipal** 2: Calle Masconas, ma.-di. en do.-vr. 8.30-15, wo. 8.30-14, 17-20, za. 9-14 uur. In de kleine markthal verkopen een paar kramen tomaten, bananen en andere vruchten van de Canarische Eilanden. Verder nog jam, geitenkaas en andere specialiteiten. De bar El Pinocho serveert drankjes en traditionele tapas.

Actief

Met schipper op pad – **Magic** 1: tel. 928 73 56 56 (alleen info, verplicht boeken via de reisleiding in het hotel). Per catamaran zijn er di.-za. zeildagtochten op zee. Onderweg serveert de bemanning de lunch. Er wordt een zwempauze ingelast. Jetskiën is ook mogelijk. € 54 per pers. (kind halve prijs).
Zeilen en duiken – **Peace of Mind** 2: tel. 670 77 36 65, www.fuerteventura-tauchen.com. Ook kapitein August de Vylder bestuurt een catamaran. Onderweg slaat hij het anker uit bij een rotsrif, waar ervaren duikinstructeurs de passagiers meenemen op een introductieduiktocht. Verzorging met drinken en een typisch Canarische lunch aan boord. Dagtocht € 60 per pers., kind tot 12 jaar € 35.
Gemakkelijker kan niet – **Subcat** 3: tel. 928 16 63 92, www.subcat-fuerteventura.com, di.-za. telkens 5 maal daags, volw. ca. € 60, kind 2-12 jaar ca. € 32, kinderen jonger dan 2 jaar niet toegestaan. De duiktocht met de onderwatercatamaran naar de rotsriffen van Morro Jable duurt twintig minuten. Jong en oud genieten evenveel van het adembenemende uitzicht door de kristalheldere ruiten op de tropische zeefauna.
Piratenschip – **Pedra Sartaña** 4: zie Tip blz. 272.
Surfkamp – **Otro Modo Surfschool** 5: Calle Maxorata 41, tel. 0049 30 64 90 56 52, www.otro-modo-surfcamp.nl. Golfsurfen voor beginners en gevorderden. Persoonlijke, individuele aanpak, Duitstalig. Dagcursus vanaf € 45, vijf dagen vanaf € 190. Accommodatie in Morro Jable (eigen surfhostel) of in Costa Calma, evenals yogacursussen en lessen Spaans worden op verzoek georganiseerd. Afhankelijk van de weersomstandigheden worden de beste locaties uitgekozen.

Info

Bussen: Lijn 1 rijdt elke 30-60 min. naar Puerto del Rosario (via Antigua), lijn 10 rijdt 2-4 maal daags naar de luchthaven. Daarnaast gaan lijn 9 en 25 naar Costa Calma / La Lajita. Bushaltes aan de FV-2 bij de invalsweg, voor de markthal en in de Avenida Jandía. Een busstation aan de noordelijke rand van het stadscentrum is in aanbouw.
Taxi: Calle San Juan, tel. 928 16 14 28 of 928 54 12 57.

Schip ahoy: de bronzen vissersbeelden in Morro Jable

Tip

Piratenschip

Een feest voor nautische fans en natuurlijk ook erg leuk voor kinderen is een tochtje met de **Pedra Sartaña** 4. De windjammer uit de jaren veertig van de vorige eeuw voer tot in de jaren zestig als een van de laatste handelszeilschepen langs de noordwestkust van Spanje. Volledig gereviseerd en als piratenschip ingericht dient het nu voor toeristische doeleinden. De vijf uur durende tochten (meestal 2 maal daags) met lunch en zwempauze kosten ca. € 50 per pers. (kind 2-12 jaar halve prijs), tel. 670 74 51 91, www.excursiones-barco-fuerteventura.com. Telefonische boekingen bij Gaby (Engels), via de hotelreceptie of via de lokale reisleider van de touroperator.

Veerboot: Autoveren varen regelmatig naar Las Palmas en Santa Cruz de Tenerife, zie blz. 240.

Wandeling in de Barranco Gran Valle ▶ B 9-10

Wandeling van 2,5 uur (met terugweg 5 uur), per traject 300 hoogtemeters stijgen en dalen, middelzwaar, route zie kaart blz. 277

Deze officieel als PR FV 55 bewegwijzerde wandelroute door het dal van de Barranco Gran Valle volgt een oude verbindingsweg, die ook tegenwoordig nog door de pelgrims ter gelegenheid van de Romería de Cofete (zie blz. 281) wordt gebruikt. Het dal wordt begraasd door kuddes geiten en met wat geluk is er een kans dat men ook een of meer van de hier in het wild levende ezels tegenkomt. Dit pad biedt ook niet-gemotoriseerde wandelaars de mogelijkheid, het brede dal van El Golfo in het noorden van het schiereiland Jandía te bezoeken. De route begint ongeveer 3 km ten westen van Morro Jable aan de weg naar El Puertito/Cofete, waarvan het eerste gedeelte tot aan het kerkhof van Morro Jable is geasfalteerd, vanaf daar is het nog 1,5 km over een zandspoor (zie blz. 274).

Aan het begin van de wandeling ligt een onverharde parkeerplaats (bord: 'Red de Caminos de Pájara/Gran Valle Cofete'). Het brede, door lage muurtjes omzoomde voetpad is over het hele traject goed ontwikkeld, maar op sommige plekken is het wel erg rotsachtig. Het loopt eerst rechtdoor en gaat vervolgens met bochten in 1,5 uur omhoog naar de 347 m hoge pas **Degollada de Cofete** (▶ B 9). Vanaf hier loopt men omlaag naar het dorp **Cofete**. Idealiter staat daar particulier georganiseerd transport ter beschikking, anders gaat het over dezelfde weg terug. Wie niet de gehele lengte van het traject wil wandelen, kan zich als doel stellen het prachtige uitzicht op de wilde stranden aan de noordzijde van Jandía vanaf de Degollada de Cofete te zien en daarna naar het startpunt terug te kerens (in totaal 2,5-3 uur lopen).

El Puertito (de la Cruz) ▶ A 10

In het kleine vissersdorp El Puertito (de la Cruz) op de uiterst westelijke punt van het schiereiland Jandía, dat vanaf Morro Jable over een 18 km lang, goed zandspoor te bereiken is (zie blz. 276), woont bijna niemand permanent. Het dorp zou slechts 30 inwoners hebben. In het weekend – vooral in de zomer – komt het decor tot leven. Dan brengen families uit Morro Jable hier hun vrije tijd door met vissen, koken en eten.

Het symbool van het op een laag plateau boven de kust gelegen dorp is een moderne windgenerator, een experimenteel project, dat nooit echt in gebruik werd genomen. De prestaties waren veel te sterk voor de paar gebruikers. Daarom betrekken de mensen hier hun stroom nog steeds op de ouderwetse manier – met dieselgeneratoren.

Op het centrale plein van het dorp staat sinds 2004 een sculptuur van de Cubaanse beeldhouwer Rogelio Cobas. De kunstenaar beitelde het ter plekke uit een blok van inheems gabbrogesteente (zie blz. 150). Het toont een man tijdens de inktvissenvangst met een spies. Het is een tot op heden gebruikelijke jachtmethode aan de kust van Fuerteventura.

Zon, zee & strand

Het geelzandige tot donkerkleurige kiezelstrand van El Puertito is vanwege de sterke onderstroom niet geschikt om er te gaan zwemmen. Hetzelfde geldt voor het in het oosten aangrenzende, uitgestrekte strand **Las Salinas** (▶ A 10, vanaf de onverharde toegangsweg naar El Puertito aangegeven). Dit is echter nog helemaal ongerept en verleidelijk om rond te kijken en te klauteren. Bij eb doemen lichte zandplekken op uit het water, verder zijn de stranden grofkiezelig met ervoor en ertussen gelegen rotsen. Vaak rollen hier golven bijna zoals voor de kust van Hawaï die een magnetische aantrekkingskracht hebben op de jonge surfscene. Maar ook voor de observatie van verschillende soorten zeevogels is deze plek bijzonder geschikt.

Eten & drinken

Legendarisch – **Tenderete:** Calle Faro de Jandía, tel. 928 54 87 88, dag. 11-23 uur, hoofdgerecht € 8-12. Het gebouw is een klassieker onder de restaurants van El Puertito en inmiddels wat fijner aangekleed. Een echte aanrader is de specialiteit van het huis, de visstoofpot *caldo de pescado con gofio*.

Terras aan zee – **El Caletón:** Playa de El Puertito, tel. 928 17 41 46, do. gesl., hoofdgerecht vanaf € 7. Het overdekte, beschutte terras aan het strand staat bekend als de mooiste plek van het dorp. Vis of vlees komen vers van de houtskoolgrill, de broodjes voor de *bocadillos* worden zelf gebakken.

Festiviteiten

Fiesta del Pulpito: begin-midden sept. Het Feest van de Inktvissen vieren de dorpsbewoners in plaats van een jaarmarkt, omdat de nederzetting noch een kerk noch een schutspatroon bezit. Vast onderdeel van het programma is sinds 1999 de Carrera entre Faros, een race over het 4,4 km lange traject tussen de vuurtorens op de Punta de Jandía en de Punta de El Pesebre.

Faro de la Punta de Jandía ▶ A 10

Punta de Jandía, tel. 928 85 89 98, www.artesaniaymuseosdefuerteventura.org, di.-za. 10-18 uur

Niet ver van El Puertito staat op de Punta de Jandía een vuurtoren (*faro*). Hij heeft zijn oorspronkelijke functie verloren en werd gerestaureerd. Tegenwoordig huisvest hij het **Centro de Interpretación** (bezoekerscentrum) van het natuurpark van Jandía met een expositie over de flora,   ▷ blz. 278

Op ontdekkingsreis

Natuurpark Jandía – terreinrit door de wildernis

Alleen over stoffige, onverharde wegen en hobbelige zandsporen zijn de romantische wilde stranden en woestijnachtige gebieden van het schiereiland Jandía met zijn zeldzame, dorre flora en fauna te bereiken.

Kaart: ▶ A-C 9/10

Duur: volledige dag

Start/eind: Morro Jable, met een terreinauto

Boven de haven van Morro Jable loopt de geasfalteerde weg nog zo'n 1,5 km door, tot aan het buiten het dorp gelegen kerkhof. Over een breed zandspoor gaat het dan naar het westen van het schiereiland, dat grotendeels als het **Parque Natural de Jandía** onder natuurbescherming valt. De lokale bevolking rijdt gewoon met hun personenauto over de goed onderhouden zandweg. Om verzekeringstechnische redenen moet men echter voor deze trip een jeep huren (zie blz. 24). Ook zijn een aantal spannende omwegen alleen met een terreinwagen mogelijk.

De Jandía-wolfsmelk – symbool van de flora van het eiland

Vervolgens gaat de tocht over een half-woestijnachtige vlakte. Hier verbouwden de bewoners van Morro Jable – ondanks de droogte – tot enkele decennia geleden gerst. Hieraan dankte het dorp zijn vroegere naam (Puerto de la Cebada = gersthaven).

Na ongeveer 1,5 km vanaf het kerkhof begint aan de rechterkant een wandelpad naar Cofete (zie blz. 272). In dit gebied groeit de grootste schat van het natuurpark: de *cardón de Jandía* (Jandía-wolfsmelk). Van nature komt deze sterk bedreigde plantensoort nog slechts op twee plaatsen op het schiereiland Jandía ten westen van Morro Jable voor. Vanwege zijn zeldzaamheid werd hij tot het symbool van de eilandflora verheven. De stekelige struiken met hun dikke, watervasthoudende takken en sterk gereduceerde bladeren lijken op cactussen. Ze behoren echter tot de wolfsmelkfamilie (*Euphorbiaceae*).

Om de Jandía-wolfsmelk te vinden, loopt men vanaf de onverharde parkeerplaats aan het begin van het wandelpad zo'n 50 m in oostelijke richting de helling op. Daar groeit een aantal zilvergrijze, van veraf onopvallend uitziende exemplaren in de omgeving van het zandpad, dat naar een kleine herdersnederzetting leidt.

Van dwaallichten en kraagtrappen

Langs de zandweg buigen hier en daar – door wegwijzers gemarkeerde – smallere wegen af naar zee, die zeer hobbelig zijn en veel rijplezier met de jeep opleveren. Ze komen uit op min of meer steenachtige, voor zwemmen ongeschikte stranden. In de weekenden komen lokale hengelaars vaak op deze plekken vissen.

Direct het eerste bewegwijzerde spoor leidt naar de Playa de Munguía met de ruïne **Casa de la Señora**, een van de plaatsen die het toneel vormen van de legende over het Dwaallicht van Mafasca. Een onbekende dame zou zich hier ooit hebben gevestigd, vergezeld door twee bedienden. Kort daarop stierf ze. Het schijnt dat zij haar hele vermogen onder het huis had begraven. Dit zou echter – voor zover het al heeft bestaan – allang ontdekt en leeggeroofd zijn. In werkelijkheid is de ruïne van het huis het overblijfsel van een kalkbranderij. Het witte zandstrand ervoor is er alleen bij eb.

Via de hoofdzandweg komt men nu langs de enige nederzetting in dit kale landschap, de **Casas de Jorós**, een oude tomatenplantage. In de toekomst moet hier een kantoor voor de rangers van het Natuurpark van Jandía komen. Een houten bord wijst de weg naar de **Punta del Viento**, een plek aan de kust (600 m vanaf de hoofdweg) met een klein donker gekleurd strand, rotsriffen voor de kust en een prachtig uitzicht op de westelijke punt van het schiereiland.

Terug op de hoofdzandweg kan men nogmaals stoppen om de Jandía-wolfsmelk te bekijken. Op de eerstvolgende bergrug ligt namelijk de tweede standplaats van deze zeldzame plant.

Vervolgens is het oppassen om de afslag richting **Baja Gómez** niet te missen. Een 1,2 km lang zandpad leidt naar een zand-en-kiezelstrand. Op de weg ernaartoe kan men met een beetje geluk de Fuerteventura-kraagtrap (*Chlamydotis undulata*) zien. Deze grote loopvogel bevindt zich meestal in gezelschap, hij gaat vaak in kleine groepjes op stap. Als de dieren worden gestoord, fladderen ze dicht bij de grond weg.

Enkele decennia geleden was de kraagtrap bijna uitgestorven. Dankzij beschermingsmaatregelen zijn er inmiddels weer bijna 800 exemplaren. Hun leefgebied bevindt zich behalve op het schiereiland Jandía ook op de onvruchtbare vlakten in het noorden en oosten van het eiland. (Meer informatie over de kraagtrap: zie kader blz. 56.)

Ook de Baja Gómez wordt met het Dwaallicht van Mafasca in verband gebracht. Hier zou een van de beide bedienden van de onbekende Señora uit de legende, een zekere Juan Gómez, bij het vissen in zee zijn gevallen en door een vis zijn verzwolgen. Hierdoor bleef de bediende Pedro alleen over, die straatarm rondtrok. Op een dag werd hij gegrepen door begeerte en wilde hij een vrouw met geweld nemen. Ondanks haar protesteerde, liet hij haar niet met rust. Hierop veranderde zij hem in een adelaar. Hij vloog tot aan de rotskust en stortte daar neer. Daarbij kreeg Pedro zijn oorspronkelijke vorm weer terug. Omdat hij erge honger had, doodde hij een ram. Hij kon echter geen brandhout vinden, dus nam hij een kruis van een graf en maakte daarmee een vuur om het vlees te braden. Een korte tijd later stierf hij. Sindsdien spookt zijn onverloste 'arme ziel', omringd door vlammen, als dwaallicht rond op de vlakte Mafasca bij Antigua midden op het eiland. Zo is het in ieder geval volgens deze christelijke 'waarschuwing' gegaan: goddelozen zullen na de dood geen rust vinden, maar voor altijd ronddolen.

Uitzicht op de vallei

Na ongeveer 10 km is er een splitsing in de weg. Links bereikt men na ongeveer 8 km het vissersdorp El Puertito. Rechts gaat men naar het eveneens op 8 km afstand liggende dorp Cofete, waarbij in 20-30 minuten rijden de steile bergkam van het schiereiland Jandía wordt overwonnen.

Direct na de pas Degollada de Agua Oveja (223 m) biedt de **Mirador de Barlovento** het ultieme uitzicht op de halve-cirkelvormige vallei **El Golfo**, ook Valle de Cofete genoemd. Midden in de kale, ruige kustvlakte ligt het kleine dorp Cofete. Daarachter rijzen de steile rotswanden bijna loodrecht omhoog, die met de Pico de La Zarza (807 m) hun hoogste punt bereiken en in de hoger gelegen gebieden een verrassend weelderige beplanting hebben. De oorsprong van dit dal is omstreden onder geologen. Vroeger heerste de opvatting, dat het hier zou gaan om de resten van een reusachtige vulkanische krater (*caldera*), die voor het grootste deel onder water in zee zou liggen. Volgens recente theorieën zou erosie verantwoordelijk zijn voor de vorming van de steile rotshellingen. Bij de pas verschaft een informatiepaneel van het Parque Natural de Jandía nadere details in het Engels en Spaans.

Groene kandelaar

Op de weg omlaag de vallei El Golfo in doorkruist het zandspoor een *cardonal*, een grote vlakte met Canarische wolfsmelk. Deze beduidend opvallendere vertegenwoordiger van de *cardones* (wolfsmelkfamilie) heeft eveneens een cactusachtige groeiwijze. Zijn nauwelijks met stekels bezette, dikke vlezige takken steken als hoge kandelaars in de lucht. Terwijl de *cardón de Jandía* een voorkeur heeft voor laaggelegen gebieden en slechts tot op 150 m boven zeeniveau groeit, voelt de Canarische wolfsmelk zich ook op 800 m hoogte nog thuis. Op de noordelijke helling van het schiereiland Jandía vormen zich hier en daar nog grotere aantallen. Hun aanwezigheid beperkt zich echter niet tot het schiereiland. De plant is inheems op alle eilanden van de archipel.

Zoals bijna alle Euphorbia bezit de Canarische wolfsmelk giftig melksap. Vissers maakten vroeger bij de vangst gebruik van deze stof. Ze dreven scholen vis bij vloed in natuurlijke of kunstmatig door stenen muurtjes gemaakte getijdenpoelen. Bij eb zaten de dieren daarin gevangen en konden dan, met het melksap verdoofd, met stokken doodgeslagen worden. Deze zogenaamde *embroscado*-techniek was waarschijnlijk al bij de oorspronkelijke

bewoners in gebruik en werd tot enkele decennia geleden nog toegepast. Tegenwoordig is het echter verboden. Ook mogen de takken van de wolfsmelk niet meer als brandhout worden gebruikt. Dit heeft in de afgelopen eeuwen tot een drastische daling van de aantallen leidde en bij het picknicken in de weekenden ook meer recent nog gebeurde. Inmiddels letten parkwachters op de naleving van de beschermingsmaatregelen. Ten slotte vallen cactusachtige wolfsmelkplanten ook onder het internationale Verdrag van Washington (CITES), dat zorgt dat beschermde soorten niet uit het wild mogen worden gehaald.

Aan het einde van het zandspoor wacht een bezoek aan de schilderachtige nederzetting **Cofete** en de unieke **Playa de Cofete**. Nadat men misschien nog een uitgebreide strandwandeling heeft gemaakt en de zoute nevel van de voortdurend tegen de kust denderende branding heeft ervaren, gaat het over dezelfde weg terug. De weg voert weer over de pas naar de zuidzijde van het schiereilanden verder naar **Morro Jable**. Voor wie graag over het schiereiland wil wandelen, wordt naast de reeds vermelde wandeling door de Barranco Gran Valle, die te voet naar Cofete gaat, ook de tocht over de Pico de La Zarza vanuit Jandía (zie blz. 264) aanbevolen.

fauna en geologie van het gebied en over vuurtorens. Naast de toren staat het geprepareerde skelet van een 7 m lange Cuvier-dolfijn (*Ziphius cavirostris*). Het op de rode lijst van bedreigde soorten staande dier stierf in 2004 samen met drie soortgenoten waarschijnlijk bij een manoeuvre van de marine. Het skelet maakt deel uit van het walvis- en dolfijnenleerpad. Vanaf het winderige platform voor de vuurtoren kan men bij helder weer helemaal tot Gran Canaria kijken.

Punta de El Pesebre ▶ A 9

Een smalle asfaltweg verbindt de Punta de Jandía met zijn tegenhanger, de Punta de El Pesebre. De twee landtongen worden in de volksmond Orejas de Asno (ezelsoren) genoemd – waarom, laat zich bij een blik op de landkaart gemakkelijk raden. Er tussenin strekt zich langs de westkust de **Playa de Ojos** (▶ A 10) uit. Het landschappelijk schitterende zandstrand, waarvoor talloze rotsriffen liggen, is vanaf het kustplateau alleen klimmend te bereiken. Het is ongeschikt om te zwemmen en wordt vooral bezocht door vissers.

Ook aan de Punta de El Pesebre wijst een baken de schepen de weg. Het schijnt de kleinste vuurtoren van Europa te zijn. Hiervoor werd de verbinding naar Punta de Jandía geasfalteerd, precies zoals het in een Spaanse wet wordt voorgeschreven. De rit hier naartoe is de moeite waard vanwege de prachtige uitzichten op de stranden aan de noordkust van Jandía. Ook de oude brede rotsvlakte met de talloze natuurlijke poelen aan de voet van de klif is indrukwekkend. Het rijden met een jeep over het oevergebied is verboden, zodat de kwetsbare vegetatie zich kan herstellen. Dus maakt men hier rechtsomkeert. Op de terugweg kan men een kijkje nemen op het vliegveld, dat parallel aan de asfaltweg tussen de twee landtongen loopt. Het is de in de jaren zestig van de vorige eeuw door een vliegclub aangelegde Airstrip Puerto de la Cruz, die – hoewel door natuurbeschermingsmaatregelen sterk ingeperkt – nog altijd bruikbaar is. Daarentegen is de niet ver daarvanaf ten zuidoosten gelegen, mysterieuze Aeródromo Winter vandaag de dag nauwelijks nog in het veld te herkennen. Sommige onderzoekers geloven dat dit door Gustav Winter aangelegde vliegveld tijdens de Tweede Wereldoorlog de Duitse Luftwaffe in het geheim als basis zou hebben gediend.

Cofete ▶ B 9

De kleine nederzetting Cofete in het noorden van het schiereiland Jandía, ligt ingebed in het als een amphitheater uitgespreide dal van El Golfo. Het is door een aftakking van het zandspoor naar El Puertito op de buitenwereld aangesloten (zie blz. 274). Het gehucht bestaat slechts uit een paar oude, donkerkleurige natuurstenen huizen – heel plat gebouwd, zodat de wind er geen grip op kon krijgen, maar ook opdat piraten ze vanaf zee niet konden zien. Tegenwoordig wordt een deel van de huizen gebruikt door geitenhoeders, een ander deel werd uitgebouwd tot weekendverblijven.

Onlangs werd Cofete door het beheer van het natuurpark tot een etnografisch openluchtmuseum omgebouwd. Men liet de lelijke aanbouwsels aan de oude huizen afbreken en rondom het dorp een deel van de traditionele, door stenen muurtjes ondersteunde terrassenvelden restaureren. Een gerenoveerde kalkoven herinnert eraan dat ook hier – zoals op zo vele plaatsen op Fuerteventura – vroeger kalk werd gebrand. Ernaast staat een krijgshaftig monument voor de herder met zijn hond.

Vanaf de 17e eeuw kwamen eerst regelmatig herders en *orchilleros* (verzamelaars van de hier voorkomende, kleurstofleverende korstmos *Roccella tinctoria*, zie blz. 69) in de vallei van Cofete. Toen het dorp in 1816 officieel werd gesticht, was de aangrenzende bergketen nog bebost en borrelden er bronnen. De omgeving stond bekend als zeer vruchtbaar, de bewoners verbouwden er zelfs fruit op plantages. Ontbossing en overmatige begrazing zorgden vanaf 1900 al spoedig voor een toenemende verdroging van het schiereiland Jandía. Na de regenloze winter van 1919 verliet een groot deel van de mensen het dorp, om naar Gran Canaria of Tenerife te emigreren. In 1960 verdween Cofete ten slotte uit het register van de permanent bewoonde nederzettingen.

Playa de Cofete ✹ ▶ B 9

Direct voor Cofete ligt de Playa de Cofete, een goudkleurig droomstrand, dat over een goed zandspoor te bereiken is en volledig natuurlijk en ongerept aandoet. Bijna altijd rollen hier krachtige golven af en aan vanuit het noorden. De passaatwind draagt de zoute nevel van de golven tot ver landinwaarts. Zwemmen is hier levensgevaarlijk vanwege de sterke stroming. Maar het schouwspel dat de Atlantische Oceaan hier voorschotelt is ongevenaarlijk.

Playa de Barlovento ▶ B 9

Ten oosten grenst aan de Playa de Cofete een ander, nog eenzamer natuurstrand, de Playa de Barlovento. Ook dit is totaal ongeschikt om te gaan zwemmen. In plaats daarvan is de in totaal ongeveer 10 km lange strandreep ideaal voor uitgebreide strandwandelingen. Met de auto mag men slechts tot aan een strandparkeerplaats aan het einde van het zandspoor onder Cofete rijden. Vanaf daar kan men in westelijke richting naar de fallusvormige, direct voor de kust uit zee oprijzende **Roque del Moro** wandelen (heen- en terug ca. 3 uur).

In de tegengestelde richting kan men tot aan de klif **El Islote** (▶ B 9), die de Playa de Cofete en Barlovento van elkaar scheidt, heen en terug ongeveer twee uur lopen. El Islote kan bij niet al te sterke branding ook zonder klimervaring goed worden verkend. Aan de zeezijde van de klif ligt een prehistorische *conchero* (zie blz. 221). Zijn roodachtige kleur dankt hij aan het feit dat de oorspronkelijke bewoners het minder schaalhorens aten dan normaal gebruikelijk. In plaats daarvan stonden tal van grote schelpen met rode schalen en ook enkele zeepokken op hun menu.

Naast de strandparkeerplaats is het oude kerkhof van Cofete te bezichtigen, het was tot in de jaren vijftig van de vorige eeuw in gebruik. De omheiningsmuur is recenter. Deze was nodig omdat er telkens weer terreinwagens onbewust over de reeds sterk verweerde graven heen reden.

Villa Winter ▶ B 9

Schuin boven Cofete staat de al van ver zichtbare Villa Winter. Een hoge muur omringt de woning, die over een erg hobbelig zandspoor kan worden bereikt. Tegenwoordig woont er een beheerder in, die bananen en maïs verbouwt en kippen houdt. In het kader van georganiseerde dagtochten (te boeken via de reisleiding in de hotels) kan men bijna de gehele villa bezichtigen, in de hoop haar geheim een beetje

Het schiereiland Jandía

te ontsluieren. Wie alleen op pad gaat kan de villa ook individueel bezoeken (een fooi wordt verwacht). Veel echt opwindends is er echter niet te zien.

El Chalet, zoals de lokale bevolking de villa noemt, werd gebouwd door de Duitse ingenieur Gustav Winter (1893-1971). Het is onduidelijk of hem daarbij een Spaans landhuis of een 19e-eeuwse villa uit het Zwarte Woud ter inspiratie diende. Bovendien bleef onopgehelderd wanneer hij de villa bouwde. Winter zelf vermeldde 1958 als aanvangsjaar van de bouw, anderen geloven dat de bouwwerkzaamheden al tijdens de Tweede Wereldoorlog of kort daarna begonnen. Gustav Winter heeft het landhuis overigens nooit zelf gebruikt.

Winter verscheen in de jaren dertig met een koffer vol geld op Fuerteventura. Hij pachtte met dit geld grote delen van het toentertijd bijna verlaten schiereiland Jandía en plande er een vis- en een cementfabriek. Deze pro-

Villa Winter te midden van alle eenzaamheid

jecten konden na het uitbreken van de Tweede Wereldoorlog niet worden gerealiseerd. Tijdens de oorlog zou Winter een scheepswerf van de Duitse marine in Frankrijk hebben geleid. Lokale inwoners beweren echter hem in deze periode meerdere malen op Gran Canaria op de markt hebben gezien, waar hij grote hoeveelheden levensmiddelen zou hebben gekocht. In 1947 dook hij weer op Fuerteventura op en verwief zijn welvaart door veeteelt en export van geitenkaas.

In 1940 verspreidde zich het gerucht op Fuerteventura dat Duitse U-boten op het schiereiland Jandía werden bijgetankt en voorzien van proviand. Later werd gezegd dat men rond 1950 de U-bootbunker had opgeblazen, die door een ondergronds tunnelsysteem met de Villa Winter zou zijn verbonden. Bewijs daarvoor heeft men echter nooit gevonden. Evenmin kon worden aangetoond dat tegen het einde van de oorlog Duitsers met een nazi-verleden per vliegtuig naar Fuerteventura en via de Villa Winter verder met onderzeeboten naar Zuid-Amerika werden gesluisd, of dat Hitler het huis als zijn onderkomen in ballingsschap had gepland. Getuigen beweren in de jaren zestig bij clandestiene bezoeken in de kelder van de villa spartaans ingerichte kamers en kisten met uniformen van de Wehrmacht te hebben gezien. Het kan niet worden uitgesloten dat generaal Franco het schiereiland Jandía gedurende de Tweede Wereldoorlog aan het Duitse Rijk heeft overgelaten. Spanje heeft de documenten uit de betrokken periode tot op heden niet vrijgegeven. En zo blijven er nog steeds veel speculaties rondom de villa bestaan.

Over de toekomstige functie van het pand is nog niet besloten. Plannen van een ver familielid van Winter om het huis in een wellnessoase te veranderen, werden niet goedgekeurd door de eilandregering.

Eten & drinken

Beschut – **Cofete:** tel. 928 17 42 43, dag. 11-18 uur, hoofdgerecht ca. € 7. Het enige restaurant in het dorp, in het 'centrum', waar de belangrijkste zandweg eindigt. Specialiteiten van het huis zijn de vissoep en *cabra* (geit). Op het terras in de beschutting van een kleine vulkaankegel ontmoeten de terreinwagenrijders elkaar. Binnen slechts enkele tafels, zeer eenvoudig.

Festiviteiten

Romería de Cofete: in een weekend rond 24 juni. Bedevaart ter ere van het feest van St.-Jan. Honderden Majoreros ondernemen op zaterdagmiddag een bedevaart te voet door de Barranco Gran Valle naar Cofete, gekleed in traditionele kostuums en Canarische liederen zingend. Daar wordt stevig gefeest met goed eten en wijn. Om middernacht is het aansteken van de *fogalera* (brandstapel) het hoogtepunt van het feest, gevolgd door vuurwerk. 's Zondags wordt een mis gelezen, met aansluitend een processie en volksdans.

La Apañada de Cofete: rond begin juli. De herders drijven naar oud-Canarische traditie hun normaal gesproken halfwilde, los rondlopende geiten en schapen – zo'n tweeduizend dieren – met behulp van honden vanuit het zuiden over de bergkam van het schiereiland Jandía. Ze worden in een kraal (*gambuesa*) in de omgeving van het strand gedreven om de jonge dieren aan het oor te markeren. Menig geitje of lam belandt bij deze gelegenheid op de grill. Daarbij vloeit er landwijn. Exacte datum op www.salto delpastorcanario.org.

Toeristische woordenlijst

Canarisch Spaans

Zelfs degenen die een beetje Spaans spreken, zullen wat moeite hebben om de Canariërs te verstaan. Ze spreken 'Atlantisch Spaans', dat wil zeggen, in plaats van het Castiliaanse staccato klinkt het licht melodisch en zangerig. Terwijl in het Castiliaans, het zuivere Spaans, de 'c' voorafgaand aan een e of i en de 'z' worden uitgesproken als een Engelse 'th', weerklinkt bij de Canariërs net zoals bij de Latijns-Amerikanen eenvoudigweg alleen een 's'. Medeklinkers tussen klinkers en aan het eind van een woord worden in principe weggelaten: zo klinkt *todos* (alle) als 'to-o', Las Palmas wordt afgekort tot 'La Palma'.

Uitspraakregels

c   voor a, o, u als k, bijv. casa; voor e, i als s
ch   als tsj, bijv. chico
g   voor e, i als ch in kachel, bijv. gente
h   wordt niet uitgesproken
j   als ch in kachel, bijv. jefe
ll   als lj, bijv. llamo
ñ   als gn in champagner, bijv. niña
qu   als k, bijv. porque
y   aan einde van een woord als i, bijv. hay; anders als j, bijv. yo
z   als s

Begroeting/Afscheid

Goedendag / Goedemorgen	Buenos días
Goedemiddag	Buenas tardes
Goedenavond	Buenas noches
Hallo	Hola
Ik kom uit	Soy de
Nederland /	Hollanda /
België	Bélgica
Tot ziens	Adiós
Tot gauw	Hasta luego

Algemeen

Dank u (zeer)	(Muchas) gracias
Neem me niet kwalijk	Perdón
Ja / Nee	Sí / No
te klein/	demasiado pequeõ/
te groot	grande
Ik houd niet van	No me gusta
meer/minder	más/menos

Overnachten

tweepersoonskamer	habitación doble
eenpersoonskamer	habitación individual
met douche/bad	con ducha/baño/
balkon	balcón
halfpension/ volpension	media pensión/ pensión completa
ontbijt	desayuno
lunch	almuerzo
diner	cena
Er is geen/ Ik heb geen ...	No hay/ No tengo ...
handdoek	toalla
water	agua
toiletpapier	papel higiénico

In het restaurant

De menukaart, alstublieft	La carta, por favor
Wat raadt u aan?	¿Qué recomienda?
wijnkaart	lista de vinos
een halve fles	media botella
van ...	de ...
een glas ...	un vaso de ...
olie, peper, zout	aceite, pimienta, sal
De rekening alstublieft	La cuenta, por favor

Onderweg

tankstation	gasolinera
benzine / super	gasolina/super
Volgooien, alstublieft	Lleno, por favor
sleepdienst	grúa
garage (werkplaats)	taller de reparaciones
bus	guagua
halte	parada
aankomst	llegada
vertrek	salida
postkantoor	correos
station/vliegveld	estación/aeropuerto
informatie	información

Medische hulp

maagpijn	dolores de estómago
diarree	diarrea
noodgeval	emergencia
ziekenhuis	hospital, clínica
spreekuur	horas de consulta

Dagen van de week

zondag	domingo
maandag	lunes
dinsdag	martes
woensdag	miércoles
donderdag	jueves
vrijdag	viernes
zaterdag	sábado

Tijd

Hoe laat ...?	¿A qué hora ...?
vandaag	hoy
morgen	mañana
gisteren	ayer
's morgens	por la mañana
op het middaguur	al mediodía
's middags	por la tarde
deze week	esta semana

Getallen

0	cero	17	diecisiete
1	uno	18	dieciocho
2	dos	19	diecinueve
3	tres	20	veinte
4	cuatro	21	veintiuno
5	cinco	30	treinta
6	seis	31	treinta y uno
7	siete	40	cuarenta
8	ocho	50	cinquenta
9	nueve	60	sesenta
10	diez	70	setenta
11	once	80	ochenta
12	doce	90	noventa
13	trece	100	cien
14	catorce	200	doscientos/as,
15	quince	500	quinientos/as
16	dieciséis	1000	mil

De belangrijkste zinnen

Algemeen

Ik spreek geen Spaans.	No hablo español.
Spreekt u Duits, Engels?	¿Habla alemán, inglés?
Ik heet ...	Me llamo...
Hoe heet jij?	¿Cómo te llamas?
Hoe heet u?	¿Cómo se llama?
Hoe gaat het?	¿Qué tal?
	¿Cómo estás?
Goed, dank u / je.	Muy bien, gracias.
Hoe laat is het?	¿Qué hora es?

Onderweg

Waar is ...?	¿Dónde está ...?
Hoe kom ik naar ...?	¿Por dónde se va a ...?
Hoe lang is het (reizen) naar ...?	¿Cuánto tiempo necesito a ...?
Wanneer komt ...?	¿Cuándo llega ...?

Noodgevallen

Ik heb een arts nodig.	Necesito un médico.
Het doet hier pijn.	Me duele aquí.

Overnachten

Heeft u een kamer kamer vrij?	¿Tiene una habitación libre?
Hoe duur is het?	¿Qué precio tiene?
Heeft u een rustigere kamer?	¿Tiene una habitación más tranquila?

Winkelen

Wat kost ...?	¿Cuánto cuesta ...?
Heeft u ...?	¿Tiene usted ...?
Kan ik het (aan) proberen?	¿Puedo probar (melo)?
Kan ik ... ruilen?	¿Puedo cambiar ...?

Culinaire woordenlijst

Ontbijt (desayuno)

churros con chocolate	frituurgebak met chocolademelk
embutidos	worstwaren
fiambres	vleeswaren
huevo	ei
huevo frito	spiegelei
huevo revuelto	roerei
jamón	ham
leche	melk
mantequilla	boter
miel	honing
pan	brood
panecillo	broodje
queso tierno (fresco)	verse kaas
queso duro (curado)	harde kaas
rebanada	plakje, schijfje
tortilla	aardappelomelet

Dranken (bebidas)

café solo	espresso
café cortado	espresso met melk
café con leche	koffie verkeerd
caña	tapbiertje
cerveza	bier
guindilla	kersen-rumlikeur
hielo	ijs (in drankje)
vino blanco	witte wijn
vino rosado	rosé
vino tinto	rode wijn
vino seco	droge wijn
vino de mesa	tafelwijn
zumo	vers geperst sap

Soepen (caldos)

cocido	maaltijdsoep, stoofpot
consomé	krachtige bouillon
escaldón	gofio-groentebouillon
gazpacho	koude groentesoep
potaje	groentestoofpot
puchero	groente-vleesstoofpot

Bijgerechten (guarniciones)

arroz	rijst
gofio	spijs van geroosterd graan
papas arrugadas	schrompelaardappelen
papas fritas	patat frites
pastas	pasta

Specerijen (especias)

aceite de oliva	olijfolie
azúcar	suiker
mostaza	mosterd
pimienta	peper
sal, salado	zout, gezouten
vinagre	azijn

Groente (legumbres)

ajo	knoflook
alcachofa	artisjok
batata	zoete aardappel
berenjena	aubergine
garbanzos	kikkererwten
guisante	erwt
hierbas	kruiden
hongos/setas	paddestoelen
judías verdes	sperziebonen
lechuga	sla
papa	aardappel
pepino	komkommer
perejil	peterselie
pimiento	paprika
zanahorias	wortelen

Vlees (carne)

albóndigas	gehaktballetjes
asado	gebraden
aves	gevogelte
bistec	biefstuk
cabra, cabrito	geit, geitje
carajaca	lever met pepersaus
chuleta	koteletje
cochinillo	speenvarken
conejo	konijn
cordero	lam
escalope	schnitzel
estofado	stoofvlees
gallina	kip (soepkip)
guisado	stoofvlees met veel bouillon / saus
lomo	lendestuk

pato	eend	lenguado	tong
picadillo	fijn gehakt	mariscos	zeevruchten
pollo	kippenvlees	mejillones	mosselen
parrillada	van de grill, bakplaat	merluza	heek
salchichas	kleine braadworstjes	mero	tandbaars, grouper
solomillo	filet	pez espada	zwaardvis
de cerdo	varkensvlees	pulpo	octopus
de res	rundvlees	rape	zeeduivel
de ternera	kalfsvlees	raya	rog
de vaca	van de koe	salmón	zalm
		sancocho	gezouten vis met aardappelen

Bereidingswijzen

ahumado	gerookt	vieja	papegaaivis
a la plancha	van de hete metalen bakplaat	zarzuela	vis en zeevruchten in saus
bien hecho	goed doorbakken		

Fruit en nagerechten (fruta y postres)

blando	mild, zacht	aguacate	avocado
con mojo picón (rojo)	met pikante saus	almendra	amandel
con mojo verde	met kruidensaus	bienmesabe	amandel-honingcrème
empanado	gepaneerd	bizcocho	cake
frito	gebakken, gefrituurd	flan	caramelpudding
maduro	rijp	frangollo	maïspudding
manteca de cerdo	reuzel (varkensvet)	fresas	aardbeien
medio hecho	half doorbakken	helado	ijs, roomijs
nata	(slag)room	higos	vijgen
sabroso	sappig, smakelijk	limón	citroen
salsa	saus	macedonia de frutas	fruitsalade
tierno	mals, zacht	manzana	appel
		melocotón	perzik

Vis en zeevruchten (pescado y frutas del mar)

almeja	venusschelp	naranja	sinaasappel
atún	tonijn	pasteles	cake en gebak
bacalao	kabeljauw	piña	ananas
bogavante	kreeft	plátano	banaan
bonito	kleine tonijnsoort	pomelo	grapefuit
caballa	makreel	sandía	watermeloen
calamares (en su tinta)	inktvis (gekookt in zijn eigen inkt)	tarta	taart
camarones	garnalen	turrón	nougat
cangrejo	krab	uva	druif
cigala	Noorse kreeft (klein)		
dorada	brasem		
gambas	tijgergarnalen		
langostinos	reuzengarnalen, langoustines		

Register

Abreu Galindo, Juan de 64
actieve vakantie 31
Agua de Bueyes 169
– Ermita de Guadalupe 170
Agua Liques 251
Agulló, Albert 126
Ajuy 58, 191, 201
aloë vera 44, 74, 152, 172
ambassades en consulaten 39
Ampuyenta 160
– Casa Museo Dr. Mena 160
– Ermita San Pedro de Alcántara 161
– Hospital de Caridad de San Conrado y Gáspar 160
Antígono, Mario 127
Antigua 52, 161
– Iglesia Nuestra Señora de la Antigua 163
apotheken 40
appartementen 25
Aquapark 102
archeologie 220
architectuur 83
Arco del Jurado 204
Artesanía Lajares 77
artsen 40
Baja Gómez 275
Barranco de Ajuy 190, 201
Barranco de Garcey 201
Barranco de la Madre del Agua 191
Barranco de Las Peñitas 187, 189
Barranco del Mal Paso 190
Barranco de los Canarios 249
Barranco de Los Molinos 136
Barranco del Salmo 249
Barranco Gran Valle 272
Barranco Valle de la Cueva 222
Bayuyo 112
bedevaart (romaría) 36, 84, 109, 187, 193, 205, 281
berghut 26
Betancuria 57, 180, 183
– Calle Roberto Roldán 180
– Capilla San Diego de Alcalá 182
– Casa Santa María 184
– Convento de San Buenaventura 182
– Iglesia Santa María 183

– Museo Arqueológico de Betancuria 184
– Museo de Arte Sacro 183
Béthencourt, Jean de 50, 68, 83, 180, 201, 204
Béthencourt, Maciot de 50, 69, 181
bevolking 49
Bienek, Mona 231
boottochten 32
Bordes Caballero, Félix Juan 149
borduurwerk 77, 109, 157, 187
budgettips 42
bussen 23
Butihondo 254
Caldera de Gairía 58, 169
Calderón Hondo 111
Caleta de Fuste 209
– Castillo San Buenaventura 210
– Hornos de Cal de la Guirra 212
– Oceanarium Explorer 211
– Puerto del Castillo 210
Caleta Negra 203
camping 26, 108
Canarische den (tea) 84
Canarische Eilanden 50, 70
Canarische palm 188, 229, 235
Canarische stijl 84
Casa de Felipito 156
Casa de la Señora 275
Casa del Capellán 124
Casa de los Coroneles 124
Casa Mané 126
Casa Museo Dr. Mena 160
Casa Santa María 184
Casas de Bordados 77
Casas de Felipito 74
Casas de Jorós 275
Casillas del Ángel 157
Casillas de Morales 169
Castañeyra Schamann, Ramón 146
catamaranzeilen 32, 33, 101, 212, 225, 232, 270
Centro Artis Tirma (centrum voor kunst en esoterie) 90, 231
Centro de Arte Canario 89, 126

Centro de Arte Juan Ismael 89, 147
Chillida, Eduardo 90, 129
chiringuitos (eenvoudige standtenten) 11, 34, 255, 263
clubhotels 25
Cobas, Rogelio 273
Cofete 272, 277, 278
Corralejo 55, 97
Costa Calma 241
– El Palmeral 241
– Fobos 241
creatieve activiteiten 31
Cubas, Juan Miguel 155
Cuchillos de Vigán 58, 222
Cueva del Llano 113
Cueva de los Idolos 67, 184
Cueva de Villaverde 67
Cuevas de Ajuy 203
Dámaso, Pepe 127
dans 86
Degollada de Agua Oveja 276
Degollada de Cofete 272
Degollada de Los Granadillos 194
Degollada del Viento 200
Degollada Vieja 167
Delgado Camino, Manuel (Mané) 89, 126
Didacus (Diego de Alcalá) 182, 190
dieren (gevaarlijke) 45
dolfijnen 60
dolfijnen kijken 109
douane 22
dranken 30
drinken 27
drinkwater 45
duiken 33, 101, 214, 225, 232, 246, 258, 270
duty-free 44
Ecomuseo La Alcogida 94, 133
economie 48
eilanden bezoeken 11, 24
El Cardón 204
El Carmen 216
El Chupadero 156
El Cotillo 115
– Museo de la Pesca Tradicional 116
– Torre de El Tostón 116
elektriciteit 39

Register

El Golfo (Valle de Cofete) 276
El Hornillo 163
El Islote 279
El Jable 55, 104
El Jablito 128
El Palmeral 228
El Puertito (Ajuy) 203
El Puertito (de la Cruz) 272
El Puertito (de Lobos) 106
El Puertito de Los Molinos 67, 137
El Rancho de Ánimas 157, 172
ermita (algemeen) 83
Ermita de Guadalupe 170
Ermita de la Peña 190
Ermita de San António de Padua 109
Ermita de San Roque 169
Ermita de Santa Inés 177
Ermita San Pedro de Alcántara 161
Ermita Virgen de El Tanquito 205
Escuela de Artesanía Canaria Sra. Hernandez 109
esoterie 89, 231
Espigón de Ojo Cabra 205
Esquinzo 250, 254
eten 27
evenementen 36
Faro de la Punta de Jandía 273
fauna 55
feestagenda 38
feestdagen 39
feesten 36
Fernández Ramos, Lisbet 259
fietsen 9, 31, 263
fietsen, begeleide tochten 263
Finca La Rosita 122
fitness 35
Fleissig, Nicolae 149, 150
flora 55, 107, 265
folklore 86, 223
folkloremuziek 86
fooien 39
fossielen 105
Franco 53, 281
geiten 74, 126, 173, 247
geld 40
geografie en natuur 48
geschiedenis 48, 50

Giniginámar 230
glasbodemboot 101
gofio 66, 152, 166, 172
golf 31, 215, 225
golfsurfen 33, 35, 232, 246, 252, 270
Gómez González, Rafael 267
González, Amancio 149
González, Juan Ismael 147
Gran Tarajal 228
– El Palmeral 228
– Iglesia Nuestra Señora de la Candelaria 228
Grandes Playas 97, 102
grotten 67, 110, 113, 176, 203, 220, 222
Guisguey 74, 154
heemkundig museum 122
heenreis 8, 22
Hempel, Martina 90
Hernández, Emiliano García 146, 150
Hernández, Juan Martín 232
Hernández López, Natividad 77
Herrera, Diego García de 51, 70, 177, 182, 187
Horno de Cal 128
hotels 25
huisdieren (meenemen) 22
Humedal Saladar de Jandía 248, 250
huurauto 24
internetadressen 18
internettoegang 18
invoerbepalingen 22
Isasi, Elvira 90, 231
Islote de Lobos 61, 69, 96, 105
Istmo de La Pared 55, 64, 247
Jandía (schiereiland) 14, 55, 58, 64, 80, 197, 238, 265
Jandía (stad) 250, 258
Jardín Botánico (in Oasis Park) 234
Jáuregui, Koldobica 150
jeeps, jeepsafari 31
jeugdherbergen 26
Juan Martín Hernández 232
kaarten (wandel-, fiets-) 19
kaas 28, 75, 133, 152, 157, 173, 185, 187
kamelrijden 32, 157, 214, 235

kamelen 72, 74, 124, 182, 233, 237
karting 233
kiosk (kiosko) 11
kitesurfen 33, 232, 253, 254
klederdracht 88
kleding 21, 41
kookcursus 114
kranten 40
kunst 89, 128, 152, 202
kunstnijverheid 43, 77, 101, 109, 136, 152, 157, 165, 167, 168, 186, 214, 223, 263
La Apañada de Cofete 281
La Asomada 155
La Atalayita 221
Lagunes 248
Lajares 77, 109
La Lajita 233
La Matilla 156
landbouw 73
landelijk gelegen accommodatie 26
La Oliva 87, 123
– Casa del Capellán 124
– Casa de los Coroneles 124
– Casa Mané 126
– Iglesia Nuestra Señora de Candelaria 123
– Museo del Grano La Cilla 124
La Pared 251
La Rosita 122
La Salle, Gadifer de 68, 69, 201
Las Casas, Alfonso de 181, 182
Las Casas, Juan de 50
Las Lagunitas (de Lobos) 106
Las Mesas 156
Las Parcelas 136
Las Playitas 223
Las Salinas 273
Linares, Juan Borges 132
Lisle, Claudio de 210
literatuur, leestips 19, 62
Llano de La Laguna 136
Llanos de la Concepción 176
Lobos (Islote de Lobos) 61, 69, 96, 105
Lomo de La Atalayita 221
López, Silverio 150, 232
Los Estancos 155
Los Molinos 136
Los Toneles 67, 222
Lucha Canaria 37, 161

Register

luchthaven 22, 209
Lugo y Saavedra, Bautista de 217
Machín, Suso 150
Majanicho 115
Malpaís de La Arena 56, 58
Malpaís Grande 58, 221
Manrique, César 179, 241
Manrique de Lara, Alberto 127
markten (mercados, mercadillos) 44, 100, 101, 152, 214, 246, 263
Márquez, Silverio López 168
Martín, José Melián 177
media 40
medische verzorging 40
milieu 49
milieubescherming 55, 62, 259
Mirador (Barranco de Los Molinos) 136
Mirador de Ajuy 203
Mirador de Barlovento 276
Mirador de Morro Velosa (Betancuria) 179
Mirador de Vallebrón (Tindaya) 133
Mirador (El Puertito de Los Molinos) 137
Mirador (Pajara) 200
Mirador (Vulkaanroute) 111
mobiel telefoneren 45
mojo 28, 43
Molino de Antigua 165
monniksrobben 60
Montaña Cardón 58, 204
Montaña Colorada 111
Montaña de la Caldera 107
Montaña Mezquez 201
Montaña Quemada 132
Montaña Tindaya 58, 67, 90, 129, 132
Monumento de Unamuno 132
Monumento Natural de Ajuy 202
Monumento Natural de Montaña Cardón 204
Morales, Blanca Cabrera 179
Morrete de Tegetuno 167
Morro Jable 266, 277
– Homenaje a los pescadores 267
– Puerto de Morro Jable 267
motorhuur 24

motorritten 223
mountainbiketocht 101, 213
Muela, Carlos García 149
Museo Arqueológico de Betancuria 67, 184
Museo de la Pesca Tradicional 116
Museo de la Sal 217
Museo del Grano La Cilla (graanmuseum) 74, 124
Museo del Queso Majorero 165
Museo Rosalinda 122
Museumsaline El Carmen 216
muziek 86
muziektips 88
naturisme 41
natuurbescherming 55, 62, 240, 248
natuurmonumenten (Monumentos Natural) 58
natuurparken (Parques Natural) 58
noodgevallen 41
Oasis Park 75, 233
Oceanarium Explorer 211
omgangsvormen 41
ontbijt 29
openingstijden 42
openluchtmuseum 134, 221
Oramas, Domingo Rodríguez (El Colorao) 88
Ortega, Isidoro 166
overheid en politiek 48
overnachten 25
paardrijden 32, 119, 169, 252
Pájara 196
– Iglesia Nuestra Señora de Regla 197
– Noria 198
Parque de Animales (Oasis Park) 233
Parque Escultórico 148
Parque Holandés 128
Parque Natural de Corralejo 58, 104
Parque Natural de Jandía 58, 248, 274
Parque Natural Islote de Lobos 58, 106

Parque Rural de Betancuria 58
particuliere accommodatie 26
Patallo, Toño 89, 149
Patronato de Turismo de Fuerteventura 18
Peña Horadada 204
pensions 25
Peraza, Inés 177
Pico de La Zarza (Pico de Jandía) 264, 276
piraten 70
piratenschip (Oceanarium Explorer) 212
Plá, Josefina 107
Playa Barca (Los Gorriones) 249, 253
Playa Blanca 151
Playa Cañada del Río 242
Playa de Barlovento 279
Playa de Cofete 61, 277, 279
Playa de Costa Calma 242
Playa de Esquinzo 254
Playa de Garcey 201
Playa de Gran Tarajal 229
Playa de Jarugo 130
Playa de La Cebada 266
Playa de La Concha (Playa de La Calera) 108, 119
Playa de La Guirra 212
Playa de Las Playitas 225
Playa de Las Salinas 215
Playa del Castillo (Caleta de Fuste) 212
Playa del Castillo (El Cotillo) 118
Playa del Matorral 250, 261, 267
Playa de los Muertos 202
Playa del Viejo Rey 252
Playa de Majanicho 115
Playa de Munguía 275
Playa de Ojos 278
Playa de Santa Inés 178
Playa de Tarajalejo 232
Playa Los Molinos 137
Playas de La Pared 252
Poblado de La Atalayita 67, 221
Pogačnik, Marko 90
porto 42
post 42
postzegels 42

Register

Pozo Negro 219
praktische informatie 39
prehistorie 220
prehistorische muur 64
Presa de Las Peñitas 189
prijzen 11, 42
Puerto de Cabras 52, 141
Puerto de La Peña 191, 201
Puerto de la Torre 215
Puerto del Rosario 52, 89, 141
– Casa Museo Unamuno 146
– Centro de Arte Juan Ismael 147
– Iglesia Nuestra Señora del Rosario 141
– Parque Escultórico 148
– Plaza de España 144
Puerto Lajas 154
Punta de El Pesebre 278
Punta de Jandía 273
Punta de la Entallada 224, 227
Punta del Viento 275
quads 31, 246
radio 40
Ranchos de Ánimas 88, 157, 172
reiskosten 11, 42
reisperiode 11, 20, 21
reizen met een handicap 42
religie 49
Reserva de Camellos 237
reserveren 25
restaurants 27
Ripa, Cesare 198
Risco del Paso 249, 256
roken 42
Roque del Moro 279
rotstekeningen (petrogliefen) 129, 132, 222
Ruta de las Esculturas 259, 267
Salinas del Carmen (museumsaline) 215, 216
schildpadden 60
Senda de los Cetáceos (milieuleerpad) 218, 259
Sendero de La Guirra 212
siësta 41
slavernij 70
snorkelen 214, 232
souvenirs 43
specialiteiten 28, 43

spiritualiteit 89, 231
sport 31
sprinkhanen 51, 59
stokgevecht 72
straatkunst 148
stranden 10, 33, 55
strandvlag 33
surfen 10, 33, 96, 101, 114, 115, 118, 119, 225, 232
taal 49
Tablero del Puerto 204
tanken 24
tapas 30, 122
Tarajalejo 231
– Centro Artis Tirma 231
– Juanito el Cartero 232
taxi 23
Tefía 133
– Molino de Tefía 133
telefoneren 44
tennis 32
Tetir 155
– Casa de Felipito 156
– Iglesia Santo Domingo de Guzmán 155
– Timplista 155
Tindaya 129
Tiscamanita 74, 170
toerisme 48, 53, 79
toeristenbureaus (Oficinas de Turismo Municipal) 19
touroperator 25
traditionele feesten 36
trikes 31
Triquivijate 168
Tuineje 72, 173
Turespaña (Spaans Verkeersbureau) 18
turismo rural 26
tv 40
uitgaan 37
uitrusting 21
Unamuno, Miguel de 19, 52, 132, 146
Úrculo, Eduardo 149
vakantieverblijfplaats 8, 25
vakantiewoningen 25, 26
Vallebrón 57, 58
Valle de Santa Inés 176
Valles de Ortega 169
veerboot naar buureilanden 24
veerboten 23
veeteelt 73

Vega de Río Palmas 58, 187, 188
veiligheid 45
Velásquez Cabrera, Manuel 150
verkeer 24
verkeersbureaus 18
verkeersregels 24
vervoer 8, 23
Villaverde 122
– La Rosita 122
– Museo Rosalinda 122
Villa Winter 279
visserij 62, 115, 276
vliegeren 102
vliegreis 22
vogelbeschermgebied (Important Bird Areas) 58, 136, 217, 247
vogelobservatie 58, 136, 189, 248
Vulkaanroute 94, 110
vulkanen 106, 221
walvissen 60
walvisskelet 62, 218, 259
wandelen 9, 32
Wandeling door de Paisaje Protegido de Vallebrón 133
wandelingen, gegidste 32, 233
Wandeling in de Barranco Gran Valle 272
Wandeling langs de Barranco de Los Molinos 136
Wandeling naar de Ermita Virgen de El Tanquito 205
Wandeling naar de Fuentes de El Chupadero en Las Mesas 156
Wandeling naar Peña Horadada 204
Wandeling op de Sendero de La Guirra 212
Wandeling op de Vulkaanroute 110
Wandeling over de Istmo de La Pared naar Agua Liques 247
Wandeling over de Montaña Tindaya 132
Wandeling over de Pico de La Zarza 264
Wandeling rond Lobos 106
Wandeling van Antigua naar Betancuria 163

Register

water 45
watersport 32
weer 20
wellness 35
whalewatching 60
wijn 30
windmolens (molinos) 133, 154, 164
windsurfen 33, 101, 214, 225, 232, 253, 254

Winter, Gustav 278, 280
woestijn 55
worstelen 37
yoga 33, 35, 119, 270
Yruegas, Carlos Calderón ('Solrac') 90
zeedieren 60
zeekajak 35, 232
zeevissen 230
zeiltochten (catamaran) 270

ziekenhuis 40
zwemmen (stranden, playas) 10, 21, 25, 34, 97, 108, 115, 118, 151, 202, 212, 224, 229, 232, 242, 252, 254, 261, 273

Molen van het type molino bij Antigua

Notities

Notities

Notities

Notities

Fotoverantwoording en colofon

Omslag: zoutwinning bij de Salinas del Carmen (shutterstock)
Binnenzijde voor: Duingebied El Jable bij Corralejo (Bildagentur Huber, Garmisch-Partenkirchen, Spila)

Bilderberg, Hamburg: blz. 60/61 (Jonkmanns)
Oliver Breda, Duisburg: blz. 12 rb, 12 lo, 130/131, 138 r, 139, 148, 171, 175, 180, 248, 256/257, 259, 271
picture-alliance, Frankfurt a. M.: blz. 59 (epa efe/JMedina); 80/81 (Hollemann); 86 (Huber/Schmid); 188, 265 (Schindler); 63 (united-archives/mcphoto)
DuMont Bildarchiv, Ostfildern: blz. 13 rb, 23, 79, 94 r, 114, 120/121, 238 l, 253, 280 (Lumma); 13 lb, 34, 185 (Widmann); 54, 76, 174 l, 174 r, 178/179, 192, 206/207, 209, 224/225, 238/239, 244/245, 266/267 (Zaglitsch)
Bildagentur Huber, Garmisch-Partenkirchen: blz. 5 (Spila); 7, 11 (Rellini); 9 (Canali); 75, 126/127, 255 (Schmid); 108 (Thiele)
laif, Köln: blz. 10 (Berthier); 92/93 (Fechner); 104/105, 291 (Gardel/hemis.fr); 89 (Kris¬tensen); 199 (Modrow); 230 (Plambeck)
Look, München: blz. 46/47, 95, 134 (age fotostock); 103, 162 (Richter); 125 (Widman)
Mauritius Images, Mittenwald: blz. 6 (Eisele-Hein); 234 (Kreder); 196/197 (Moxter); 138 l, 164 (Schmies); 12 ro, 29, 82, 194/195, 216
Santana Hernandez, Juan Antonio, Fuerteventura: blz. 12 lb, 13 lo, 13 ro, 16/17, 57, 65, 66, 70/71, 73, 78, 85, 90/91, 94 l, 110, 116/117, 144/145, 147, 158/159, 177, 206 l, 220, 226/227, 236/237 (Siepmann)
Schapowalow, Hamburg: blz. 274 (Huber)

Hulp gevraagd!
De informatie in deze reisgids is aan verandering onderhevig. Het kan dus wel eens gebeuren dat u ter plaatse een andere situatie aantreft dan de auteur.
Is de tekst niet meer helemaal correct, laat ons dat dan even weten. Ons adres is:

ANWB Media
Uitgeverij reisboeken
Postbus 93200
2509 BA Den Haag
anwbmedia@anwb.nl

Productie: ANWB Media
Uitgever: Caroline Wetselaar
Coördinatie: Els Andriesse
Tekst: Susanne Lipps
Redactie: N. Al Kureischi, K. John
Beeldredactie: S. Pollex
Vertaling: Consuelo Adema, Den Haag
Eindredactie: Marijn Mostart, Amsterdam
Opmaak: Hubert Bredt, Amsterdam
Ontwerp binnenwerk: Jan Brand, Diemen
Ontwerp omslag: Yu Zhao Design, Den Haag
Concept: DuMont Reiseverlag, Ostfildern
Grafisch concept: Groschwitz/Blachnierek, Hamburg
Cartografie: DuMont Reisekartografie, Fürstenfeldbruck

© 2014 DuMont Reiseverlag, Ostfildern
© 2015 ANWB bv, Den Haag
Eerste druk
ISBN: 978-90-18-03825-0

Alle rechten voorbehouden
Deze uitgave werd met de meeste zorg samengesteld. De juistheid van de gegevens is mede afhankelijk van informatie die ons werd verstrekt door derden. Indien die informatie onjuistheden blijkt te bevatten, kan de ANWB daarvoor geen aansprakelijkheid aanvaarden.